Nikolaus B. Enkelmann

Das Power-Buch für mehr Erfolg

mvg

Die Deutsche Bibliothek – CIP-Einheitsaufnahme

Enkelmann, Nikolaus B.:
Das Power-Buch für mehr Erfolg : in fünf Jahren die Nummer 1 / Nikolaus B. Enkelmann. – Landsberg am Lech : mvg, 2001
ISBN 3-478-73200-X

Redaktion: Birgit Rupprecht-Stroell, München
Umschlaggestaltung: Vierthaler & Braun, München
Satz: Fotosatz Buck, Kumhausen
Druck- und Bindearbeiten: Himmer GmbH, Augsburg
Printed in Germany 73200/3014502
ISBN 3-478-73200-X

Inhalt

VORWORT VON BRIAN TRACY

Wir leben in einem wunderbaren Zeitalter. Nie gab es mehr Chancen und Möglichkeiten für Sie Ihre Ziele zu erreichen und Ihr Potenzial zu entfalten, als heute. Und Nikolaus Enkelmann zeigt Ihnen wie.

Dieses Buch kann Ihr Leben verändern. Schon seit vielen Jahren lehre ich die Prinzipien des Erfolges. Ich selbst bin ein großer Fan und Schüler von Nikolaus B. Enkelmann, denn er ist einer der besten Erfolgstrainer der Welt.

In diesem Buch wird Sie Nikolaus B. Enkelmann zum ersten Mal mit einem einfachen Schritt-für-Schritt-Prinzip auf ein höheres Niveau von Leistung und Zufriedenheit führen. Höher als Sie es jemals zuvor waren.

In meiner Arbeit mit mehr als einer Million Seminarteilnehmer in 38 Ländern habe ich die wundervollen Veränderungen gesehen, die in Menschen stattfinden, wenn sie sich klare Ziele setzen, Eigenverantwortung übernehmen und jeden Tag aktiv auf ihr selbst gestecktes Ziel hinarbeiten.

Nikolaus B. Enkelmann ist immer eine Inspiration für mich, mit seinem profunden Wissen und der Weisheit über die Erfolgsprinzipien des Lebens. Ich wurde stark beeinflusst von seiner hervorragenden Arbeit und seinen Lehren unter anderem über Rhetorik, Optimismus und Charisma.

Mit diesem außergewöhnlichen Grundlagenbuch übertrifft Nikolaus B. Enkelmann seine bisherigen Werke, indem er die wirksamsten Erfolgsprinzipien aus vielen Perspektiven auf den Punkt bringt. Er nimmt Sie bei der Hand und zeigt Ihnen, wie Sie noch leichter mehr von Ihrem eigenen Potenzial entfalten können, um Ihr Leben in etwas wirklich Wunderbares zu wandeln.

Nikolaus B. Enkelmann ist ein großartiger Mensch, ein großartiger Lehrer und mein guter Freund. Dieses Buch ist eine ungeheure Leistung und ein Beweis für seinen unerschütterlichen Glauben an den Wert und das grenzenlose Potenzial eines jeden Menschen.

Brain Tracy

DANKSAGUNG

Dankbar, aufrichtig dankbar, bin ich meinen großen Lehrern, die mir geholfen haben, aus meinem Leben etwas zu machen.

Dankbar bin ich allen Menschen, die mich gefördert, inspiriert und unterstützt haben, meinen Weg nach oben zu gehen.

Besonders bedanken möchte ich mich bei Prof. Victor Frankl, Oskar Schellbach, Robert Schuller, Claudia Enkelmann und Brian Tracy, der das motivierende Vorwort schrieb.

Dankbar bin ich aber auch allen, die mich unterstützt haben, die Philosophie des Erfolgreichen Weges Millionen von Menschen näher zu bringen. Es war immer meine Lebensaufgabe, Menschen zu zeigen, dass es einen Weg nach oben gibt.

Ein ganz besonderer Dank gebührt Frau Rupprecht-Stroell, die mich seit vielen Jahren redaktionell begleitet. Es gibt kaum einen Menschen, der unser Erfolgssystem genauer studiert hat als sie. So profitiert auch dieses Buch sehr von ihrem Wissen und ihrer Lebenserfahrung. Ich bin dankbar für ihre Anregungen, meine Gedanken noch mehr zu verdeutlichen.

Schon die alten Römer wussten, Wiederholung ist die Mutter der Weisheit. Aus diesem Grunde ist es notwendig, dass man das Wahre und Richtige immer wiederholt, damit daraus eine positive Wirklichkeit entsteht.

Viele Menschen haben das Wissen von Riesen aber den Mut von Zwergen. Dieses Buch wird Ihnen helfen, ein Könner zu werden. Denn was wir überall auf der Welt brauchen, sind Menschen, die nicht nur die Welt verbessern wollen, sondern die auch das Können besitzen, die Welt zu verändern.

Ihr

Nikolaus B. Enkelmann
www.Enkelmann.de

PROLOG

Dieses Buch ist für die Menschen, die Verantwortung für ihr Leben und ihre Zukunft übernehmen wollen.

Dieses Buch ist für Menschen, die nicht an den Zufall glauben.

Dieses Buch ist für Menschen, die nach dem Verursacher-Prinzip leben wollen. Dieses Buch wird auch Ihren Lebensweg positiv beeinflussen.

Wir alle haben das Zeitalter der Vermassung verlassen, wir leben im Zeitalter der Individualität. Niemals zuvor hatte der einzelne Mensch so viele Möglichkeiten und Chancen wie heute. Dieses Buch kann Menschen ermutigen, ihre Chancen zu erkennen und zu nutzen.

Dieses Buch hat seinen Ursprung in meiner 35-jährigen Berufserfahrung. Die wissenschaftliche Grundlage meiner Arbeit ist die sinnzentrierte Logotherapie. Professor Viktor E. Frankl ist der Begründer dieser wegweisenden Psychotherapie-Schule. Aus unserer Sicht ist er wohl der bedeutendste Psychologe des letzten Jahrhunderts. Er hat erkannt, das jedes Leben einen Sinn braucht, um lebenswert zu sein. Das Enkelmann-Erfolgs-System hat als Grundlage die vierzehn Grundgesetze der Lebensentfaltung. Es macht mich sehr stolz, dass diese schon von vielen hunderttausend Menschen erfolgreich genutzt wurden.

Futurologen sagen uns eine Zukunft voller Chancen und Möglichkeiten voraus. Was wir benötigen, sind Menschen mit der Bereitschaft, mit dem Mut, diese Chancen zu nutzen. Wenn es richtig ist, dass wir in einer Welt voller Gefahren leben, dann ist es auch richtig, dass wir in einer Welt voller Chancen leben. Nie zuvor gab es so viele Probleme wie heute, nie zuvor brauchte die Welt so viele tüchtige und fähige Menschen wie heute. Ohne sie ist eine lebenswerte Zukunft nicht möglich.

Viele meiner Leserinnen und Leser haben – auch wenn sie es nicht offen zugeben – einen ausgeprägten Geltungstrieb. Für mich gehört der Geltungstrieb mit zu den wertvollsten Antriebskräften im Menschen. Der Geltungstrieb ist aber nur dann wertvoll, wenn er mit Leistung verbunden ist. Daher ist dieses Buch nicht für Angeber und Blender geschrieben, sondern für Menschen, die sagen: Auch ich habe große, wertvolle Ziele. Darum sollten Sie sich zuerst zu Ihrem wichtigsten Fernziel bekennen; daraus entwickeln sich automatisch die Nahziele.

Viele Passagen dieses Buches werden Ihnen nichts Neues sagen. Aber es kommt nicht darauf an, was wir wissen, sondern allein darauf, was wir tun. Darum wird Sie dieses Buch zum Handeln motivieren. Sie werden bald erkennen, dass eines der wichtigsten Gesetze des Erfolges die Wiederholung ist.

In sieben Punkten habe ich die positive Wirkung der Wiederholung zusammengefasst:

1. Erst durch die Wiederholung wird Wissen verdichtet und damit zum praktischen Handeln.
2. Das persönliche Können nimmt zu. Mit derselben Energie-Investition werden immer größere Mengen der gleichen Arbeit bewältigt.
3. Die einzelnen Abläufe werden besser synchronisiert und automatisiert.
4. Das Niveau unserer Leistung verbessert sich qualitativ. Wir werden sicherer und zuverlässiger.
5. Jede Wiederholung setzt Energien frei, die sich als Gedankenblitze äußern. Es entwickeln sich Kreativität und Kompetenz.
6. Das Fingerspitzengefühl entwickelt sich. Das Unterbewusstsein arbeitet immer präziser. Das Anpassungsvermögen wächst.
7. Der Mensch entwickelt eine hohe Beherrschung seiner Fähigkeiten. Sicherheit und Überzeugungskraft wachsen.

Dieses Gesetz gilt für mich genauso wie für Sie. Jeden Tag eine neue Technik, das bringt nichts! Jeder Sportler weiß es: Nur durch das Training – Training ist Wiederholung – kann man Goldmedaillen oder eine Weltmeisterschaft erringen. Ich bin stolz darauf, dass ich vielen Sportlern helfen konnte, Weltmeister zu werden.

Vielleicht wird dieses Buch Ihr Erfolgstrainer, Ihr Lebensbuch, von dem Sie lebenslänglich profitieren können.

1. Kapitel:
WER BIN ICH?

Diese Frage sollten Sie sich stellen, liebe Leserin, lieber Leser, wenn Sie vorhaben, die Nummer eins zu werden. Diese Frage stelle ich übrigens bei jedem meiner Seminare. Und obwohl ich das nun schon seit Jahrzehnten praktiziere, bin ich über die Antworten immer wieder erstaunt. Hier eine kleine Auswahl:

- Ich bin Hans Müller, Xaver Meier, Fritz Schmitz …
- Ich bin Abteilungsleiter, PR-Manager …
- Ich bin Segler, Tennisspieler …
- Ich bin Familienvater, Single …

Da werden auch Eigenschaften und Charakterzüge genannt, wie tüchtig, fleißig, beliebt …

Aber was sagen solche Angaben über einen Menschen aus? Was sagt schon ein Name, eine Position, der Familienstand oder das Hobby über das aus, was den Menschen – die Persönlichkeit – ausmacht? Sicherlich sind solche Kriterien nicht unwesentlich, aber ihre Aussagekraft ist doch sehr beschränkt.

So möchte ich Sie heute gerne einmal fragen: Wer sind Sie?

Selbsterkenntnis

Notieren Sie jetzt einmal alles, was Ihnen zu Ihrer Person einfällt, was Ihre Persönlichkeit charakterisiert. Wenn Sie dann später das Buch durchgearbeitet haben, stellen Sie sich diese Frage noch einmal. Vergleichen Sie Ihre Antworten miteinander.

Kennen Sie sich wirklich – was Sie wollen, welche Ziele Sie lang- und mittelfristig anpeilen, wo Ihre Stärken und Ihre Schwächen liegen?

Wie gehen Sie mit Ihrem Potenzial um, was machen Sie aus sich? Erstaunlicherweise wehren sich viele Menschen ganz gewaltig, wenn sie dazu aufgefordert werden, sich einmal selbst genau zu betrachten. Es scheint, als würden sie Angst davor haben, sich einen Spiegel vorzuhalten. Nun, das ist verständlich. Viele haben sich nämlich ein mehr oder weniger realistisches Bild von sich geschaffen. Daran haben sie lange gearbeitet, mussten sich selbst vielleicht energisch dazu anhalten, das zu sehen, was sie gerne sehen möchten. Mit viel Phantasie bringt es dann sogar ein schüchterner Abteilungsleiter so weit zu glauben, er wäre ein durchsetzungsfähiger Typ. An dieser Vorstellung hat er hart gearbeitet, und es hat lange gedauert, bis er dieses selbst geschaffene Wunschbild in sich verankern konnte. Konsequent musste er deshalb Fakten übersehen, musste jede Situation entsprechend seiner Idealvorstellung interpretieren, musste so manches überhören und übersehen. Leben in einer selbst geschaffenen Realität kann vielleicht kurzfristig ein gutes Gefühl vermitteln. Auf Dauer schafft es uns aber nur Probleme, denn die Realität holt uns immer wieder ein.

Mit den Folgen einer falschen Selbsteinschätzung werden wir Tag für Tag konfrontiert. Aber nicht nur eine unrealistische Vorstellung von der eigenen Person macht uns zu schaffen. Auch wenn es darum geht, Mitarbeiter, Kollegen, Vorgesetzte einzuschätzen, werden Fehlbeurteilungen leicht zu einem Fallstrick für die Karriere. Sich nicht intensiv mit der Persönlichkeit des Partners auseinander zu setzen, Bekannte und Freunde nicht richtig zu kennen, das sind Ursachen für Spannungen im Privatleben, für Trennung und Verluste. So sagte schon Balthasar Gracián y Morales: „Der Anfang der Selbstbesserung ist die Selbstverbesserung."

Ich lese und höre überall, dass das Arbeitsklima so schlecht geworden ist, die Arbeitnehmer nicht mehr engagiert arbeiten und überall die Leistungen nachlassen.

Woran liegt das? Möchte heute niemand mehr Leistung bringen? Möchte niemand mehr Verantwortung übernehmen? Möchte niemand mehr Erfolg haben, auf sich selbst stolz sein können? Nein – daran liegt es nicht. Das haben mir die vielen Gespräche mit meinen Seminarteilnehmern gezeigt. Der Fisch stinkt vom Kopf – das gilt auch in den Unternehmen. Schwache Führungskräfte – und ich wähle ganz bewusst dieses Wort – befassen sich zu sehr mit Umsatzzahlen, mit Produktionsmethoden etc., anstatt sich der Menschenführung zu widmen. Was wissen sie schon von ihren Mitarbeitern? Würden sie die Menschen, mit denen sie zu tun haben, richtig kennen, könnten sie vieles verändern und verbessern, könnten Missstände reduzieren und Freude an der Arbeit – und damit auch die Leistung – vergrößern. Sozial-emotionale Schwächen im Führungsbereich wirken sich negativ auf das Betriebsklima, auf die Leistungsbereitschaft und folglich auf das Arbeitsergebnis und die Umsätze aus. Viele Menschen kennen ja nicht einmal sich selbst – wie sollten sie dann andere richtig einschätzen können? Das allerdings ist Grundvoraussetzung für eine Führungsposition.

So führen viele Manager immer noch auf Grund einer Position. Aber das funktioniert nicht mehr, das sehen wir heute überall. Eine Position allein reicht nicht aus, um Mitarbeiter zu überzeugen und zu motivieren. Was wir heute und erst recht morgen brauchen, sind Führungspersönlichkeiten. Menschen mit einer starken Persönlichkeit, die sich auf Grund ihrer Stärken und Fähigkeiten qualifizieren, die geeignet sind, ihre Mitarbeiter zu motivieren, zu begeistern – kurz: die Menschen zum Erfolg führen können. Wer das möchte, der darf nicht den Kopf in den Sand stecken, sondern muss bei sich selbst anfangen. Er darf nicht vor dem Blick in den Spiegel fliehen, weil er möglicherweise Züge an sich bemerken könnte, die ihm nicht gefallen und die überhaupt nicht in das Bild, das er sich von sich gemacht hat, passen. Deshalb beantworten Sie die

Fragen zum Kern Ihrer Persönlichkeit:

- Ich weiß, dass ich …
- Ich bin ein Mensch, der …
- Ich bin bereit, Opfer zu bringen, weil …
- Es ist nicht einfach, trotzdem werde ich …
- Nur wenn ich will, dann kann ich …
- Ich werde meine Zukunft planen, weil ich …
- Ich werde die Gesetze der Rhetorik studieren, weil ich …
- Es war ein Fehler, dass ich …
- Ich bin glücklich, wenn ich …
- Ich bin voller Vitalität und Spannkraft, weil ich …

- Ich habe Erfolg, weil ich …
- Ich bin zufrieden, weil ich …
- Ich werde mein Selbstbewusstsein steigern, weil ich …
- Ich bin innerlich reich, weil ich …
- Ich habe einen starken Willen, weil ich …
- Ich bin bereit, Verantwortung zu tragen, weil ich …
- Ich bin ein guter Organisator, weil ich …
- Ich lerne die Kunst der Motivation, weil ich …
- Ich habe ein Recht auf Wohlstand, weil ich ….
- Wenn ich frei und sicher sprechen könnte, würde ich …
- Wenn ich keine Hemmungen hätte, würde ich …

Sehen Sie sich jetzt klarer, haben Sie mehr Durchblick? Selbsterkenntnis – also die Kenntnis von sich selbst – ist der erste Schritt zu einer Veränderung. Es ist genauso wie in der Medizin: Erst erfolgt die Diagnose, und daraus ergibt sich die Therapie.

Dies mag für den einen oder anderen ein schmerzhafter Prozess sein: Sich lösen von lieb gewordenen Vorstellungen von sich selbst, der Verlust von (eingebildeten) Fähigkeiten, aber auch von vermeintlichen Schwächen und vielleicht gar nicht existierenden Stärken. Der Sturz ist umso schmerzhafter, je mehr es sich der Betroffene in seiner eigenen Realität bequem gemacht hat. Dennoch: Je früher ein Mensch bemerkt, dass zwischen dem echten Leben und seiner Vorstellung davon eine riesige Kluft herrscht, desto besser ist das für ihn. Je eher er das Ruder herumreißt, desto mehr (Lebens-)Zeit bleibt ihm, in der er die Folgen seiner Selbsterkenntnis genießen kann. Und das ist kein unwichtiger Aspekt. Denn wir alle wollen doch nur eines: Erfolgreich sein und zufrieden sein, dass wir etwas erreicht und dabei uns selbst weiterentwickelt haben. Das gilt für den kleinen Angestellten ebenso wie für den Vorstandsvorsitzenden eines großen Konzerns, für den Freiberufler, den Künstler, aber auch den Sportler, für den kleinen Betrieb oder das weltweit agierende Großunternehmen. Erfolg zu haben – das möchten Sie doch sicher nicht nur im beruflichen Bereich. Erfolg im Privatleben – stabile Beziehungen, wohlgeratene Kinder, ein Freundeskreis, auf den man sich verlassen kann: All dies ist wichtig und entscheidet darüber, ob Sie glücklich und zufrieden und, als Folge davon, gesund sind und bleiben.

Sie möchten weiterkommen, möchten hervortreten aus der grauen Masse Ihrer Kollegen. Sie möchten mehr – sie möchten an die Spitze, die Nummer eins werden. Sie möchten, dass Ihr mittelständischer Betrieb nicht mehr unter „ferner liefen“ erscheint – Sie möchten Ihre Firma zu einer Topadresse machen!

Das können Sie, wenn Sie wirklich wollen. Dabei helfe ich Ihnen.

Sagen Sie einmal ganz laut und mit Überzeugung: „Ich möchte erfolgreich sein, ich möchte die Nummer eins sein!“

Können Sie das, wollen Sie das wirklich? Oder bereitet Ihnen das Schwierigkeiten? Gibt es etwas, das Sie hemmt?

Wenn Sie diesen Satz zu Ihrem Motto machen, dann haben Sie ein großes Ziel gewählt, zu dem ich Ihnen gratuliere und Ihnen bei der Erreichung mit Rat und Tat zur Seite stehe.

An seinen Zielen kann man den wahren Wert eines Menschen erkennen.

Mit der geistig-seelischen Entwicklung verändern sich die Ziele, der Mensch entfaltet sich, entfaltet seine Fähigkeiten, entwickelt seine Persönlichkeit weiter. Stellen Sie sich einmal bildhaft vor, was „entfalten“ wirklich bedeutet. Nehmen Sie einen zusammengefalteten Anzug aus dem Koffer, breiten Sie ihn aus, ent-falten Sie ihn. Sehen Sie, wie aus einem Stück Stoff ein perfektes Kleidungsstück wird. Alles war schon vorhanden, kam nur im zusammengefalteten Zustand nicht richtig zur Geltung. Genauso geschieht das auch mit dem Menschen: In jedem ist ein enormes Potenzial vorhanden – doch es will entdeckt und gefördert werden.

Machen wir eine kleine Übung zur Entfaltung:

Atmen Sie einmal ganz tief ein. Ihr Brustkorb wird weit, Ihr Bauch wölbt sich – alles wird ganz weit. Atmen Sie durch, nehmen Sie dabei beide Arme in weitem Bogen nach hinten, als wollten Sie einen Kreis in der Luft zeichnen. Spüren Sie, wie sich Ihr ganzer Brustbereich entfaltet, wie Sie aus der gedrungenen Haltung, die Sie vermutlich am Schreibtisch einnehmen, plötzlich sich strecken, wie Luft und Energie in Ihren Körper strömt? Fühlen Sie sich nicht gleich viel wohler, freier und stärker?

So wie Sie Ihren Körper entfalten, also aufrichten, damit er weit und durchlässig wird, können Sie auch Ihre Fähigkeiten vergrößern, Ihre Persönlichkeit entfalten. Vielleicht kennen Sie ja noch gar nicht all Ihre Stärken, wissen gar nicht, welche Schätze in Ihrem Inneren verborgen sind.

Und deshalb sind Sie auch noch nicht das, was Sie gerne sein möchten: die Nummer eins! Doch Sie möchten Erfolg haben, möchten an die Spitze kommen, möchten Spitze sein. Wissen Sie aber auch ganz genau, über welches Potenzial Sie verfügen? Wissen Sie wirklich genau, wo Ihre Stärken liegen? Kennen Sie Ihre Schwachpunkte? Oder begnügen Sie sich damit, einfach nur zu glauben, dass Sie gut sind? Friedrich Nietzsche sagte: „Jeder Glaube ist ein Für-wahr-Halten." Eine Zukunft allerdings, die auf einem Für-wahr-Halten basiert, steht auf recht wackeligen Beinen. Erfolg braucht eine fundierte Basis, Erfolg benötigt kontinuierliche Arbeit und Anstrengung, um konstant zu bleiben. Alles andere ist nicht wirklich Erfolg, sondern bestenfalls ein Zufallstreffer. Wir kennen ja genügend Beispiele aus Wirtschaft und Politik, kennen die kometenhaften Aufstiege und die spektakulären Bruchlandungen solcher Überflieger.

Welchen Stellenwert hat Erfolg in Ihrem Leben?

Ein weiterer wichtiger Punkt ist zu klären, wenn wir den Weg an die Spitze einschlagen wollen: Was verstehen Sie unter die „Nummer eins" sein? Welche Vorstellung verbinden Sie mit dem Wort „Erfolg"? Nehmen Sie sich eine Viertelstunde Zeit, um diese beiden Begriffe auf sich wirken zu lassen.

Erfolg wird gerne schlecht gemacht, wird gleichgesetzt mit Rücksichtslosigkeit, Ausbeutung, Ellbogenmentalität oder Egoismus. Haben Sie aber einmal genau hingeschaut, wer diese Erfolgsmiesmacher sind? Es sind die Erfolglosen, die das Prinzip nicht erkannt haben oder nicht bereit waren, sich für ihre Ziele einzusetzen, oder ganz einfach nicht das Richtige getan haben. Nun machen sie den Erfolg schlecht – das ist am einfachsten und lässt sie selbst noch recht gut aussehen. Sie stehen auf der Verliererseite, sehen, dass sie von den Erfolgreichen überholt werden, selbst auf der Strecke bleiben. Anstatt endlich die

Zusammenhänge zu erkennen und selbst Gas zu geben, begeben sie sich wieder in eine bequeme Rolle – diesmal als Nörgler. Haben Sie schon einmal erlebt, dass notorische Kritiker, Miesmacher und professionelle Verurteiler irgendetwas Positives geleistet haben, irgendetwas zu einer Verbesserung beigetragen haben? Nichts ist einfacher, als andere schlecht zu machen. Die Erfolglosen versuchen ihre Misserfolgserlebnisse zu kompensieren, indem sie das niedermachen, was sie selbst gern erreicht hätten, aber aus Faulheit, Dummheit oder Starrsinn nicht geschafft haben. Sie verarbeiten ihren Frust auf diese Weise und merken dabei gar nicht, wie bemitleidenswert sie dastehen.

Erfolg, das ist ein großes Wort, und deshalb übersehen wir vieles, was uns klein und unwichtig bzw. normal erscheint, aber dennoch in die Rubrik Erfolg gehört. Beispielsweise ist es ein großer Erfolg, Kinder zu erziehen, eine Beziehung glücklich zu gestalten oder sich das Rauchen abzugewöhnen. Erfolg kann auch – muss aber nicht unbedingt – sein, viel Geld zu verdienen, was ja oft mit Herzinfarkt, Nervenzusammenbruch und Verlust der Lebensqualität verbunden ist. Wirklicher Erfolg ist etwas anderes, etwas ganz Simples: Lösung von Problemen durch entsprechende Lebensgrundsätze, Zielformulierungen und deren Umsetzung – und als Folge eine hohe Lebensqualität.

Erfolg = die Folge von Denken und Handeln

Wenn ich von Erfolg spreche, dann meine ich also damit nicht „Karriere per Ellbogen“ bzw. „Erfolg um jeden Preis“. Erfolg bedeutet für mich, die richtigen Ursachen zu setzen, um eine erstrebenswerte Wirkung zu erzielen. Erfolg ist immer verbunden mit Weiterentwicklung, Fortschritt und Verbesserung. Das fängt bei der Persönlichkeit an und geht weiter im Berufs- und Privatleben. Wer am Ende seines Lebens nicht sagen kann: Ich habe dazu beigetragen, dass die Welt ein wenig besser, leichter und schöner geworden ist – und sei es nur eine winzige Kleinigkeit –, der hat eigentlich den Sinn des Lebens verfehlt. Erfolg – das ist nicht allein materieller oder äußerer Erfolg. Erfolg ist viel mehr.

Erfolg heißt für mich:

- etwas bewirken zu können
- Leistung zu bringen und Verantwortung zu übernehmen
- Menschen zu motivieren
- zum Fortschritt beizutragen
- Veränderungen zum Positiven einzuleiten
- richtig mit Menschen umzugehen und sie zu motivieren
- sich weiterzuentwickeln
- anderen einen Weg zu zeigen
- Vorbildfunktion zu übernehmen.

Das negativste Gefühl, das ein Mensch hier auf Erden erleben kann, ist das Gefühl der Ohnmacht. Das Bewusstsein, am Ende zu sein. Nichts mehr ändern zu können. Damit wir uns eine positive Einstellung bewahren, hier ein Zitat von Theodor Heuss: „Macht ist gestalterisches Vermögen." Mit dem Begriff Erfolg verbindet sich auch das Wort Macht. Auch davor schrecken viele Menschen zurück. Doch mit der Macht ist es wie mit dem Geld: Es kommt immer darauf an, was man damit anstellt. Ich möchte anstelle von Macht lieber das Wort „Menschenführung" verwenden: die Fähigkeit, unabhängige Menschen so zu begeistern und zu motivieren, dass alle zusammen – als Team – ein großes Ziel anstreben und sich dafür einsetzen. Dazu gehört, dass durch das Vorleben von gemeinsamen Werten die Mitarbeiter zur Eigeninitiative angeregt werden, mit denen sie Erfolgserlebnisse erfahren. Erst gemeinsame Erfolge machen richtig stark! Ich nenne das so: Macht ist das Resultat von Zusammenarbeit.

Wie kann man nun zu Erfolg kommen? Gehören Sie noch zu denjenigen, die glauben, Erfolg erzielt man durch Fleiß und harte Arbeit? Weit gefehlt! Nach einer Studie in den USA hat die Firma IBM herausgefunden, dass Erfolg zu 30 % auf der Persönlichkeit, zu 60 % auf Kontakten und Beziehungen, aber lediglich zu 10 % auf Fachwissen basiert. Mein Kollege Brian Tracy sagt: „Der berufliche Erfolg hängt ab zu 10 % von der fachlichen Qualifikation, zu 90 % von der positiven Kommunikation." Das mag für Amerika zutreffen. Ich sehe die Zahlen in Deutschland etwas anders: 35 % fachliche Qualifikation, 65 % positive Kommunikation. Aber ganz gleich, woran Sie glauben:

Für den Erfolg entscheidet die Art und Weise, wie wir mit Menschen umgehen und wie wir Menschen und Gruppen führen. Nicht jene, die am meisten wissen und am eifrigsten arbeiten, sondern diejenigen, die ihre Fähigkeiten richtig darstellen können, kommen weiter. Über den Erfolg entscheidet die Persönlichkeit – nicht die Kompetenz bzw. das Fachwissen. Ich sage immer: „Wir sind alle Verkäufer", auch wenn wir nicht in der Salesbranche tätig sind. Wenn Sie sich um einen neuen Posten bewerben, dann entscheiden nicht Ihre Zeugnisse, Ihre Papiere, sondern Ihr Auftreten und Ihr Talent, Ihre Fähigkeiten richtig darzustellen, Ihre Stärken und Vorzüge sichtbar zu machen, praktisch „sich zu verkaufen". Wollen Sie Ihren Freund, Ihre Freundin heiraten, dann verkaufen Sie auch – diesmal allerdings eher Ihre emotionalen Stärken. In der Werbebranche heisst das USP – Unique Selling Proposition: Hervorhebung der Einmaligkeit des Produkts, Erstellen eines Profils des Produkts, das den Unterschied darstellt zur Konkurrenz.

Machen Sie sich vertraut mit dem Gedanken, dass Sie Ihre USP erstellen müssen, wenn Sie zur Nummer eins werden wollen. Dabei müssen Sie Abschied nehmen von so manchen vertrauten Gewohnheiten, die uns behindern, müssen diese durch Erfolgsprinzipien ersetzen und sie zu Erfolgsgewohnheiten werden lassen.

Vielleicht sind Sie der Meinung, dass Erfolg nichts anderes ist als das Zusammentreffen glücklicher Umstände? Und Misserfolg ist dann selbstverständlich das Gegenteil, nämlich eine Verkettung ungünstiger Umstände? Betrachten Sie einmal den Lebenslauf erfolgreicher Menschen, beispielsweise aus Ihrem Bekannten-/Freundeskreis oder von Kollegen oder Chefs, mit denen Sie gearbeitet haben. Analysieren Sie beispielsweise die Entwicklung von erfolgreichen Männern und Frauen. Sie werden schnell herausfinden, dass der Zufall keine bedeutende Rolle spielt. Hinter solchen Karrieren steht die harte, konsequente Arbeit von Könnern.

Beispielsweise mag die Ausgangsbasis für einen so genannten Firmenerben auf den ersten Blick als Riesenplus gesehen werden. Aber was nützt es, eine erfolgreiche Firma zu „erben", wenn ansonsten keine weiteren Erfolgsfaktoren vorhanden sind? Erfolgsfaktoren sind in jedem von uns angelegt, aber die wenigsten machen Gebrauch davon. Das mag daran liegen, dass wir immer noch Erfolg mit Glück verwechseln und somit die Hände in den Schoß legen und darauf warten, dass wir endlich auch einmal Glück haben. Viele verharren in dieser passiven Einstellung ein Leben lang und vergeben alle Chancen, erfolgreich zu sein.

Erfolg ist das, was auf eine Tat/Leistung/Aktivität er-folgt.

ERFOLGSFAKTOR

Erfolg beginnt im Kopf – mit einer erfolgsorientierten, positiven Lebenseinstellung.

Können Sie sich vorstellen, dass ein Architekt die Vorteile seines Entwurfs dem Kunden nahe bringen kann, wenn er nicht selbst von diesen Vorzügen überzeugt ist? Glauben Sie, dass ein Manager, der überall nur Intrigen sieht, Missgunst und Fehlschläge erwartet, Mitarbeiter zu guter Leistung anspornen kann? Glauben Sie, dass ein Boss mit schleppendem Schritt und hängenden Schultern seine Mitarbeiter zu mehr Engagement für den Betrieb animieren kann? Oder dass eine Immobilienmaklerin mit leiser Stimme und zu Boden gesenktem Blick ihre Projekte an den Mann bzw. die Frau bringt? Sicher nicht. Wer erfolgreich sein will, strahlt Erfolg aus. Ausstrahlen kann aber nur das, was im Inneren vorhanden ist. Wie sieht es damit bei Ihnen aus? Gehen Sie jetzt zum Spiegel und betrachten Sie sich.

Was strahlen Sie aus?

- Wie ist Ihre Körperhaltung? Tragen Sie den Kopf hoch, stehen Sie aufrecht oder eher (vom Leben) gebeugt?
- Ihr Blick? Schauen Sie von unten nach oben oder umgekehrt? Ist Ihr Blick offen? Können Sie anderen Menschen in die Augen sehen? Können Sie ruhig, konzentriert und lange in Ihre eigenen Augen sehen?
- Was sagt Ihr Gesicht über Sie aus? Die Art der Falten und Linien verrät Ihre Lebenseinstellung. Haben Sie Lach- oder Zornesfalten, sind Ihre Lippen schmal und verkniffen, oder zeigen Ihre Mundwinkel freundlich nach oben? Ist Ihr Gesichtsausdruck eher mürrisch oder freundlich?

- Was vermittelt Ihre Kleidung? Sind Sie modisch oder konservativ gekleidet, welche Farben bevorzugen Sie? Sind Ihre Krawatten dezent oder poppig?
- Sind Sie standfest? Mit beiden Beinen fest auf dem Boden (bzw. im Leben), oder stehen Sie bereits in den unsichtbaren Startlöchern, bereit zur Flucht? Stehen Sie vielleicht häufig auf einem Bein?
- Wer steht vor Ihnen?
  Sehen Sie einen erfolgreichen Menschen vor sich?
  Sehen Sie einen Menschen vor sich, dem Sie Erfolg zutrauen?
  Sehen Sie einen Menschen vor sich, dem man folgt, der andere motivieren kann?
  Sehen Sie einen Menschen, der eine natürliche Autorität ausstrahlt?
  Sehen Sie einen Menschen, dem Sie zutrauen, dass er die Nummer eins in seinem Bereich wird?

Wenn Sie sich so in aller Ruhe betrachten, dann versuchen Sie einmal objektiv zu beurteilen, ob Sie aussehen wie ein Mensch, der auf dem Weg nach oben ist.

GRUNDGESETZ DER LEBENSENTFALTUNG:

Nur der Mensch hat die Kraft, bewusst zu denken, zu planen und zu gestalten.
Nur er kann sich selbst und damit sein Schicksal und seine Zukunft gezielt beeinflussen.

Erfolg möchten zwar viele gerne haben, aber nur wenige sind bereit, sich ganz dafür einzusetzen. Studieren Sie die Biografien berühmter Künstler, erfolgreicher Politiker, großer Wirtschaftsbosse oder bekannter Sportler: Niemand ist von einem Tag auf den anderen an die Spitze gekommen und hat sich diesen Platz längere Zeit erhalten. Leistung hat sie nach oben gebracht, und nur eigene Leistung lässt uns Ziele erreichen. Mit engagiertem Einsatz allerdings ist es möglich, Größtes zu vollbringen. Was braucht man dazu?

1. Eine Idee, einen Gedanke, eine Vision, die sich zu einem brennenden Wunsch entwickelt, zu einem erstrebenswerten Ziel.

2. Den Glauben an sich und seine Kräfte und Mut, um den ersten entscheidenden Schritt zu machen.
3. Geduld und Optimismus, um Misserfolge und Rückschläge zu verkraften.

ERFOLGSFAKTOREN

Der Gedanke – das Ziel – die Konzentration – der Glaube – der Mut – die Ausdauer – die richtige Einstellung.

Erfolg fällt nicht vom Himmel. Erfolg ist das Ergebnis von konstruktiven Gedanken und Taten, die auf ein Ziel konzentriert sind. Sie können so viel arbeiten, wie Sie wollen: Wenn Sie im Grunde Ihres Herzens ein Pessimist sind, dann bleiben Sie immer einer von vielen, versinken in der großen Masse der Mittelmäßigkeit. Andererseits können Sie noch so positiv denken: Wenn Sie nicht entsprechend handeln, bleiben Sie auch auf der Strecke! Wenn Sie nämlich Ihr Leben nicht selbst gestalten, dann werden Sie irgendwann einmal feststellen, dass andere Menschen Ihr Leben geformt haben. Ich bezweifle, dass dies eine erquickliche Erkenntnis ist und dazu beiträgt, glücklich und zufrieden zu sein. Doch noch ist es nicht zu spät. Noch können Sie eingreifen, können das Steuerrad selbst übernehmen und den Lebenskurs festlegen. Wenn ich so manchen Lebenslauf betrachte, dann erscheint es mir, als blickte ich auf ein Schiff, das im Zickzackkurs durch die Meere segelt. Ein solches Leben ist geprägt von einem ständigen Auf und Ab, kleine Erfolge, viele Stagnationen und noch mehr Misserfolge. Wie ein Blatt im Wind – so lassen sich viele Menschen durch ihr Leben treiben. Und weil sie selbst keinen Willen haben, werden sie gern von anderen benutzt, um deren Ziele zu erreichen. Schwache Persönlichkeiten sind beliebte Instrumente für Karrieristen, denn sie sind leicht zu manipulieren – und bemerken es nicht einmal. Deshalb stellt sich die Frage:

Das Lebenskonzept – von Ihnen selbst geschrieben?

Wir befassen uns mit dem wichtigsten Menschen in Ihrem Leben – mit Ihnen! Wer hat bis heute Ihr Leben geplant und gestaltet? Haben Sie immer selbst bestimmt, oder haben andere das für Sie übernommen, ohne dass Sie es bemerkt haben?

Denken Sie zurück:

- Wer hat entschieden, in welche Schule Sie wie lange gehen sollten?
- Wer hat bestimmt, welchen schulischen Zweig Sie nehmen sollten?
- Haben Sie selbst Ihre berufliche Ausbildung bewusst gewählt, oder haben die Eltern das vorgegeben, haben Sie einfach irgendetwas gemacht?
- Wie sieht es mit der Berufswahl aus? Haben Sie Ihren Beruf gewählt, weil er für Sie Be-rufung ist, weil Sie Ihre Fähigkeiten in diesem Beruf voll einsetzen können, weil Sie begeistert sind? Oder haben Sie einfach genommen, was sich gerade anbot, weil Sie Beziehungen hatten, weil Ihre Freunde diese Fachrichtung gewählt haben?
- Haben Sie überhaupt Hobbys? Wenn ja, welche? Warum betreiben Sie gerade diese Hobbys? Weil Ihre Freunde das tun, weil Ihnen Ihr Hobby viel gibt, oder weil es gerade „in“ ist?
- Haben Sie Ihre/n Partner/in bewusst gewählt? Aus Liebe, aus praktischen Gründen, weil Sie „heiraten mussten“, weil es opportun erschien, weil …? Oder hat Ihr/e Partner/in Sie gewählt? Weil …
- Und die Kinder – waren sie geplant?

Haben Sie bisher aktiv mitgewirkt an Ihrem Leben? Oder stellen Sie vielleicht erst jetzt fest, dass Sie nach einem Konzept gelebt haben, das gar nicht Ihr eigenes war, sondern eher das Ihrer Eltern, Ihres Partners? Ihr Erfolg, Ihr Lebensglück hängt entscheidend davon ab, dass Sie ein Lebensskript entwickeln und danach leben. Deshalb:

- Haben Sie Ihr Leben so geplant oder wer …?
- Glauben Sie, dass Sie eine bestimmte Lebensaufgabe haben? Wenn ja, seit wann glauben Sie dies, und haben Sie die Aufgabe angenommen?

- Mit welchen Zukunftsvorstellungen Ihrer Eltern (Beruf, Parnterwahl, Wohnort etc.) sind Sie aufgewachsen?
- Hatten Ihre Eltern für Ihre Geschwister auch feste Zukunftsvorstellungen?
- Haben Sie schon immer eine bestimmte Vorstellung von Ihrem Leben gehabt?
- Und wie sieht die Realität aus? Entspricht sie Ihrer Vorstellung?
- Stellen Sie sich vor, Sie sind am Ende Ihres Lebens angelangt: Welches Motto würden Sie gern über Ihr Leben schreiben?

Seien Sie ganz ehrlich zu sich selbst, denn Mogeln bringt Sie nicht weiter. Wenn Sie zu der Erkenntnis gelangen, dass Sie in Ihrem Leben bisher keine tragende Rolle gespielt haben, dann seien Sie nicht entsetzt. Was glauben Sie, wie vielen Topmanagern, Politikern oder Wissenschaftlern es ähnlich ging oder geht wie Ihnen. Sie befinden sich in bester Gesellschaft.

Vielleicht sehen Sie anhand Ihrer Antworten, dass Sie bisher wenig von Ihrem Recht auf Selbstbestimmung Gebrauch gemacht haben. Und Sie denken möglicherweise: „Hätte ich …, dann wäre jetzt …“ Stoppen Sie solche Gedanken und Selbstvorwürfe sofort. Was geschehen ist, können Sie nicht mehr ändern. Deshalb sind solche Gedanken völlige Zeitverschwendung. Machen Sie jetzt – heute in diesem Augenblick – einen Schnitt. Akzeptieren Sie für sich, dass Sie Fehler gemacht haben – aus Unwissenheit, aus Sturheit, aus Nachlässigkeit. Es spielt keine Rolle mehr. Wichtig ist, dass Sie die Konsequenz aus dieser Erkenntnis ziehen. Übernehmen Sie die Verantwortung für sich selbst, mischen Sie sich ein in Ihr Leben, nehmen Sie das Steuer Ihres Lebensschiffs in die Hand, und legen Sie Ihren persönlichen Erfolgskurs fest.

Was ist Erfolg für Sie persönlich?

Nun haben wir so viel vom Erfolg im Allgemeinen gesprochen. Doch was ist für Sie persönlich Erfolg? Was verstehen Sie darunter? Denken Sie einmal voraus, stellen Sie sich die Zukunft vor. Welche Art von Erfolg sehen Sie für sich? Hier nenne ich Ihnen einige Beispiele:

Erfolg könnte sein …

- sich seine Wünsche erfüllen
- vorhandene Probleme lösen
- selbst gewählte Ziele erreichen
- den Sinn des Lebens erkennen
- zur Weiterentwicklung der Welt beitragen
- sich selbst weiterentwickeln
- innere Freiheit erlangen

Und nun sind Sie dran:

- Welche Erfolge streben Sie an?
- In welchem Bereich möchten Sie weiterkommen, an die Spitze kommen?
- Was müssen Sie verändern oder anders machen?
- Was verändert sich in Ihrem Leben, wenn Sie die Nummer eins sind?
- Welche Gefühle sind mit dieser Vorstellung verbunden?

Auf die Wurzeln kommt es an

Nehmen Sie jetzt ein DIN-A4-Blatt und zeichnen Sie einen Baum. Der Baum symbolisiert Ihre Persönlichkeit. Hat Ihr Baum etwa kleine, schwache Wurzeln, aber eine ausladende Krone? Dann werden ihn die Stürme (des Lebens) schnell umwerfen. Oder hat er starke Wurzeln, die tief im Erdreich verankert sind? Ein solcher Baum kann den Widrigkeiten der Umwelt standhalten.

Wie sieht es mit Ihren Wurzeln aus, liebe Leserin, lieber Leser? Wenn Sie sich kennen, wenn Sie Ihre Fähigkeiten entfalten, Ihre Stärken fördern, dann wachsen Ihre Wurzeln ganz von selbst in die Tiefe und in die Breite. Das Resultat ist sichtbar: Der Baum entwickelt sich prächtig, ist stabil und stark, wächst nach oben. So ist es auch beim Menschen: Er entwickelt sich weiter, seine Ausstrahlung intensiviert sich, seine Persönlichkeit entfaltet sich und er trägt zu einer Veränderung der Welt bei. Ein solcher Mensch wird zum Vorbild, kommt voran und zieht andere mit.

Schauen Sie einmal zurück, schreiben Sie Ihre eigene Biografie bis zum heutigen Tag:

- Wie ist Ihr Lebensweg bis heute verlaufen und wie soll es weitergehen?
- Welche Schwerpunkte haben Sie bisher gewählt?
- Welche Aufgaben und Ziele haben Sie sich gesetzt bzw. gesteckt?
- Wie sind Sie mit Ihrer Zeit umgegangen?
- Wie sind Sie mit Fehlschlägen und Misserfolgen umgegangen?
- Welches war bisher Ihr größter Erfolg?
- Welches war in diesem Jahr Ihr größter Erfolg?
- Auf welche Leistung sind Sie besonders stolz?
- Was ist das Wichtigste in Ihrem Leben?
- Hatten Sie bisher ein Lebens- und Erfolgsmotto? Welches?
- Mit welchem Motto gehen Sie in die Zukunft?
- Wie soll es weitergehen?
- Wie soll Ihre Biografie in fünf, in zehn Jahren aussehen?

Wie sind Sie „ein-gestellt"?

Wenn Sie mit diesem Buch arbeiten, dann werden Sie immer wieder auf eines meiner Lieblingsworte stoßen: die persönliche Einstellung. Auf die kommt es nämlich ganz entscheidend an. Alles im Leben ist letztlich das Resultat der Einstellung – wie beim Fotografieren. Wenn Sie den Fokus Ihrer Kamera richtig einstellen, erhalten Sie ein optimales Bild. Nicht umsonst wird vor einem Konzert viel Zeit und Mühe darauf verwandt, die Instrumente richtig einzustellen und aufeinander abzustimmen – ansonsten müssten wir Katzenmusik hören. Der Sender muss richtig eingestellt werden, damit der Empfang ohne Störung funktioniert. Auch der Mensch muss richtig eingestellt sein bzw. sich richtig einstellen, wenn er etwas erreichen will. Wer auf Erfolg eingestellt ist, hat automatisch Erfolg; wer sich auf Misserfolge programmiert, bekommt sie auch. Ja, selbst die Gesundheit können Sie durch Ihre persönliche Einstellung beeinflussen. Inzwischen mussten dies sogar skeptische Schulmediziner zähneknirschend zugeben!

Henry Ford sagt es so passend: „Ganz gleich, ob Sie glauben, Sie könnten etwas oder nicht, Sie haben in jedem Fall Recht."

Für welchen Fall aber wollen Sie sich entscheiden? Welches Programm soll in Ihnen wirksam werden? Der Mensch kommt nicht mit Fehlern auf die Welt, sondern wird durch negative Einflüsse verändert. Eine Veränderung zum Besseren beginnt in dem Moment, in dem man sich weigert, über das Negative zu sprechen! Prüfen Sie doch einfach einmal Ihre Einstellung ganz allgemein:

- Sie haben gerade Ihr Auto gewaschen, als es zu regnen beginnt.
  Ich habe es mir gedacht, es wird gleich regnen.
  Es macht nichts, die Hauptsache ist, der Wagen ist wieder sauber.
- Nach langem Suchen haben Sie sich endlich für das Superluxushotel entschieden, müssen jedoch im Reisebüro hören, dass es leider ausgebucht ist.
  Vielleicht ist das Hotel ja doch nicht so toll, ich erspare mir eine Enttäuschung.
  Typisch, immer wähle ich die falschen Dinge.
- Sie haben sich um einen neuen Job beworben, sich durch alle Widrigkeiten wie Assessment Center etc. mit Erfolg gekämpft. Nun warten Sie auf den endgültgen Bescheid, erhalten eine Absage.
  Ich habe immer Pech; das ist nun schon das dritte Mal, dass ich den Job fast habe – und dann habe ich doch verloren.
  Bei dieser Bewerbung habe ich viel gelernt. Davon kann ich beim nächsten Mal profitieren.
- Sie haben aufwändige Recherchen betrieben, um damit einen neuen, sehr lukrativen Kunden zu gewinnen. Ihre Arbeit war hervorragend, der potenzielle Kunde fordert noch weitere Details an. Dann hält er Sie lange hin und erteilt schließlich mit einer fadenscheinigen Erklärung eine Absage. Sie sind verärgert, sehen die vielen Kosten, die Sie hatten.
  Mir ist bei der Entwicklung dieser Arbeit eine ganz neue Idee gekommen. Ich kann den Entwurf etwas modifizieren und ein neues Konzept entwickeln, das ich auf dem Markt anbiete.
  Jetzt habe ich umsonst so viel Zeit und Geld investiert. Das hätte ich mir sparen können, schließlich hatte ich von Anfang an Zweifel, ob ernsthaftes Interesse besteht.

- Sie sind auf einem Empfang, und ausgerechnet Ihr Chef trägt die gleiche ausgefallene, teuere Krawatte wie Sie.
  Er sieht, dass ich einen ausgezeichneten Geschmack habe. Das ärgert ihn sicher, und er wird mich wieder schikanieren.

Wie steht es mit Ihrer Einstellung zum Erfolg? Notieren Sie alle Begriffe und Assoziationen, die Ihnen zum Thema Erfolg einfallen. Das könnte beispielsweise sein: Ansehen, Reichtum, Karriere, stolz auf sich sein, Selbstsicherheit, größeres Selbstwertgefühl, eigene Firma, Bombenaufträge, Mitgliedschaft in ausgewählten Kreisen bzw. Clubs, Bekanntheit, eigenes Flugzeug, exklusive Weltreisen, tolle, attraktive Partner …

Oder fällt Ihnen zu dem Wort Erfolg vielleicht gar nicht viel ein? Dann wird es höchste Zeit, dass Sie dieses Vakuum füllen. Wer nicht erfolgsorientiert denkt, kann keinen Erfolg haben. Ein Marathonläufer würde schon nach den ersten Kilometern zusammenbrechen, wenn er in sich nicht den Willen hätte, diese Strecke in bester Zeit zu schaffen. Ein Vertreter braucht seinen Kunden gar nicht zu besuchen, wenn er nicht davon überzeugt ist, eine erfolgreiche Verhandlung vor sich zu haben.

Wie ist so etwas möglich?, werden Sie jetzt fragen. Das lässt sich leicht erklären: Allein schon der Gedanke an Erfolg löst im Menschen eine ganze Reihe von Reaktionen aus:

1. **Wissen freisetzen**
   Der Gedanke an Erfolg aktiviert im Unterbewusstsein alle Informationen, die für die Erreichung des Ziels benötigt werden. Alles, was wir einmal bewusst oder auch unbewusst gehört und gesehen, erfahren oder gelernt haben, ist – wie auf der Festplatte eines Computers – gespeichert. Wir brauchen es nur abzurufen. Damit steht Ihnen alles zur Verfügung, was Sie benötigen, um Ihren Gedanken an Erfolg in die Tat umzusetzen.
   Aber wir verfügen über viel mehr Wissen und Informationen, als wir uns überhaupt vorstellen können. Dieses Wissen ist tief in uns verankert, aber wir nutzen es meist gar nicht. Es ist das Urwissen oder kollektive Unterbewusstsein, in dem alles Wissen und alle Erfahrung der gesamten Menschheit aus allen Zeiten gespeichert ist.

2. **Motivation + Begeisterung entfachen**
   Eine erfolgsorientierte Einstellung mobilisiert alle Kräfte in Ihnen. Sie freuen sich darauf zu zeigen, was Sie wissen und leisten können. Motivation kann gut verglichen werden mit dem Aufwind beim Segeln. Ohne ihn bewegt sich nämlich gar nichts. Motivation erweckt Begeisterung. Sie brauchen nur an den Erfolg denken und ein Mechanismus wird in Gang gesetzt. Schon sind Sie förmlich mit einem Virus – dem Erfolgsvirus – infiziert und stecken damit alle an, die mit Ihnen zu tun haben.
   Sehen Sie einmal, was allein aus einem Gedanken an ein erfolgreiches Vorhaben passieren kann, ohne dass Sie überhaupt einen Finger rühren: Sie sind voller Energie und Begeisterung! Was glauben Sie, welchen Energieschub Sie damit erhalten!

3. **Glaube an den Erfolg**
   Mit der richtigen Einstellung zum Erfolg wächst auch der Glaube daran, dass Sie Ihr Ziel erreichen werden. Das wiederum wirkt sich auf Ihre Ausstrahlung aus. Sie bekommen Charisma – das gewisse Etwas, das so schwer zu erklären ist und dennoch so durchschlagend wirkt. Ihre Zuhörer hängen an Ihren Lippen, Ihre Argumente kommen an, Sie sind überzeugend und haben Erfolg. Erfolgreiche Menschen haben eine Faszination, der sich kaum jemand entziehen kann.

ERFOLGSFAKTOR

**Gegen Worte kann man sich wehren –
gegen Ausstrahlung nicht.**

Können Sie sich selbst vertrauen, haben Sie Mut?

Stellen Sie sich vor, Sie sollen einen neuen Bereich in Ihrer Firma übernehmen. Fachlich sind Sie nicht ganz up to date, außerdem sollen Sie mehrere Mitarbeiter führen, darunter ist auch ein Kollege, mit dem Sie sich noch nie gut verstanden haben. Wie gehen Sie in eine solche Situation?

Richard Lang machte sich einen Plan. Im Schnellverfahren füllte er seine Wissenslücken auf, ließ sich von einem Experten auf den neuesten Stand der Dinge bringen. So fühlte er sich im fachlichen Bereich sicher, wusste, dass er hier nicht angreifbar war. Was die Menschenführung betraf, so rief er sich ins Gedächtnis, dass er immer gut mit Menschen umgehen konnte, sein Rat war vielen Kollegen wichtig. Er machte es sich zur Regel, sich an diese Erfahrung zu erinnern, wenn Zweifel sich ankündigten.

Haben Sie Vertrauen zu sich selbst? Können Sie sich auf sich verlassen? Wenn Sie sich selbst richtig kennen, dann können Sie sich ohne weiteres auf sich verlassen, denn Sie wissen, in welchen Bereichen Sie stark und in welchen Bereichen Sie nicht so ganz sicher sind. Das hat große Vorteile, denn das Vertrauen in die eigenen Fähigkeiten gibt Ihnen Kraft und Zuversicht. So können Sie leichter mit den eigenen Schwächen – und denen der anderen – fertig werden. Von Unsicherheit und Angstgefühlen gepeinigt wird derjenige, der nicht weiß, auf welche Stärken er bauen kann. Aus dieser Unsicherheit heraus unterlaufen eher Fehler, und schnell kommt man in einen Teufelskreis. Schlimmer noch ist, dass Ihr Umfeld – Ihre Mitarbeiter, Ihre Kunden, Ihre Familie – sehr genau spürt, was in Ihnen vorgeht.

Vertrauen strahlt aus. Ein Topmanager hat ein fähiges Team um sich. Beispielsweise bezeichnete I. Lopez (Opel, dann VW) seine Leute als Krieger, die er so führte, dass sie ihn voll und ganz unterstützten – alles auf Vertrauensbasis!

Wer kein Vertrauen zu sich selbst hat, der kann nur schwer anderen Menschen trauen. Immer wieder sage ich in meinen Seminaren: „Wer misstrauisch ist, verdient selbst auch kein Vertrauen." Keine gute Basis für eine Zusammenarbeit oder gar für Führungsaufgaben.

Vertrauen entsteht durch das Wissen um die Stärken und Schwächen. Sie wissen, dass Sie mit einem Auto mit 80 PS nicht einfach aufs Gas treten können, um einer kritischen Situation zu entgehen. Haben Sie aber 250 PS zur Verfügung, sieht die Lage anders aus. Sie wissen, dass Sie selbst bei härtesten Disputen niemals die Nerven verlieren und unkontrollierte Äußerungen machen. Darauf können Sie vertrauen – das gibt Ihnen Selbstvertrauen. Sogar das Wissen um Ihre Schwächen kann Selbstvertrauen vermitteln. Wenn Sie nämlich die Erfahrung gemacht haben, dass es Ihnen schwer fällt, bei schwierigen Verhandlungen ruhig und gelassen zu bleiben, dann können Sie solche Defizite abbauen, können Methoden erlernen, um besser zu reagieren. Sie können sich also auch bei Schwächen vertrauen, weil Sie darum wissen und entsprechend handeln können. Das „Sich-richtig-kennen" beinhaltet eine riesige Chance, nämlich die Möglichkeit, sich zu verbessern, sich weiterzuentwickeln und im Vertrauen auf den optimalen Weg zum richtigen Ziel zu finden.

Erfolgreich zu sein, bedeutet zugleich mutig sein. Mut und Selbstvertrauen sind wie Zwillinge, sie gehören zusammen. Wer Vertrauen in sich setzt, kann leicht mutig sein, denn er weiß ja, auf was (wen) er sich einlässt. Wer etwas in seinem Leben bewirken will, benötigt Mut. Für den einen gehört schon Mut dazu, in einer größeren Runde seine Meinung zu vertreten, ein anderer muss Mut aufbringen, um einen unbeliebten Rationalisierungsplan im Betrieb umzusetzen. Ich bräuchte Mut, um beim Rennen auf dem Nürburgring mitzumachen – Schumi bräuchte vielleicht Mut, um ein Seminar in meinem Institut zu halten. Setzen Sie Mut dort ein, wo er Sie weiterbringt – näher an Ihr großes Ziel. Vergeuden Sie nicht sinnlos Mut (und Kräfte) für Unwichtiges. Denn für Schumi wäre es nicht wichtig, ein Seminar leiten zu können, und für mich nicht, schnelle Runden drehen zu können.

Sie wissen, dass Sie alles können, wenn Sie wollen, denn Sie verfügen über ein enormes Kapital: ein Gehirn, mit dem Sie unschlagbar sind, und ein Unterbewusstsein, das Ihr bester Verbündeter sein kann – vorausgesetzt, Sie nutzen dieses Potenzial. Damit Sie all Ihre Möglichkeiten ausschöpfen können, hier ein paar wichtige Informationen über das Gehirn, die Entstehung von Gedanken sowie die Arbeit des Unterbewusstseins.

Gehirn & Denkstruktur

Das Gehirn ist ein Wunderwerk der Schöpfung! Nichts geht ohne Gehirn. Das menschliche Leben ist zu Ende in dem Augenblick, in dem der Gehirntod eintritt – dann steht alles still. Bis zu diesem Zeitpunkt regelt das Gehirn alle Funktionen des Körpers. Es stehen ihm für diese Aufgabe mehr als 10 Milliarden Neuronen sowie zwei Dutzend

Neurotransmitter zur Seite. Alles, was wir wahrnehmen, wird im Gehirn aufgezeichnet und mit den bereits vorhandenen Informationen über so genannte Links – wie wir das aus dem Internet kennen – vernetzt und dann gespeichert. Im Laufe des Lebens, das können Sie sich vorstellen, sammelt sich eine Flut von Informationen an. Die Inhalte verdichten bzw. konzentrieren sich.

Das Gehirn ist auf eine bestimmte Denkweise spezialisiert und trainiert – je nach individuellem Interesse. Und so geht alles ganz schnell. Ein Dolmetscher ist in der Lage, problemlos sofort einen Text zu übersetzen. Sein Gehirn ist entsprechend trainiert, die „Denkwege" sind bestens gepflegt und daher ausgesprochen schnell. Ein Musiker, dessen Denkstruktur anders geartet ist, kann da nicht mithalten. Oder Sie hören eine Bemerkung über Ihren Kollegen. Bevor Sie überhaupt Ihr Bewusstsein so richtig eingeschaltet haben, ist schon alles gelaufen. Die Bemerkung ist in die passende Verbindung – oder Datenautobahn – eingeflossen und sofort an ihrem Bestimmungspunkt angelangt. Das Ganze wird noch ein wenig komplizierter, weil jede Information mit einem entsprechenden Gefühl verbunden wird. Im Lauf der Zeit entwickeln sich aus dieser Gewohnheit bestimmte Denkstrukturen, die darüber entscheiden, wie das Leben verläuft. Dabei spielen die Gefühle eine entscheidende Rolle.

GRUNDGESETZ DER LEBENSENTFALTUNG

Im Streit zwischen Gefühl und Intellekt siegt immer das Gefühl.

Je häufiger bestimmte Informationen mit starken Emotionen abgespeichert werden, desto mehr Kraft bekommen solche Gedanken. Jemand, der überwiegend konstruktiv denkt und Erfolgserlebnisse hat, dessen Infos werden eher auf der positiven Schiene „abgewickelt". Das sieht dann bei ihm so aus: Die positive Autobahn ist sechsspurig und bestens in Schuss, während die negative Datenautobahn kaum genutzt wird und sich in einem entsprechend schlechten Zustand befindet. Oder einfacher ausgedrückt: Alles wird erst einmal nach positiven Aspekten durchleuchtet; das Negative findet kaum Beachtung.

Nun können Sie sich sicherlich ganz gut erklären, warum Sie heute so denken, wie Sie denken. Und nun habe ich Sie hoffentlich auch davon überzeugt, dass Gedanken nicht anfliegen, sondern vom Menschen selbst produziert werden. Möglicherweise erkennen Sie jetzt, dass Ihre Denkstruktur nicht konstruktiv und somit nicht förderlich ist, das heisst aber noch lange nicht, dass – auch wenn Sie schon ein gewisses Alter erreicht haben – nichts mehr zu machen ist. Vergleichen wir es mit einer chronischen Erkrankung: Je länger die Krankheit dauert und je schwerer sie ist, desto mehr Zeit benötigt der Heilungsprozess. Aber zu ändern ist alles – vorausgesetzt, Sie möchten das. Das gilt auch für Ihre Datenautobahn im Kopf!

ERFOLGSFAKTOR

Nichts ändert sich, außer Sie ändern sich!

Wenn wir vom Gehirn sprechen, müssen wir erwähnen, dass der Mensch sogar drei Gehirne zur Verfügung hat: Das jüngste macht den Menschen eigentlich erst zum Menschen, in ihm sind die Sprache, symbolisches und abstraktes Denken angesiedelt. Ihm steht das so genannte „alte Gehirn" gegenüber, bestehend aus dem primitiven Säugetiergehirn und dem ältesten Gehirn überhaupt, dem Reptiliengehirn. Eine vollständige Verschmelzung scheint bis heute nicht stattgefunden zu haben. So haben wir oft Probleme, unsere Gefühle – die im alten Gehirn entstehen – mit den intellektuellen Aspekten zu vereinen, die im am höchsten entwickelten Teil des Hirns angesiedelt sind. Allein dieses Wissen lässt ahnen, wo die Ursachen für so manche ungelösten Probleme im Leben liegen. Bis jetzt streiten die Wissenschaftler, in welchem Bereich die Intelligenz angesiedelt ist. Nach den neuesten Erkenntnissen soll die Intelligenz im Stirnhirn sitzen. Bei Einstein hat man entdeckt, dass er einen größeren unteren Scheitellappen besaß, was seine genialen Fähigkeiten erklären könnte. Bei Menschen mit hohem IQ soll die Bereitschaft zur Übernahme von Verantwortung sowie der Wunsch nach Selbstbestimmung größer sein. Der IQ steigt übrigens von Generation zu Generation, was bedeutet, dass wir zwar klüger, aber nicht kreativer, nicht produktiver und vor allem nicht menschlicher dadurch werden. Wir müssen darauf achten, dass nicht die sozialen Komponenten auf der Strecke bleiben. Wenn Sie dennoch Ihren IQ verbessern wollen:

- Machen Sie Gehirnjogging: Spiele wie Memory, Kreuzworträtsel, Trivial Pursuit regen die kleinen grauen Zellen an.
- „Speichern" Sie Telefonnummern, Namen, Zahlenkombinatinen etc. in Ihrem Gedächtnis, lernen Sie Texte auswendig, beispielsweise meine Erfolgssuggestionen.
- Versuchen Sie zumindest im Privatleben ohne Taschenrechner auszukommen, rechnen Sie schneller als der Kellner.
- Werfen Sie unnützen Gedächtnis-Inhalt ab und schaffen Sie Eselsbrücken.
- Überprüfen Sie, ob Sie Textinhalte wirklich aufgenommen haben. Nachdem Sie ein Schriftstück gelesen haben, notieren Sie in Stichpunkten den Inhalt.

Das Gehirn besteht aus zwei Hälften, die unterschiedliche Aufgaben zu erfüllen haben. Die rechte Gehirnhälfte regelt die Körperfunktionen der linken Seite und umgekehrt. Sie sehen daraus schon, wie wichtig die optimale Kommunikation zwischen den beiden Gehirnhälften ist, damit nicht nur unsere Augen, Ohren, Hände etc. richtig koordiniert werden, sondern unser gesamter Körper richtig funktioniert. Auf der rechten Seite werden die Bilder entwickelt zu den Worten, die in der linken Seite bearbeitet werden. Sie hören von einem weißen Elefanten – die Worte erreichen Ihre linke Gehirnhälfte. Diese fragt sofort bei der rechten Seite an, ob es dazu ein Bild gibt. So entstehen die bildhaften Vorstellungen von Worten bzw. Dingen. Wird die Verbindung zwischen den beiden Gehirnhälften gekappt, gibt es massive Probleme: Der geteilte Mensch, eine gespaltene Persönlichkeit ist die Folge.

Um sein Leben erfolgreich und glücklich zu gestalten, ist es notwendig, beide Gehirnhälften zu nutzen, so dass sie optimal zusammenarbeiten. Nur so ist es möglich, aus der Masse herauszutreten und an die Spitze zu gelangen. Lassen Sie mich noch kurz bei den Gehirnhälften und ihren Funktionen verweilen.

Links:
- analytisches Denkvermögen
- Sprachzentrum (zumindest bei den meisten Menschen)
- Gedächtnis
- Zuordnungsfähigkeit
- soziale Einstellung

Hier überwiegt das logische Denken, hier sitzt der Verstand und deshalb wird hier NEIN gesagt.

Rechts:
- bildhafte Wahrnehmung
- räumlich-visuelles Denken
- künstlerische und musikalische Empfindungen
- Intuition
- Gefühl für Farben
- Angst
- Chaos
- Mehrdimensionalität

Hier überwiegen die Emotionen, auf dieser Seite entsteht die Zustimmung, das Wohlbefinden – hier wird JA gesagt.

Nutzen Sie eine neuere Technik: Arbeiten Sie mit der Kartei des Wissens, das ist eine kreative Denk- und Schreibtechnik, bei der Ideen nicht mehr Zeile für Zeile notiert werden, sondern so dargestellt werden, wie sie entstehen. Sie haben dann kein starres Schema mehr, sondern eine Art „Gedanken-Bild". Diese Art der Darstellung aktiviert beide Gehirnhälften. Sowohl die Gedächtnisleistung wie auch die Vortragsproduktivität wird dadurch gesteigert.

Lange Zeit galt die linke Gehirnhälfte als die wichtigere wegen der analytischen Fähigkeiten sowie wegen der Sprache. In unseren Schulen wird dies immer noch unterstützt, indem Kinder und Jugendliche regelrecht gedrillt werden und oftmals mechanisch rationales Wissen einpauken müssen. Wer in Mathe schlecht ist, hat schnell den Ruf, nicht ganz clever zu sein. Wenig gefördert werden die kreativen Veranlagungen, nicht wichtig genommen wird die Intuition, die soziale Kompetenz. Folge: Die nichtverbalen Aspekte des Menschen kommen zu kurz. Eine ganzheitliche Erziehung hat sich leider immer noch nicht durchgesetzt. Reines Wissen wird vermittelt und am Ende haben wir es mit Menschen zu tun, die wandelnden Lexika ähneln, aber leider damit im praktischen Leben nicht sehr viel anfangen können. Was nützt das größte Wissen, wenn es nicht richtig eingesetzt werden kann, wenn es nicht richtig ankommt? Was nützt es, wenn jemand superschlau ist, aber nicht in der Lage ist, mit Menschen richtig umzugehen?

Unser Erfolg basiert auf Verstand *und* Gefühl, benötigt den *ganzen* Menschen und nicht nur einen Teil oder eine Hälfte. Mit Analysen können wir zwar ein Problem in Einzelprobleme zerlegen, aber lösen können wir es nicht. Mit Kreativität und ausgefallenen Ideen können wir ein Problem auch nicht lösen, wenn wir nicht wissen, wo die Ursachen liegen.

Es ist wichtig, die Funktionsweise des Gehirns zu kennen, denn optimal läuft alles, wenn beide Hälften zusammenarbeiten. So ist es leicht erklärbar, warum ein Vertreter, dessen Produkte viel mehr Vorzüge als die des Konkurrenten aufweisen, der aber auf rein sachlicher Ebene verhandelt, nicht übermäßig erfolgreich ist. Hier wird nur die linke Gehirnhälfte der Kunden angesprochen, und wie wir wissen, sitzt hier die ausgeprägte Kritikfähigkeit und das Nein. Der Konkurrent hingegen mit einem nicht ganz so guten Produkt erhält viel mehr Aufträge, weil er seine Kunden gefühlsmäßig anspricht. Hier wird die rechte Seite aktiviert; der Kunde hört zu, fühlt sich wohl und sagt viel leichter Ja. Wir müssen uns lösen von der Vorstellung, dass wir Erfolg haben, wenn wir rein fachliches Wissen anhäufen, so wie wir es in Schule und Uni gelernt haben. Die meisten Menschen müssen soziale Kompetenz erst lernen. Die emotionale Intelligenz (EQ) steht heute mit an oberster Stelle des Anforderungsprofils für das Management. Wer nur mit Fakten und Daten argumentiert, wer überall Beweise vorlegt, der macht seinen Gesprächspartner „zu“. Sprechen Sie lieber mit der rechten Seite, mit dem Gefühl, dann kommen Sie weiter.

So können Sie Ihre emotionale Intelligenz verbessern:

- Lernen Sie Ihre Gefühle kennen und mit ihnen umzugehen. Empfinden Sie bewusst Freude, trauern Sie, leben Sie Lust aus und auch Aggression (in die richtigen Bahnen gelenkt!). Pflegen Sie die angenehmen Gefühle, verstärken Sie sie und lenken Sie destruktive Gefühle in die entsprechenden Bahnen, d. h., bauen Sie sie gezielt ab. Joggen Sie, wenn Sie sich geärgert haben oder sauer sind, atmen Sie Wut oder Angst bewusst aus. Wie Sie mit Ihren Gefühlen umgehen und was Sie daraus machen, ist Ausdruck Ihrer emotionalen Intelligenz.
- Versetzen Sie sich in Ihre Mitmenschen, empfinden Sie nach, was in ihnen vorgeht. Hören Sie genau zu, achten Sie auf Körpersprache, auf die Stimme …
- Pflegen Sie private und geschäftliche Beziehungen, lösen Sie Probleme und Konflikte, suchen Sie das Verbindende.

ERFOLGSFAKTOR

Ganzheitliches Denken ist Grundlage für die Problemlösung in der Zukunft.

Gehirn und Körper sind eng miteinander verbunden. So wie negative Gedanken, die im Gehirn produziert werden, sich physisch auswirken können in Form von Magenschmerzen, Rückenproblemen und dergleichen, können wir umgekehrt auch Einfluss auf unser Gehirn nehmen. Wissenschaftler haben herausgefunden, dass Menschen, die ihre Finger viel bewegen, geistig sehr fit sind. Dieses Wissen ist nicht neu. Schon im alten China hat man beispielsweise gerne Kugeln in den Händen bewegt, um nicht nur die Hände und Finger, sondern auch den Geist beweglich zu halten.

Hier eine kleine Übung, die hilft, die kleinen grauen Zellen zu aktivieren: Reiben Sie die Handflächen aneinander, dann legen Sie die Finger der linken Hand über die ausgestreckten Fingerspitzen der rechten Hand. Hände reiben und das Gleiche umgekehrt.

Sie sind heute mit dem linken Bein aufgestanden? Oder Sie sind von der durchzechten Nacht etwas angeschlagen? Vielleicht sind Sie heute einfach nicht gut drauf? Hier gibt es ein preiswertes und wirksames Mittel: Hüpfen Sie ein paar Minuten im Raum herum. Sie fühlen sich gleich ganz anders, frisch und frei im Kopf. Diese Übung eignet sich gut, wenn Besprechungen sich endlos hinziehen, der tote Punkt kommt oder Sie merken, dass Ihre Konzentration nachlässt. Ziehen Sie sich zurück (in Ihr Büro, in die Toilette) und hüpfen Sie kurz.

Fehlerquelle Verstand

Verstand ist heute alles, obwohl die Klagen immer lauter werden, dass damit weder die Probleme der Menschheit noch die des Individuums zu lösen sind. Doch wann besinnen wir uns wieder auf unser Urwissen? Was haben wir mit dem Urvertrauen gemacht? Wo ist es auf der Strecke geblieben?

Wie bereits erwähnt, ist unser großer Verhinderer der Verstand. Wir machen immer das Gleiche – die gleichen Fehler –, weil der Verstand bei jeder neuen Idee sofort das Stoppschild installiert. Für ihn ist alles Neue automatisch mit Risiko verbunden, da noch keine Erfahrungswerte vorliegen. Der Verstand will immer auf Nummer sicher gehen. Dadurch verlieren wir mehr und mehr den sowieso spärlichen Kontakt zu unserem Urwissen. Und eines Tages sind wir Verstandeskrüpppel, nicht mehr fähig, auf uns selbst zu vertrauen.

Der Verstand kontrolliert uns, hält uns in eiserner Hand, hält uns klein und macht uns klein mit seinen Einwänden: Das kannst du nicht, das weisst du nicht … Wir lassen das zu und bleiben so auf der Strecke. Wir wissen dann nämlich nur das, was unser Verstand gestattet. Der Verstand ist unser Sicherheitsorgan, das wir natürlich auch brauchen in bestimmten Bereichen und Situationen. Es ist die eigentliche Aufgabe des Verstandes, uns zu schützen. Doch der Verstand schützt nicht nur, sondern er engt uns auch ein und begrenzt uns und damit unsere Möglichkeiten. Mit bestimmten Methoden, mit denen wir uns später befassen, können Sie Ihren Verstand in seine Grenzen verweisen, können Sie Ihre Grenzen überschreiten und sich alles Wissen ins

Gedächtnis rufen. Allein der Gedanke an Erfolg lässt Sie die Informationen abrufen, die Sie benötigen, um erfolgreich zu sein.

Erinnern Sie sich einmal: Wie oft schon wurden Sie nach einer bestimmten Sache gefragt oder Sie haben einen Namen gehört. Sofort kam Ihnen eine Antwort bzw. eine Erinnerung ins Gedächtnis. Doch anstatt das auszusprechen, halten Sie inne – hier setzt jetzt der Verstand ein, der Ihre Aussage überprüft und, da er nicht über das gesamte Wissen verfügt, als falsch einstuft – und Sie schweigen. Ein anderer spricht das aus, was Sie nicht wagten, weil Sie Ihr Vertrauen zu sich und Ihrem Urwissen verloren haben.

Achten Sie einmal darauf, wie oft Sie solche oder ähnliche Situationen erleben. Sie wissen, dass Sie viel mehr wissen, als Sie sich überhaupt vorstellen können. Das gilt übrigens für alle Lebensbereiche. Vertrauen Sie auf sich selbst, sprechen Sie das nächste Mal aus, was Ihnen in den Sinn kommt. Sie werden durch die Erfolgserlebnisse Ihr Vertrauen zu sich aufbauen.

Wer das Prinzip kennt, kann es durchbrechen. Nutzen Sie den Verstand, schalten Sie ihn ruhig ein – er hat ja durchaus seine Aufgabe. Aber lassen Sie sich nicht vom Verstand beherrschen. Der Verstand engt Sie ein, setzt Ihnen immer mehr Grenzen, und eines Tages sind Sie Gefangener Ihres Verstandes, gefangen in einem kleinen geistigen Käfig. Je mehr Sie auf den Verstand hören, desto unflexibler werden Sie. Bekannte Informationen und Erfahrungen sind der Maßstab für den Verstand; Weiterentwicklung ausgeschlossen. Alles wird eingeteilt in gut und böse, in richtig und falsch. Eine freie Entscheidung ist da nicht drin, das lässt der Verstand gar nicht zu.

Erschreckenderweise identifizieren sich die meisten Menschen mit ihrem Verstand, sind sozusagen der Verstand. Das erklärt natürlich auch, warum es so viele Probleme in der Welt gibt. Die Sufis und Mystiker des Islam bezeichnen den Verstand sogar als Satan, denn der Verstand will immer Recht haben. Er muss ja auf den Menschen aufpassen, und das geht am besten, wenn er Recht hat. Je mehr Raum ein Mensch seinem Verstand einräumt, desto schlimmer wird es. Sie kennen sicher auch ein paar Rechthaber, deren ganzer Lebenssinn offenbar nur darin zu liegen scheint, immer und überall Recht zu behalten. Solche Menschen übernehmen keinerlei Verantwortung, sind die großen Unschuldslämmer. Hand in Hand mit der Rechthaberei geht die Abhängigkeit von Meinungen. Wir wollen Recht haben, weil wir gut dastehen wollen in den Augen unserer Mitmenschen. Viele Menschen halten an ihrer Meinung so fest, dass sie lieber sterben würden, als ihre Meinung zu ändern. Für sie würde ihre selbst gebastelte Welt zusammenbrechen, würden sie ihre Meinung in Frage stellen oder gar revidieren.

Wir sehen das in der Politik. Nicht einmal Kriege, der Tod von Menschen, Elend, Not und Hunger können bewirken, dass einmal gefasste Meinungen geändert werden. Das Beharren auf Meinungen bewirkt Stillstand. Die ganze Energie wird vergeudet in vergeblichen Versuchen, andere – Menschen, Parteien, Völker – von der eigenen Meinung zu überzeugen. Starrsinn erzeugt Starrsinn, Widerstand erzeugt Widerstand. Was wird bewirkt? Stagnation anstatt Weiterentwicklung, Stillstand anstatt Wachstum, Frustration anstatt Motivation. Eine falsche Meinung ist für den Einzelnen wie ein Gefängnis, so sicher wie der Hochsicherheitstrakt in Stammheim. Es gibt kein Entrinnen, es sei denn, der Betroffene verlässt freiwillig seine Zelle. Die vorgefasste Meinung ist schädlich, denn sie verhindert die freie Entfaltung der Fähigkeiten, und sie ist der Tod der Kreativität. In einem Gedankengefängnis können keine neuen Ideen entwickelt werden. Viele Menschen benutzen zwar gern das Wort „denken“, doch sie denken gar nicht, sondern verkünden nur ihre Meinung.

Obgleich ziemlich stark, ist der Verstand dennoch mit großen Ängsten belastet. Da es seine Aufgabe ist, den Menschen zu schützen, hat er Angst, dass etwas passieren, dass er die Kontrolle verlieren könnte. Ängstliche Menschen haben keine Distanz zu ihrem Verstand, vielmehr sind sie der personifizierte Verstand. Sie unterscheiden nicht zwischen ihrem Ich und ihrem Verstand, sondern sprechen in Ich-Form vom Verstand. Durch die Angst wird das Problem noch größer, denn Angst lässt sich nicht mit dem Verstand bekämpfen. Je mehr ein Mensch auf diese Weise versucht, seine Angst in den Griff zu bekommen, desto schlimmer wird die Lage. Denn nun ist die Angst auch noch mit Energie geladen und kann eskalieren.

Schwingen Sie sich auf zu Größerem. Hören Sie nicht auf die warnende Stimme Ihres Kontrollorgans, das Ihnen sicherlich sagt: „Du schaffst das nicht; du weißt das nicht, du kannst das nicht.“ Wenn Sie sich allein auf den Verstand verlassen, sind Sie wirklich verlassen, können Ihre Ziele nicht erreichen. Der Verstand hängt wie ein schwerer Klotz an Ihrem Bein. Nutzen Sie das, was in Ihnen liegt – das große, das unendliche Wissen und die Erfahrungen aus allen Zeiten –, und Sie können und werden es schaffen. Ihr Ziel ist, die Nummer eins zu werden. Deshalb sollten Sie den Verstand nur dort einsetzen, wo er wirklich nützlich und sinnvoll ist.

Auf den Blickpunkt kommt es an

„Alles, was wir sind, ist das Ergebnis dessen, was wir gedacht haben“, sagt Aldous Huxley. Dem kann ich nur zustimmen. Aber was ist Denken eigentlich, und warum denken wir? Meist denkt der Mensch ja, um Situationen zu verstehen, Zusammenhänge herzustellen und Probleme zu lösen. Nun glauben die meisten Menschen, dass es nur *eine* Wahrheit und *eine* Realität gibt. Aber weit gefehlt. Auf den Blickwinkel kommt es an, daraus ergibt sich die individuelle Vorstellung von der Welt. Das erklärt auch, warum es über eine so genannte objektive Situation so viele unterschiedliche Berichte gibt. Eine Kopplung all unserer Wahrnehmungen ergibt dann unser ganz persönliches Weltbild. Dieses Bild, das wir uns machen, entsteht in unserem Kopf und wird zur individuellen Realität. Dieses Bild hat oftmals mit der objektiven Wirklichkeit wenig zu tun. Aber was ist auch schon Realität oder Wahrheit?

„An sich ist nichts weder gut noch böse, das Denken macht es erst dazu“, hören wir von W. Shakespeare. Und so ist es: Es gibt weder eine objektive Wirklichkeit noch eine für alle Menschen gültige Wahrheit. Alles, was wir erleben, ist das Produkt unserer Gedanken. Unsere Welt wird in unserem Kopf neu – entsprechend unseren Wahrnehmungen – geschaffen. Das Problem dabei ist nur, dass jeder Mensch Situationen unterschiedlich wahrnimmt. Aber nicht nur das: Jeder ordnet seine Wahrnehmung dann auch noch anders ein. Deshalb haben wir so viele Katastrophen, haben Chaos und Ärger. Erst wer erkennt, dass er für sein Weltbild selbst verantwortlich ist, dass es an ihm selbst liegt, wie er die Dinge einordnet, der kann sich befreien von falschen

Denkmustern und der Vorherrschaft des Verstandes. Sie erkennen ganz deutlich: Die Einstellung ist entscheidend. Wenn wir uns in einen Menschen verlieben, sehen wir nur die rosarote Seite. Lassen wir uns nach einigen Jahren Ehe von einem Menschen scheiden, sehen wir an diesem Menschen nur die negative Seite.

Lassen Sie mich ein Beispiel aus der Praxis erzählen: Federico Langer war vom Misstrauen zerfressen. Hinter jeder noch so harmlosen Bemerkung witterte er einen unterschwelligen Angriff auf seine Person: Wurde in seiner Gegenwart gelacht, glaubte er, die Kollegen würden sich über ihn lustig machen. Grüßte ihn der Abteilungsleiter nur normal, also nicht überschwänglich, sah er sich schon auf der Abschussliste … Im Gegensatz zu ihm hatte Helga Freimer derartige Probleme nicht. Misstrauen gehörte nicht zu ihrer Realität, deshalb wertete sie auch einen nicht so freundlichen Gruß nicht gleich als Angriff auf ihre Person.

Es kommt darauf an, wie der Einzelne „eingestellt" ist, entsprechend sind seine Wahrnehmungen. Ist er unsicher, dann sieht er überall gefährliche Signale. Ist er selbstbewusst und optimistisch, dann filtert er hauptsächlich die für ihn wichtigen Signale heraus, registriert nur einen kleinen Bruchteil an negativen Zeichen. Ob Sie nun die Nummer eins werden oder auf Ihrem augenblicklichen Platz bleiben wollen – auf Ihre individuelle Realität kommt es an. Denken Sie in Erfolg, dann ist Erfolg für Sie ein Teil der Realität. Entsprechend nehmen Sie wahr und können dann diese Informationen nutzen. Der Satz „Jeder schafft sich seine Realität" hat durchaus seine Berechtigung. Man sieht, was in die eigene Vorstellung passt.

Liebe beispielsweise ist das, was Sie daraus machen. An einem geliebten Menschen sehen Sie die positiven Eigenschaften, ja, kleinste Tugenden werden übergroß – aus der Perspektive des Verliebten. Ein Nicht-Verliebter sieht an diesem Menschen ganz andere, vielleicht gar nicht so angenehme Eigenschaften. „Wer glücklich ist, führt – wer unglücklich ist, denkt", bringt es Joachim Fernau auf den Punkt.

Wie sehen Sie sich? Überprüfen Sie Ihre Selbstwahrnehmung! Welche Rolle spielt Ihr Verstand dabei?

Die Gedanken sind frei, oder?

Das Wohlbefinden, die Lebensqualität und selbstverständlich der Erfolg sind gekoppelt an die Denkstruktur. Wie sehr der Mensch in festen Bahnen denkt, zeigt ein Experiment, das schon in den 30er Jahren von dem Psychologen Karl Dunker durchgeführt wurde. Die Versuchspersonen erhielten eine Schachtel mit Streichhölzern, kleine Nägel, eine Schere und eine Kerze. Ihre Aufgabe bestand darin, die Kerze an der Wand anzubringen. Die Wand sollte nicht schwarz von Ruß werden, und selbstverständlich durfte kein Feuer entstehen. Es gab die seltsamsten Bemühungen, bis endlich die Lösung gefunden wurde: Umfunktionieren der Streichholzschachtel zu einer Art Kerzenhalter. Was erkennen wir daraus? Die Streichholzschachtel hatte im Bewusstsein der Teilnehmer nur ihre angestammte Funktion – nämlich ein Behältnis für die Streichhölzer. Dass die Schachtel auch anders verwendet werden könnte, war schwierig zu entdecken. Die Gedanken hatten erst einmal die alten Bahnen nicht verlassen. Erst nachdem keine Lösung auf „konventionelle" Weise gefunden wurde, haben die Teilnehmer „neu" gedacht. Wer nur in eingefahrenen Mustern denkt, verzichtet auf schöpferische, kreative Ideen. Flexibel sein im Denken, über bekannte Strukturen und Funktionen hinauszudenken, mit alten Gewohnheiten brechen – da wird Energie frei, da entwickeln sich bahnbrechende Ideen, das öffnet den Weg nach oben. Doch wie viele Menschen haben sich ein Schubladendenken angewöhnt.

Beispiel:

Wahrnehmung:	*altes Denkmuster:*	*neues Denkmuster:*
Sekretärin schlecht gelaunt	Boss verärgert	Sekretärin hat Ärger
Kunde ruft nicht wie angekündigt an	Auftrag verloren	Kunde ist überlastet

Wissen Sie, um wie viele Möglichkeiten in Ihrem Leben Sie sich durch ein falsches Denkmuster gebracht haben? L. Feuerbach drückt das so aus: „Nur wer denkt, ist frei und selbstständig." Aber es müssen die richtigen Gedanken sein!

Wissen Sie auch, dass Denken sich nicht nur auf den Kopf beschränkt? Zumindest die Folgen falschen Denkens spüren Sie schnell körperlich. Ärgern Sie sich so richtig, dann haben Sie Magenschmerzen, haben Sie Dauerstress, dann werden Sie früher oder später krank. Gedanken lösen Prozesse im ganzen Körper aus. Sind Sie sauer, dann wäre Sodbrennen kein Wunder. Auf jeden Fall ist alles in Ihrem Körper auf Kampf eingestellt, der Adrenalinspiegel steigt. Unser Verstand mischt fleißig mit, und wir wollen wieder nur eines: beweisen, dass wir Recht haben! Umgekehrt gilt das auch. Freuen wir uns auf eine neue Aufgabe, fühlen wir uns gut, sind beschwingt.

Topexperten denken oft gar nicht linear – das heißt einen Gedanken nach dem anderen. Sie denken – wie auch Spitzensportler – alle Gedanken zur gleichen Zeit. Beispielsweise hat Mozart einmal in einem Brief geschrieben, dass er eine ganze Symphonie im Kopf hatte. Stellen Sie sich das einmal vor! Erst dann hat er sich hingesetzt und Note für Note, Satz für Satz aufgezeichnet. So funktioniert das bei Topleuten – ob im Business oder im Sport, in der Kunst oder in der Forschung. Der Abfahrtsläufer beim Skirennen denkt nicht mehr „Jetzt muss ich das linke Bein mehr belasten", sondern er bewegt sich automatisch, ganz von selbst. Das hat er lange geübt, jetzt funktioniert es wie von selbst. Er ist ganz auf sich gestellt, auf sich konzentriert, aber er denkt nicht linear, denkt nicht in einzelnen Gedankensplittern. Das wäre viel zu langsam und würde ihn im wahrsten Sinn des Wortes aus der Bahn werfen. Sie kennen das sicher auch selbst. Wenn Sie beispielsweise beim Tanzen mit einer/m Fremden versuchen, die Schrittabfolge des Partners zu analysieren, werden Sie nicht etwa besser harmonieren, sondern eher aus dem Takt kommen. Das Nachdenken behindert den Ablauf der Bewegungen. Also, loslassen vom Verstand – dann sind Sie unverkrampft. Das gilt nicht nur beim Tanzen.

Unterbewusstsein & kollektives Unterbewusstsein

Vereinfacht ausgedrückt machen Bewusstsein, Unterbewusstsein und das Urwissen oder kollektive Unterbewusstsein das menschliche Wesen aus. Ich verwende zum besseren Verständnis gern einen Eisberg als Beispiel: Der kleinste Teil, das sichtbare Drittel, ist das Bewusstsein, das unterste Drittel entspricht dem Urwissen – dazwischen liegt das Unterbewusstsein. Im kollektiven Unterbewusstsein sind alle Er-

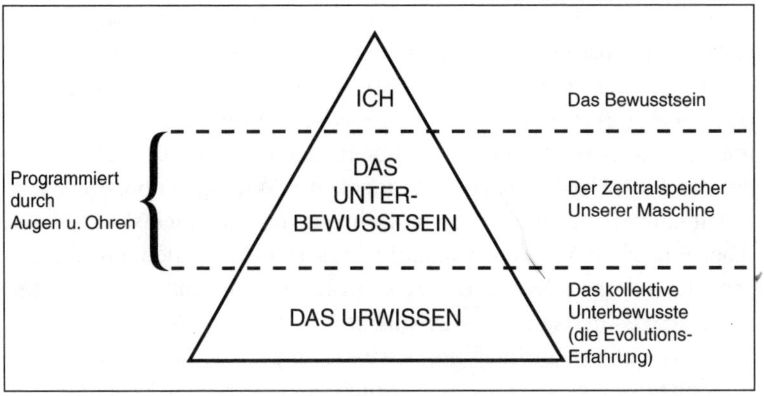

fahrungen der gesamten Menschheit gespeichert. Oder anders ausgedrückt: Alles Wissen ist in uns vorhanden, sofern wir den Schlüssel oder den Code dazu finden. Im Laufe der Zeit hat sich der Mensch immer weiter wegentwickelt von seinem Ursprung. Verstand, nackte Zahlen, kalte Technik sind viel wichtiger geworden, als angeborene Fähigkeiten wie Intuition zu nutzen. Dabei haben wir alle notwendigen Kenntnisse, wenn wir nur wüssten, wie wir Zugang zu diesem Wissensspeicher bekommen können. „Lernen ist ein Wiedererinnern der Seele", sagte Plato mit Recht. Leider haben wir meist nicht den Mut, auf unsere eigene Genialität zu vertrauen, denn Ängste und verstandesmäßige Fesseln hindern uns. Oft brauchen wir erst eine gehörige Portion Leiden, Depression, Krankheit, Fehlentscheidungen, bis wir uns auf uns selbst besinnen und lernen zu vertrauen.

Auch über die Funktion des Unterbewusstseins sind sich die wenigsten Menschen im Klaren. Lassen Sie mich das Unterbewusstsein mit der Festplatte eines Computers – unseres Lebenscomputers – vergleichen. Jede Erfahrung, jeder Gedanke, jede Information, aber auch jede Art von Gefühl wird dort gespeichert. Sogar Empfindungen, die wir nicht beachten, und Worte, die wir gar nicht bewusst hören, hinterlassen im Unterbewusstsein ihre Spuren.

Sicher haben Sie sich auch schon Fragen wie diese gestellt: „Warum bin ich so und nicht anders, warum reagiere ich so, warum habe ich nicht abgesagt, warum habe ich wieder etwas getan, was ich nicht wollte …?“ Und: „was kann ich an mir verändern?“ Der Mensch besteht aus Körper und Seele, die eine Einheit bilden, bis im Augenblick des Todes eine Trennung eintritt. Wollen wir gesund und glücklich leben, dann müssen körperliche und seelische Kräfte harmonisch unseren bewussten Willen, unser Ich, unterstützen. Der Körper hat Einfluss auf das seelische Befinden und umgekehrt. Wie Sie an obiger Skizze sehen können, macht das Bewusstsein, das Ich, den kleinsten Teil aus. Aber wie viele Menschen identifizieren sich ausschließlich mit diesem Bereich ihres Seins! Wie beim Eisberg ist das meiste unsichtbar: das Unterbewusstsein und das kollektive Unterbewusstsein.

Unser Leben wird im Unterbewusstsein gestaltet. Dort entscheidet sich, ob wir glücklich oder unglücklich, Sieger oder ein Loser sind, ob wir gesund sind oder kränkeln. Unsere Gefühle, die Körperfunktionen, der Stoffwechsel, intellektuelle Fähigkeiten – alles entsteht im Unterbewusstsein bzw. wird von dort gelenkt.

Wie Sie an der Skizze sehen können, sind zwischen den einzelnen Bewusstseinszuständen keine durchgehenden Trennungslinien eingezeichnet. Wenn ein Mensch entspannt, locker und durchlässig ist, dann wird auch die Verbindung zwischen den einzelnen Schichten verbessert. Alle Bewusstseinsbereiche sind ihm zugänglich, er kann aus dem unendlichen Wissen und der Erfahrung schöpfen, ausgefallene Ideen, perfekte Lösungsansätze entwickeln sich. Je angespannter ein Mensch ist, desto verspannter ist er nicht nur körperlich, sondern auch im seelischen Bereich. Er ist abgegrenzt von seinen „Wurzeln“, ist blockiert und kann nicht optimal agieren und reagieren. Sie sehen hier, wie wichtig es ist, entspannt zu leben, denn damit stehen Ihnen alle Möglichkeiten offen, Ihre Ziele zu erreichen.

Das „innere Programm“

Wenn Sie nicht selbst Einfluss auf Ihr Unterbewusstsein – und damit auf Ihre Zukunft – nehmen, dann tun das andere. Haben Sie das schon bedacht? Dazu gehört beispielsweise auch, wenn Sie sich ständig negative Äußerungen Ihrer Mitmenschen anhören. Sagt Ihr Chef immer zu Ihnen: „Da brauchen Sie sich gar nicht darum bemühen; das klappt nicht“, hören Sie zu Hause: „Du bist immer müde und abgespannt“, dann brauchen Sie sich nicht zu wundern, dass Sie keinen Erfolg haben – weder im Büro noch im Privatleben. Wenn Sie die Aussagen anderer Menschen einfach aufnehmen, ohne ihnen etwas entgegenzusetzen, dann wirken diese Programmierungen. Ihr Unterbewusstsein tut das, was ihm gesagt wird, ohne zu fragen, von wem die Anordnung kommt. Dem Unterbewusstsein ist es egal, wer es programmiert – es ist ein ausführendes Organ.

Selbst wenn Sie vor dem Fernseher einschlafen, ist Ihr Unterbewusstsein aufnahmefähig. Ich behaupte, der Fernseher ist der größte Beeinflusser unserer Zeit. Bedenken Sie einmal, wie viel Millionen von Menschen sich Tag für Tag „berieseln" lassen, ohne sich über die fatalen Folgen im Klaren zu sein! Da wird dann wochenlang Rassismus in allen Varianten erörtert in der Absicht, Verständnis zu schaffen. Aber was passiert? Genau das Gegenteil. Und das ist nicht überraschend für denjenigen, der den Mechanismus kennt. So wie es am Fernseher einen Abschaltknopf gibt, können wir auch unseren inneren „Empfang" für Negatives einfach abschalten. Hören Sie sich nicht wahllos alles an. Entscheiden Sie bewusst, was Sie hören – und damit aufnehmen und verinnerlichen – möchten. Ihr Leben wird sich verändern, wenn Sie dies praktizieren. Beim Essen sind wir ja auch wählerisch und nehmen nicht alles, was gerade vor uns liegt. Aber wenn es darum geht, unser Unterbewusstsein richtig – das heißt konstruktiv und positiv – einzustellen, achten wir nicht auf das, was wir aufnehmen.

Wenn Ihr Leben bisher nicht zu Ihrer Zufriedenheit verlaufen ist, könnte es sein, dass Sie nach dem Programm anderer Menschen leben. Sollten Sie zu dieser Feststellung gelangen, dann ist es jetzt an der Zeit, dass Sie Ihr Programm ändern, dass Sie sich selbst einklicken, dass Sie lernen, Ihr Unterbewusstsein für Ihre Ziele einzuspannen. Abgesehen von einer verbesserten Wahrnehmung, einem so genannten Filter, können Sie Ihrem Unterbewusstsein exakt sagen, was Sie wollen. Und Sie können sich darauf verlassen, dass es Sie unterstützt.

Das Unterbewusstsein ist gut zu beeinflussen, ja, es wartet geradezu auf Ihre Anweisung. Eine hervorragende und erfolgreiche Methode ist die Arbeit mit Suggestionen bzw. Autosuggestionen (= Selbstbeeinflussung) (s. Kapitel 3), aber es gibt auch andere Methoden, wie beispielsweise Mentaltraining oder Visualisierung. Alles wirkt stärker, wenn Sie die entsprechende Voraussetzung schaffen: einen richtigen Entspannungszustand – oder den Alpha-Zustand (s. Kapitel 3), dann wird der Weg fei zu Ihrem Unterbewusstsein.

Warum also nutzen wir nicht unseren größten Verbündeten und geben ihm – ähnlich einer Suchmaschine im Internet – unser Ziel ein? Programmieren Sie sich auf Erfolg, darauf, die Nummer eins zu werden. Sie können keinen zuverlässigeren Partner finden als Ihr Unterbewusstsein.

Hypnose – auch ein Weg ins Unterbewusstsein

Hypnose ist bei uns durch den Psychiater Milton Erickson bekannt geworden, der diese Entspannungsform, die seit Jahrhunderten in Indien angewandt wird, weiterentwickelt hat.

Hypnose ist etwas in Verruf geraten, weil einige Scharlatane sie zu Showzwecken missbraucht haben. Hypnose ist eigentlich nichts anderes als eine Form der Tiefenentspannung, bei der unser Kontrollorgan, der Verstand, ausgeschaltet wird. So kann dem Unterbewusstsein ein Befehl gegeben werden, den es unverzüglich ausführt. Überzeugend ist einer der bekanntesten Hypnotiseure Deutschlands, Herr Gaspardin, wenn er meine Seminarteilnehmer bittet, die Augen zu schließen, und dann den Befehl gibt, die Hände zu heben. Ich habe so manche ungläubige Gesichter gesehen, als Teilnehmer die Augen öffneten und sahen, dass sie ihre Hände weit oben hielten, wo sie doch vorher überzeugend behauptet hatten, sie könnten niemals hypnotisiert werden.

Letztendlich ist Hypnose nichts anderes als eine tiefere Form der Entspannung. Wenn Sie beispielsweise Ihre Suggestionen laut sprechen, so fällt dies unter Selbsthypnose – je nach Entspannungszustand. Absolute Konzentration nach innen, nichts Äußeres stört mehr den Kontakt zwischen Ihnen und Ihrem Unterbewusstsein. Es gibt keine Trennung zwischen den einzelnen Bewusstseinsebenen, so dass Sie beispielsweise ganz besonders schnell lernen oder auch neue Ideen finden können. Der Verstand kann nicht eingreifen und stopp sagen.

Wie wirksam Hypnose ist, haben vielleicht die einen oder anderen unter Ihnen beim Zahnarzt feststellen können. Immer mehr Ärzte, besonders aber Zahnärzte, wenden Hypnose an, um ihre Patienten angstfrei und entspannt zu machen.

Selbsthypnose ist ein hervorragendes Mittel, um sich schlechte Angewohnheiten abzugewöhnen. Versetzen Sie sich in den Alphazustand (s. Kapitel 3) und programmieren Sie Ihr Unterbewusstsein neu. Wenn Sie beispielsweise dazu neigen, immer zu spät zu kommen, könnten Sie dies ändern durch: „Ich bin immer rechtzeitig zur Stelle.“

Geben Sie sich diese Autosuggestion im Hypnosezustand ein – Sie werden schnell eine Wirkung verspüren.

Posthypnotische Befehle sind ebenso wirksam. Wollen Sie, dass Ihre Sekretärin keinesfalls vergisst, das Fax noch durchzuschicken, dann sagen Sie mit tiefenwirksamer Stimme: „Bevor Sie gehen, schicken Sie bitte das Fax ab.“ Wenn Ihre Frau einen Geburtstagsstrauß bestellen soll: „Wenn du morgen gefrühstückt hast, dann denke bitte daran, die Blumen zu bestellen.“

Vergessen Sie nicht, dass auch Sie zu hypnotisieren sind – vor allem wenn Sie vor dem Fernseher einschlafen (dann nämlich befinden Sie sich in schönster Entspannung, offen für alles, was Ihnen der Sender so bietet …)!

Was kann ich?

Wir sprechen immer so gerne von den anderen Menschen, bewundern Eigenschaften wie Sensibilität, Durchsetzungsvermögen, Teamgeist, Mut etc., beklagen uns über mangelnde Toleranz, wenig Einfühlungsvermögen, Ungerechtigkeit … Viel Zeit verwenden wir darauf, uns mit dem Verhalten von Kollegen, Bekannten und Freunden zu befassen, machen uns lieber ein Urteil über Politiker oder Künstler, anstatt alle Facetten der eigenen Persönlichkeit kennen zu lernen. Eine unbewusste Scheu scheint die meisten Menschen zu ergreifen, wenn sie sich analysieren sollen. Es ist immer das gleiche Phänomen: „Gehe ich tiefer in mich hinein, nehme ich die rosa Brille (oder auch die selbstzerstörerische …) ab, könnte ich einer Person begegnen, die mir möglicherweise gar nicht so gut gefällt, die ich gar nicht richtig kenne …“ Die Angst vor dem Unbekannten, die Angst vor dem eigenen Ich schleicht sich ein. Aber um wie viel Chancen bringen wir uns damit. Wir lassen Talente ungenutzt, wir leben weiterhin mit Schwächen, die uns das Leben schwer machen, wir treten auf der Stelle, bemitleiden uns selbst – nur weil wir nicht wissen, was wir wirklich können und was wir mit der richtigen Einschätzung unserer Fähigkeiten bewirken könnten. Lieber mit geschlossenen Augen durchs Leben gehen, als aktiv werden nach dem Motto: Gefahr erkannt, Gefahr gebannt.

Wenn Sie um Ihre Vorzüge wissen, dann stehen Ihnen ganz andere Möglichkeiten offen, als wenn Sie in den Tag hineinleben. So können Sie nie zur Nummer eins werden. Wie soll jemand, der sich selbst nicht kennt, richtig mit Menschen umgehen können? Ohne Ihre Mitmenschen aber – Ihre Kollegen, Chefs, Mitarbeiter, ohne Ihre Familie, Freunde und Bekannte – können Sie nur wenig erreichen. Letztendlich dreht sich immer alles um den Menschen, auch dort, wo es oft auf den ersten Blick nicht so aussieht. Selbst hinter nackten Umsatzzahlen stehen die Menschen, die Mitarbeiter.

Andere Menschen richtig einzuschätzen ist Voraussetzung für Menschenführung, für Erfolg schlechthin. Der Mensch steht im Mittelpunkt. Ist ein Betrieb auf Erfolgskurs, dann deshalb, weil die Menschen sich für die Arbeit, für das Unternehmen engagieren. Geht es mit einer Firma bergab, dann liegen die Ursachen dafür ebenfalls in den Menschen. Einer alleine kann heute kaum noch etwas schaffen. Gemeinsam aber sind wir stark, können wir viel bewirken – das gilt für das Privatleben wie auch für den Beruf. Ohne die Arbeit im Team läuft heute kaum noch etwas. Wer an die Spitze will, braucht die Unterstützung anderer. Ihr Wunsch, nach oben zu kommen, ist keineswegs egoistisch, denn er bringt auch Ihr Team weiter. Wer erfolgreich ist, verhilft auch anderen zum Erfolg.

Welche Stärken habe ich?

Nun wollen wir uns damit befassen, welche Fähigkeiten, welche Stärken, welche positiven Eigenschaften Sie haben. Notieren Sie zu jedem Punkt alles, was Ihnen an Vorzügen, Fähigkeiten, positiven Eigenschaften einfällt:

- *Charakter:* z.B. ehrlich, geradlinig, begeisterungsfähig, optimistisch, extrovertiert …

- *Beruf/Fachkenntnisse:* z. B. Auslandserfahrung, guter Studienabschluss, umfassende Berufserfahrung, Spezialausbildung, Organisationstalent
- *Soziale Beziehungen:* z. B. gehe auf andere zu, kann gut mit Menschen umgehen, bin gesellig …
- *Finanzen:* z. B. kann gut mit Geld umgehen, habe ein sicheres Gespür für die richtigen Investitionen …
- *Sonstiges:* z. B. bin sehr kreativ, intuitiv, denke sehr logisch und analytisch …

Welcher Typ sind Sie? Ein introvertierter Mensch, der am liebsten alleine arbeitet, nicht so gut kommunizieren kann? Oder sind Sie extrovertiert, fühlen sich wohl in einer Gruppe, brauchen die sozialen Kontakte, um Bestleistung zu bringen? Sind Sie eher sprachlich begabt oder visuell?

Wie sieht es aus mit Ihrer Kreativität?

- Sie sollen in Ihrer Stadt ein neues Lokal eröffnen. Was fällt Ihnen dazu ein? Bistro, Bar, Luxusrestaurant? Wie soll es ausgestattet sein, welche Speisen bieten Sie an?
- In welchem Theaterstück oder Film hätten Sie gern die Hauptrolle gespielt und warum?
- Öffnen Sie eine Zeitschrift und erzählen Sie zu dem ersten Bild, auf das Ihr Blick fällt, eine Geschichte – mindestens fünf Minuten!
- Mit welcher lebenden Person würden Sie besonders gerne tauschen und warum?
- Mixen Sie einen ausgefallenen Cocktail – ohne Rezeptbuch!
- Der Redner beim Firmenjubiläum fällt in Ohnmacht, Sie werden gebeten, die Rede zu halten. Was sagen Sie?
- Sie sind zu schnell gefahren, werden von der Polizei gestoppt. Welches überzeugende Argument haben Sie, um einer Strafe zu entgehen?

Nehmen Sie sich wirklich Zeit für diese Studie. Und damit Sie ganz richtig liegen, sollten Sie andere Menschen fragen, wie diese Sie sehen. Vielleicht überprüfen Sie Ihre Einstellung zu sich mit dem Bild, das Ihre Frau oder Ihr Sohn von Ihnen hat. Vielleicht können Sie Ih-

Persönlichkeitsspiegel zur Selbstbeurteilung

Jeden Tag, den wir nicht nützen, ist verloren;
jeder Tag, an dem wir an uns arbeiten, bringt uns unserem Ziel näher!

Auftreten selbstbewusst sympathisch ruhig	**Konzentrationsfähigkeit** rationelles Erfassen zielbewusstes Sprechen Geduld	**Kreativität** Ideenreichtum schöpferisches Denken Problemlösung	Ausgeglichenheit Beharrlichkeit Eindringlichkeit Energie Entschiedenheit Findigkeit Fleiß Schnelles Denken
Sprechen dunkel langsam deutlich	**Gedächtnis** Verarbeitung von Erkenntnissen Verarbeitung von Erlebnissen Namensgedächtnis	**Fach- und Allgemeinwissen** Qualität und Quantität Position Fachwissen und Fachkönnen	Überzeugungskraft Wachsamkeit Zielstrebigkeit Ehrlichkeit Ehrgeiz Freundlichkeit Fürsorge Geduld
Sprachlicher Ausdruck audrucksgewandt plastische Sprache klar, treffend	**Schlagfertigkeit** originelle Einfälle Humor Aggressivität	**Durchsetzungsvermögen** psychologisches Geschick Führungstechnik Verantwortungsbewusstsein	Gute Umgangsformen Heiterkeit Höflichkeit Mut Rücksichtsnahme Taktgefühl Toleranz Urteilsvermögen
Vitalität dynamisch temperamentvoll Initiative Ausdauer, Gesundheit	**Kontaktfähigkeit** gefühlsbetont entgegenkommend Fingerspitzengefühl Augenkontakt	**Charisma** Suggestivkraft optimistische Ausstrahlung eine treibende Kraft ein kommender Mann, eine kommende Frau	Wohlwollen Entschlossenheit Selbstständigkeit Selbstbeherrschung Unabhängigkeit Verkässlichkeit Vorstellungsfähigkeit Zuverlässigkeit

ren Kollegen, Ihre Sekretärin oder gar Ihren Chef um deren Meinung bitten. Möglicherweise stellen Sie fest, dass zwischen Ihrer Meinung von sich und dem Bild, das Sie anderen vermitteln, Welten liegen. Sie wären nicht der Einzige, dem dies geschieht. Bedenken Sie, dass Ihr Partner Sie überwiegend im Privatleben erlebt; die Kollegen kennen eher die fachlich-sachliche Seite Ihrer Persönlichkeit. Doch erst alle Bereiche zusammen machen einen Menschen, machen die Persönlichkeit aus. Setzen Sie sich mit „Diskrepanzen" in der Beurteilung Ihrer Persönlichkeit auseinander. Warum sieht Ihr Partner Sie so ganz anders? Wie verhalten Sie sich ihm gegenüber?

Wenn Sie der Meinung sind, dass Sie all Ihre Stärken aufgelistet haben, dann stellen Sie innerhalb der einzelnen Sparten die Gewichtung fest. Betrachten Sie nun Ihre Stärken-Auflistung und stellen Sie fest, welcher Persönlichkeitstyp Sie sind.

Gehören Sie zu den Machern, den Denkern, den Gefühlsmenschen, oder vertrauen Sie lieber Ihrer Intuition? Sind Sie eher ein Analytiker, der zwar methodisch plant, aber beim Durchführen Probleme hat? Sind Sie ein Mensch, der lieber Routineaufgaben erledigt, als etwas Neues zu wagen? Ist soziale Interaktion für Sie absolute Voraussetzung für eine gute Zusammenarbeit?

Wenn Sie Ihr Persönlichkeitsprofil studieren, dann wird Ihnen jetzt u. U. klar, warum Sie zwar gut mit den Kollegen/innen auskommen, aber meist mit Ihren Verbesserungsvorschlägen abgeschmettert werden. Oder Sie erkennen, dass Ihre kreative Seite kaum Raum für soziales Engagement lässt. Sie finden Antworten auf Fragen, die Sie sich vielleicht schon häufiger gestellt haben und nicht beantworten konnten. Bisher haben Sie vermutlich eher äußere Umstände dafür verantwortlich gemacht anstatt Ihre Persönlichkeit. Doch das ist der falsche Ansatzpunkt:

ERFOLGSFAKTOR

Die äußeren Umstände werden von uns geschaffen und nicht umgekehrt.

Stärken (ver-)stärken

Betrachten Sie Ihre Stärken und überlegen Sie, was Sie bei den einzelnen Punkten verstärken können. Nehmen wir an, Sie sind rhetorisch gut, haben aber wenig Geduld. Das führt dazu, dass Sie sich bei Gesprächen nicht richtig disziplinieren, nicht konzentriert zuhören und Ihren Gesprächspartner ab und zu unterbrechen. Um Ihre Rhetorikstärke zu nutzen, müssten Sie konsequent Selbstdisziplin üben. Damit haben Sie gleich zwei Fliegen auf einen Schlag erwischt: eine Stärke vergrößert und zugleich eine Schwachstelle reduziert. Erwarten Sie von sich nichts Unmögliches. Fortschritt in kleinen Etappen ist besser als kontinuierlicher Stillstand! Schreiben Sie auf, in welchen Bereichen Sie etwas verbessern möchten, zum Beispiel:

- **Begeisterungsfähigkeit**
  Sie sind begeisterungsfähig, aber können Sie Ihre Begeisterung auch rüberbringen? Wenn nicht, dann gelingt es Ihnen auch nicht leicht, Ihre Mitarbeiter von einem neuen, arbeitsintensiven Vorhaben zu überzeugen. Verbessern Sie Ihre rhetorischen Fähigkeiten, zeigen Sie mehr Gefühl.
- **Lebenseinstellung**
  Es fällt Ihnen leicht, positive Aspekte zu erkennen. Strahlen Sie das auch aus? Können Sie andere Menschen mitziehen? Ist Ihre Einstellung auch ehrlich, entspricht sie Ihren Verhaltensweisen im Alltag, Ihrem Lebensstil?
- **Mut**
  Sie machen bei allen Börsenspielen mit, sind super und richtig stolz auf sich. Aber im wirklichen Leben fehlt Ihnen der Mut, auch einmal etwas zu riskieren, um zu gewinnen. Sie verfolgen die Kurse und hätten im letzten Jahr schon einen satten Aktiengewinn einstecken können, hätten Sie es nur gewagt. Vertrauen Sie mehr auf sich und Ihre Fähigkeiten. In kleinen Schritten – in diesem Fall mit kleinen Investitionen – gewinnen Sie an Sicherheit.
- **Gute Kontakte nutzen, Netzwerke schaffen**
  Sie können in allen Lebenslagen auf andere Menschen zugehen, wissen über fast alle Themen etwas zu sagen und dennoch – geholfen hat Ihnen diese Fähigkeit bisher nicht besonders. Was können

Sie verbessern? Führen Sie gezielte Gespräche, suchen Sie sich bewusst die richtigen Gesprächspartner und bauen Sie Ihre Gespräche richtig auf – zielorientiert. Wenn Sie beim Mittagessen mit Ihrem Chef sprechen, dann sollte das nicht ein sinnloser, aber netter Small Talk sein, sondern Sie sollten darauf achten, das zu erwähnen, was für Sie und Ihre Karriere nützlich ist. Klappern gehört zum Handwerk. Erfolg basiert nur zu einem geringen Teil auf Wissen und Können. Viel mehr kommt es darauf an, sich und seine Fähigkeiten an den Mann/eine Frau zu bringen.

- **Wissen vergrößern**
  Sie haben eine Superausbildung. Wenn Sie nun noch Chinesisch könnten, stünde einer steilen Karriere in Asien nichts im Wege. Investieren Sie in den Sprachunterricht – nötigenfalls in Privatstunden –, wenn dies Ihrer Zielvorstellung entspricht.
- **Richtiger Einsatz der Fähigkeiten**
  Sie sind ein hervorragender Redner, können Menschen mitreißen und überzeugen. Aber Ihr Geld verdienen Sie in der Buchhaltung. Haben Sie den Mut, Ihre Fähigkeit im richtigen Job auszuleben. Suchen Sie eine Tätigkeit, bei der es auf Überzeugungskraft ankommt.

Gutes = normal?

Sie sind ein perfekter Analyst, in der Organisation nicht zu übertreffen, haben die kreativsten Ideen … All das fällt Ihnen nicht schwer, ist nichts Besonderes für Sie. Haben Sie das aber auch in Ihrer Stärke-Liste aufgeführt? Ich stelle immer wieder fest, dass so viele fähige Menschen einenTeil ihrer Stärken als ganz normal betrachten und deshalb gar nicht richtig registrieren.

Hier sind wir dann wieder beim Positiv-/Negativaspekt: Zu sehr haben wir uns daran gewöhnt, auf das Negative zu achten, dass wir blind geworden sind für die Dinge, die gut, vielleicht sogar bestens funktionieren. Das nehmen wir dann als gegeben hin, für nicht bemerkenswert. Schade, denn erfolgreich wird man mit dieser Haltung nicht.

Ging es Ihnen früher vielleicht auch so: Kamen Sie mit einer Drei in Mathe nach Hause, dann bekamen Sie zu hören: „Eine Zwei wäre aber besser." Gut, Sie strengen sich an, und das nächste Mal haben Sie eine Zwei geschrieben, haben erwartet, dass die Eltern sich freuen. Weit gefehlt: Nun soll es das nächste Mal eine Eins sein. Keine besonders motivierende Methode.

Aber letztendlich leben wir heute nach demselben Prinzip. Wir sehen die kleinste Kleinigkeit, die nicht in Ordnung ist und halten uns mit Kritik darüber auf. Mit der Lupe suchen wir nach noch so winzigen Fehlern. Aber die Dinge, die in Ordnung sind, erscheinen uns ganz alltäglich – es lohnt sich gar nicht, darüber zu reden. Es ist selbstverständlich, dass der Arbeitsablauf funktioniert, dafür werden wir schließlich bezahlt. Das ist auch richtig so. Dennoch: Wenn wir so viel über Fehler reden, dann sollten wir ebenso viel über gelungene Dinge reden; wenn wir so viel über Misserfolge sprechen, dann sollten wir ebenso viel Zeit dafür verwenden, über Erfolge und Fortschritte zu reden. Besser allerdings wäre es noch, Fehler zu ignorieren …

Deshalb werfen Sie noch einmal einen Blick auf Ihre Stärke-Liste. Haben Sie auch all die Dinge aufgeschrieben, die Ihnen gut gelingen und die Ihnen vielleicht gar nicht mehr auffallen? Oder kann es sein, dass Sie solche Fähigkeiten übersehen, dass Sie manche Stärken möglicherweise nicht registrieren und folglich nicht verstärkt haben?

Erfolge machen Profis – und umgekehrt

Schauen wir uns einmal Profis an. Boris Becker spielte gern Tennis – und er spielte gut. Im Lauf der Zeit immer besser. Sicher hat es ihm anfangs Spaß gemacht, aber ob dieser Spaß all die Jahre angehalten hat, ist fraglich. Angehalten und verbessert hat sich aber seine Leistung, und das ist der Schlüssel zum Erfolg. Für einen Anfänger mag das „Gern-tun" eine wichtige Rolle spielen, für einen Profi ist das ein Nebenaspekt. Ihn motiviert der Erfolg – Erfolg macht Spaß. Und sicher wird kaum jemand eine Arbeit, ein Hobby oder dergleichen wählen, wenn ihm dies überhaupt nicht gefällt. Manches tun wir zwar gern, und dennoch haben wir nicht die geringste Chance, in diesem Bereich die Mittelmäßigkeit überhaupt zu verlassen. Werden wir in einem solchen Fall verkniffen, wollen wir unbedingt mit dem Kopf durch die Wand, so hilft das auch nichts, bringt uns nicht weiter. Wir verbrauchen nur enorm viel Energie dafür und programmieren uns damit auf Misserfolg, u. a. auch weil wir selbst nicht voll und ganz überzeugt sind. Pflegen Sie ruhig geliebte Schwächen – aber trennen Sie sich von der Idee, dass eine geliebte Schwäche Ihnen jemals zum durchschlagenden Erfolg verhelfen könnte.

Peter Peters Wunsch war immer, ein bekannter Maler zu werden. Bereits als kleines Kind lief er meist farbverschmiert herum. Später studierte er Kunst. Er war unheimlich bemüht, er war extrem fleißig, aber der Erfolg stellte sich nicht ein, es fehlt ihm das gewisse Etwas. Seinen Traum von Picasso Nr. 2 musste er begraben. Der (finanziellen) Not gehorchend, hat er dann einen anderen beruflichen Weg eingeschlagen, auf dem er äußerst erfolgreich ist: selbstständiger Finanzberater. Heute hat er eine eigene Firma. Durch Börsenspiele und in Gesprächen mit Freunden und Bekannten – nur so zum Spaß – entdeckte er seine Fähigkeit, Geld clever anzulegen. Ein Maler denkt beim Malen nicht linear, sondern räumlich, wählt intuitiv unter vielen Farben die richtige aus. Diese intuitive Fähigkeit hat ihm dann auch bei der Geldanlage geholfen. Das Malen hat er nicht aufgegeben, dazu liebte er diese kreative Tätigkeit zu sehr, aber heute malt er nur noch für sich und aus Freude an der Malerei. Es ist sein liebstes und wertvollstes Hobby, in dem er aufgeht und sich entspannen kann. Seine Begabung hat er also nicht unterdrückt. Die Nummer eins ist er allerdings in der Beratung geworden; mit der Malerei hätte er nicht einmal seinen Lebensunterhalt verdienen können.

Hätte er weiter auf seinem Mal-Traum bestanden, dann hätte er nur zu kämpfen gehabt, wäre durch die Misserfolge frustriert geworden, hätte all seine Energie in eine zum Scheitern verurteilte Sache gesteckt, und er hätte sein wirkliches Talent – optimal mit Geld umzugehen – vermutlich gar nicht erst entdeckt.

Wegweiser: Wünsche und Träume

Dennoch spielen Wünsche ein Rolle in unserem Leben. Was wären wir ohne Wünsche? Mit leuchtenden Augen haben wir als kleine Kinder von den neusten Rennwagenmodellen, den hübschen Babypuppen geschwärmt und gehofft, unsere Träume würden wahr und wir fänden das Auto, die Puppe unter dem Christbaum. Wir haben auch davon geträumt, Astronaut oder Supermodel zu werden. Keine Wünsche mehr zu haben, bedeutet nichts anderes als alt sein.

ERFOLGSFAKTOR

Mit Wünschen leben wir heute schon im Morgen.

Wünsche sind wichtig, und ich plädiere – trotz des oben Gesagten – dafür, dass Sie sich intensiv mit Ihren Wünschen befassen. Oftmals haben wir nämlich doch Wünsche, für deren Realisierung wir alle Voraussetzungen in uns tragen, oder anders ausgedrückt: Wünsche sind Hinweise auf Fähigkeiten, die wir besitzen. Viele erfolgreiche Menschen – seien es Künstler, Wissenschaftler, Industrielle, Sportler – hatten bereits im Kindesalter Träume und Wünsche, was sie unbedingt werden wollten. Z. B. der kleine Junge, der schon im Alter von sechs Jahren ankündigt: „Wenn ich groß bin, werde ich Pilot.“ Vielleicht ist er heute nicht Pilot, aber er hat Verantwortung für andere Menschen übernommen, leitet eine Firma. Fragen Sie einmal in Ihrem Umfeld, wer seinen Berufswunsch aus der Kindheit realisiert hat, und sehen Sie, wie erfolgreich solche Menschen sind. Machen wir einmal eine Probe aufs Exempel:

Notieren Sie all Ihre Wünsche – auch die, die Sie früher, als Kind, hatten – sofern Sie sich noch daran erinnern. Wünsche, die sich erfüllt haben, haken Sie ab, und zwar mit einem Pluszeichen für positive Gefühle bzw. Entwicklung, mit einem Minuszeichen, wenn die Erfüllung des Wunsches Sie nicht weitergebracht oder glücklich gemacht hat. Unterscheiden sollten Sie ganz klar zwischen Interessen und tiefen Wünschen. Wünsche nämlich zeigen Ihre (unbewussten) Fähigkeiten. Menschen, die große Träume und Wünsche haben, konnten die Welt verändern. Denken Sie an Martin Luther King – „I have a dream“ – oder an Robert Schuller, der das größte Motivationsmuseum baute. Gerhard Schröder stand als junger Mann vor dem Kanzleramt in Bonn, hat am Gitter gerüttelt und gerufen: „Ich möchte hinein!“ Wünsche kommen aus den tiefsten Schichten des Unterbewusstseins, doch oft können wir sie gar nicht richtig entziffern. An manchen Menschen geht das Leben vorbei, denn sie vernachlässigen den Kern ihrer Persönlichkeit – ihre geheimsten Wünsche – und bringen sich damit um ihr Lebensglück. In allen Philosophien und Religionen spielen Wünsche und Träume eine große Rolle. Wer Wünsche hat, kann enttäuscht werden; um dem zu entgehen, können Sie die Askese wählen. Buddha hingegen hat uns einen anderen Weg gezeigt: Wunschlos zu sein, bedeutete für ihn, frei zu sein. Doch auch Buddha hatte einen Wunsch: die Freiheit. Sie sehen, kein Leben ohne Wünsche. Lernen Sie Ihre Wünsche kennen.

Wünsche weisen den Weg durch die Zwänge des Alltags, führen uns zu unserem Kern, zu unserer Mitte. Träume und Wünsche geben inneren Halt. Und selbst wenn sich auf den ersten Blick der Traum nicht realisieren lässt, so beinhaltet er eine Philosophie, die zu einem anderen Ziel führen kann. Das Problem ist, dass wir zu viel und alles gleichzeitig wollen. Dadurch erreichen wir überhaupt nichts. Wie ein Schmetterling treiben wir von einer bunten Blüte zur anderen – ohne eigentliches Ziel.

Nehmen Sie sich jetzt einmal Zeit für Träume. Fragen Sie sich, was wäre, wenn

- alle meine Träume wahr würden?
- ich mein großes Ziel erreichen würde?
- das Leben meinen Vorstellungen entspräche?

Es sind die Wünsche und Träume, die die Welt verändern, weil es immer Menschen gab und geben wird, die alles tun, um ihre Träume zu realisieren. Ich denke da beispielsweise an Heiner Geissler, der in einer Biolek-Sendung sagte, er habe sich für vieles interessiert, aber die Politik hat ihn nicht losgelassen. Das war und blieb sein Lebensziel, sein Lebenssinn. Oder die erste deutsche Frau, Helga Hengge, die den Mount Everest bestieg. Niemand konnte sie davon abhalten, ihren Traum zu verwirklichen. Träume und Wünsche, mit Leben beseelt, führen automatisch zur Verwirklichung, nichts kann sie aufhalten, nichts kann sie behindern.

Fragen Sie einmal andere Menschen nach ihren Wünschen. An den Antworten werden Sie bemerken, dass Wünsche und Selbstbewusstsein in engem Zusammenhang stehen: Je geringer das Selbstbewusstsein, desto allgemeiner die Wünsche. Menschen mit ausgeprägtem Selbstbewusstsein haben präzise Wünsche. Man kann es auch so ausdrücken:

> **ERFOLGSFAKTOR**
>
> **Große Menschen werden von großen Wünschen beherrscht!**
> **Große Ziele bedingen große Wünsche!**

Jetzt gehen Sie einmal die noch „offenen" Wünsche durch und bringen Sie sie mit Ihren Stärken und Fähigkeiten in Verbindung. Sie werden sicher schnell herausfinden, welche Ihrer Wünsche Ihnen zum Erfolg verhelfen können und welche Sie hintanstellen sollten.

Schwächen schwächen (machen schwach)

Wo Licht ist, gibt es auch Schatten – wo Stärken sind, muss es zwangsläufig auch Schwächen geben. Kein Grund zur Aufregung, aber einige Gedanken wert. Wie bereits erwähnt, sind wir zu einem Volk der Negativdenker, der Kritiker geworden. Meist allerdings richten wir unser kritisches Auge auf die Fehler der anderen – das hat den Vorteil, dass wir uns nicht mit den eigenen Schwächen befassen müssen. Aber wer an die Spitze kommen will, kommt an der Frage nach den persönlichen Schwächen nicht vorbei. Es geht nicht darum, sich lange mit den Schwächen aufzuhalten. Es geht darum, Schwächen zu erkennen und an denen zu arbeiten, die Sie verbessern können. Ansonsten sollten Sie lernen, Schwächen zu akzeptieren bzw. nicht weiter zu beachten. Denn: Beachtung bringt Verstärkung (auch der Schwachpunkte!).

Wie Sie bemerken, ist dies kein Lese-, sondern ein Arbeitsbuch. Notieren Sie also Ihre Schwachstellen und markieren Sie die Defizite, mit denen Sie glauben leben und erfolgreich sein zu können; dann schreiben Sie auf, welche Schwächen Sie verändern könnten. Das könnte beispielsweise sein:

- Dass Sie immer den Geburtstag Ihrer Sekretärin vergessen, machen Sie durch Charme und einen riesigen Blumenstrauß gut.
- Ihre Unpünktlichkeit könnten Sie mit Selbstdisziplin und einem kleinen Wecker abstellen.
- Dass Sie Arbeiten immer aufschieben, könnten Sie durch Einbeziehung Ihrer Sekretärin ändern.
- Ihre floppige Art, die Ihnen gut gefällt, aber bei manchen Zeitgenossen nicht so gut ankommt, möchten Sie nicht ändern – es ist Ihr Markenzeichen.
- Sie stellen immer wieder fest, dass Sie in puncto Kleidung nicht immer gut dastehen. Sie könnten sich von einem Fachmann beraten lassen und peu à peu Ihre Garderobe verbessern.

Viele Schwächen können Sie ablegen, einige leichter, andere etwas schwieriger. Und dann gibt es Schwächen, mit denen wir nicht so gut fertig werden. Aber auch hier gibt es Methoden, mit ihnen umzugehen: Zuerst kommt die Erkenntnis, dann die Akzeptanz und dann die Suche nach einer Lösung. Scheuen Sie sich nicht, sich einzugestehen, dass Sie nicht in allen Bereichen top sind. Wer stark ist, kann auch zu seinen Schwächen stehen. Schwache Menschen müssen sich immer rechtfertigen, verteidigen und die Schuld für die eigenen Fehler anderen anlasten. Ein starke Persönlichkeit kann ohne weiteres zugeben, dass sie nicht perfekt oder vollkommen ist. Mit einer solchen Einsicht stehen Sie auf der Gewinnerseite.

ERFOLGSFAKTOR

Willst du die Welt verändern, fange bei dir an.
Willst du dich selbst verändern, fange am besten noch heute damit an.

- **Fachliche und praktische Defizite**
  Wer fachlich nicht up to date ist, der kann sich fehlendes Wissen aneignen. Diese Schwäche gehört sicherlich zu den am einfachsten zu meisternden. Fachliteratur, Seminare, Gespräche mit Experten, Crashkurse – es gibt viele Möglichkeiten. Oder Sie engagieren

lieber jemanden privat, der Sie schnell und diskret auf den erforderlichen Wissensstand bringt.
Wenn Ihnen eine neue Aufgabe übertragen wird und Sie befürchten, dass Sie damit überfordert werden, dass Sie beim Verkaufsgespräch unsicher werden, dass Sie mit den elektronischen Medien nicht zurechtkommen – für alles gibt es Hilfe. Nutzen Sie professionelle Hilfe (s. auch meine Seminare).

- **Die Macht der Gewohnheit**

  Unarten, einmal eingefahren, sind nicht so einfach abzulegen. Manche dieser negativen Gewohnheiten haben sich so tief in unser Verhalten eingegraben, dass wir sie kaum noch bemerken. Ständige Unpünktlichkeit, bei Gesprächen zwischenreden, Zusagen nicht einhalten …

  Hier hilft nur ein klares Konzept und ein Stufenplan, anhand dessen Sie jeden Tag feststellen können, ob Sie sich verbessert haben. Wenn Sie sich schlechte Gewohnheiten abgewöhnen wollen, tun Sie das am besten mit einem klaren Aktionsplan.

  Nehmen Sie sich nicht vor, das nächste Mal nicht wieder zu spät zu kommen.

  Nehmen Sie sich lieber vor, das nächste Mal pünktlich – am besten sogar schon fünf Minuten früher – zu kommen.

  Machen Sie eine Strichliste: Ein Pluszeichen zeigt, dass Sie es geschafft haben, ein Minuszeichnen verrät Stagnation. Belohnen Sie sich, wenn Sie eine bestimmte positive Punktzahl erreicht haben.

- **Wenig Einfühlungsvermögen**

  Sie finden, dass die Buchhaltung viel zu langsam arbeitet, die Ablage kein richtiges System enthält … Lernen Sie, eine Situation aus anderen Perspektiven zu betrachten. Da kann Ihnen ein Licht aufgehen. Verständnis, Geduld und Toleranz sind durchaus erlernbar. Bevor Sie urteilen, versetzen Sie sich einmal in die Lage des anderen. Stellen Sie sich vor, wie es der allein erziehenden Mutter geht, die zwei Kinder in der Früh auf den Weg bringen muss und dann zur Arbeit eilt. Mal ist ein Kind krank, mal ändert sich der Stundenplan, die Schule beginnt viel später … Diese Frau ist in ständiger Anspannung. Und nun soll sie im Büro voll konzentriert sein auf die Abrechnungen. Der Abteilungsleiter häuft immer mehr Akten auf ihren Tisch und verlangt immer schnellere Bearbeitung. Wie kann diese Frau in ihrer Situation Höchstleistungen bringen? Kritik hilft nicht viel weiter. Konstruktive Überlegungen wären beispielsweise, ob die Frau auf einem anderen Posten nicht besser arbeiten könnte, zum beiderseitigen Vorteil, vielleicht durch eine Versetzung in eine andere Abteilung – unter Umständen nur für einen gewissen Zeitraum. Oder als Aushilfsspringerin …? Wenn Sie besser verstehen, dann können Sie auch optimale Lösungen finden. Jede Situation hat verschiedene Aspekte – je mehr Sie erkennen, desto leichter finden Sie eine gute Lösung.

- **Unsicherheit macht unfrei**

Sie fühlen sich manchmal nicht sicher – und genau dieses Gefühl verunsichert noch mehr. Hoffentlich bemerkt Ihr Gesprächspartner jetzt nicht, dass Ihre Hände vor Aufregung feucht sind oder dass Sie haben Angst, rot zu werden … Und was passiert? Genau das, was Sie befürchtet haben. Aus kleinen Unsicherheiten können sich leicht richtige Ängste entwickeln.

Deshalb ist es wichtig, an den Ursachen zu arbeiten. Mit einem gesunden Selbstbewusstsein kommen Sie gut auch durch kritische Situationen. Schauen Sie sich Ihre Stärken an (s. Liste), betonen Sie Ihre Leistungen, denken Sie konstruktiv und lassen Sie Ihr Unterbewusstsein für sich arbeiten. („Meine Hände bleiben ganz kühl und trocken.")

- **Der notorische Zweifler**

Wir wollen immer gern das Schönste und Beste, aber unsere Zweifel halten uns massiv davon ab, uns wirklich mit ganzem Elan an die Verwirklichung unserer Wünsche zu machen. Sie möchten zwar gern Abteilungsleiter werden, haben die Weichen gestellt und rechnen sich große Chancen aus. Je näher aber der Termin rückt, desto häufiger befallen Sie leichte Zweifel, ob Sie dieser Aufgabe wirklich ganz gewachsen sind. Lassen Sie derartige negative Gedanken zu, brauchen Sie sich nicht zu wundern, wenn ein anderer den Posten erhält.

Der Glaube versetzt Berge. Schauen Sie sich um, was in der Welt allein durch die Kraft des Glaubens bewirkt wurde! Wenn Sie aber nicht an Ihre Fähigkeiten glauben, wer soll es dann tun? Sie strah-

len das aus, was Sie denken und fühlen. Zweifeln Sie an sich, dann können Sie niemanden überzeugen, dass Sie der Beste sind für den Job.
Betrachten Sie einmal unsere Politiker. Haben Ihnen Kohl, Schröder & Co jemals Zweifel vermittelt, dass sie nicht die Richtigen sein könnten? Jeder war 1000 %ig von sich, seinen Fähigkeiten und seinem Erfolg überzeugt! Lernen Sie von Vorbildern.

- **Ziel-los leben**

  Eine der gravierendsten Schwächen ist, nicht zu wissen, was man vom Leben haben und was man im Leben erreichen möchte. Schauen Sie sich einmal um, wie viele Menschen einfach in den Tag hineinleben. Werden sie gefragt, was sie vorhaben, dann erstrecken sich ihre Pläne auf Urlaube, Freizeitbeschäftigung oder geplante Anschaffungen. Weiter jedoch geht der Horizont nicht. So wundert es mich nicht, dass wir umgeben sind von Frust und Lustlosigkeit, die dann nicht selten ihre Auswüchse in extremen Handlungsweisen wie Ausländerhass oder das Halten von Kampfhunden haben.
  Viele Menschen lassen sich einfach treiben. Im Urlaub entsteht der Gedanke, als Segellehrer in der Karibik zu arbeiten; kaum zu Hause, sind dieselben Menschen dann von der Idee besessen, das schnelle Geld mit E-Commerce zu machen, dann fasziniert sie der Gedanke, als Anlageberater Geld und viel Freizeit miteinander verbinden zu können. Doch zu mehr, als von einer fixen Idee zur anderen zu springen, bringen sie es nicht. So gehen sie lustlos Tag für Tag in ihr ungeliebtes Büro und machen langweilige Abrechnungen. Die anderen bringen immerhin so viel Aktivität auf, sich Informationen zu beschaffen, manchmal wagen sie halbherzig einen Neuanfang. Aber nichts ist geplant, nichts hat ein Fundament oder ein konkretes Ziel. Schnell gibt es im Traumjob Ärger, die Voraussetzungen sind nicht gegeben oder aber die Illusion zerplatzt wie eine Seifenblase. Und dann muss etwas Neues her. Wie eine Biene von Blüte zu Blüte fliegt, driften solche Menschen von einer Sache zur anderen, von einem Job zum anderen, von einem Partner zum anderen. Nirgends fassen sie Fuß, nirgends sind sie zufrieden, schnell werfen sie alles hin, weil sie schon wieder neue, schönere

Ufer zu sehen glauben. Vergleicht man das Leben mit einem Teppich, dann blicken diese unsteten Typen auf einen Flickenteppich, während die Erfolgreichen auf einen fein gewebten Teppich schauen können – mit System durchdacht und folgerichtig aufgebaut: ein Kunstwerk sowohl als Teppich wie als Lebenswerk.
Ihr Leben bekommt erst einen Sinn, wenn Sie ein Lebensziel gefunden haben, das Sie konsequent ansteuern können. Dieses Buch hilft Ihnen.

- **Ich kann alles allein**
  Das ist zu bezweifeln, und selbst wenn es so wäre, es brächte Sie nicht weiter. Warum auch sollten Sie alles allein machen? Jeder Mensch hat seine ganz besonderen Stärken, warum also viel unnütze Energie verschwenden, um dann auch noch Aufgaben zu erledigen, für die andere viel besser geeignet sind? Vielseitigkeit ist der direkte Weg zur Mittelmäßigkeit. Wenn jeder seine individuellen Fähigkeiten an der richtigen Stelle nutzt, dann sind alle zusammen ein starkes Team. Und nur damit können Sie an die Spitze kommen. Die Zeit der einsamen Kämpfer ist vorbei. Heute wird nicht mehr von oben bestimmt. Heute ist Teamwork angesagt. Doch ein Team braucht einen Führer, braucht jemanden, der zeigt, wo es langgeht, jemanden, der motivieren, begeistern und zum Erfolg führen kann.
- **Angst vor Erfolg**
  Erfolg wollen wir alle, und doch haben viele insgeheim Angst davor. Nur so ist zu erklären, warum manche Menschen kurz vor dem Durchbruch, kurz vor dem angestrebten Ziel plötzlich in sich zusammenfallen. Sie machen gravierende Fehler, die ihnen keiner zugetraut hätte, und zerstören damit alles, was sie mit viel Mühe aufgebaut haben. Die Pläne hatten schon Form angenommen, alles schien gut zu laufen, und auf einmal fällt die Zukunft zusammen wie ein Kartenhaus. Diese so genannten „Fehler“ sind nichts anderes als die Auswirkungen einer destruktiven Stimme, die tief aus dem Unterbewusstsein sagt: „Du kannst das nicht wirklich. Mach dir nichts vor, das schaffst du nie.“ Oder anders ausgedrückt: Es ist unser geringer Glaube an uns selbst, Ausdruck eines nicht wirklich fundierten Selbstbewusstseins, das uns in diesem Moment einen Strich durch die Rechnung macht.

- **Nicht loben, nicht danken können**
  Notieren Sie einmal, wie oft Sie das kleine Wort „Danke“ am Tag benutzen. Wie oft finden Sie anerkennende Worte, wie oft lächeln Sie Ihre Mitarbeiter an?
  Anerkennung zu erhalten ist eines der Grundbedürfnisse des Menschen. Sie können noch so reich sein, ohne irgendeine Art der Anerkennung haben Sie nichts von Ihrem Leben. Ein Lob, ein Wort über etwas, das Sie gut gemacht haben – das ist Nahrung für die Seele, das belebt und spornt an, sich zu engagieren und das Beste zu geben. Nichts motiviert mehr als Anerkennung. Wer diese seinen Mitmenschen versagt, bremst Leistungswillen, reduziert Engagement und schmälert die Lebensfreude.
- **Besserwisserei**
  Gehören Sie auch zu den Menschen, deren Sätze oft mit „Ja, aber das ist doch so und so …“ beginnen? Sind Sie jemand, der immer und überall beweisen muss, wie clever er ist, wie viel er gelesen und gehört hat …? Sind Sie sich auch darüber im Klaren, dass Sie sich damit keine Freunde schaffen? Unsere Welt benötigt nicht Menschen, die alles wissen. Die Welt braucht Menschen, die etwas können!
  Warum müssen Sie sich immer hervortun? Warum glauben Sie, dass Sie sich immer profilieren müssen? Wenn Sie sich spezialisieren, dann werden Sie gefragt, brauchen nicht auf sich aufmerksam zu machen. Sie werden ganz von selbst beachtet.
  Oder ist Ihr Selbstwertgefühl so schwach, dass Sie jedem sagen müssen, wie toll Sie sind? Lassen Sie doch andere mal Recht haben, respektieren Sie die Meinung Ihrer Mitmenschen, und lernen Sie lieber, Ihr Gesichtsfeld, Ihren Radius zu vergrößern. Werfen Sie Ihr Wissen zusammen mit dem Wissen anderer Menschen – davon können alle profitieren.
- **Sich selbst Grenzen setzen**
  Sie haben „nur“ eine Ausbildung zum …, deshalb glauben Sie, dass Ihre beruflichen Möglichkeiten beschränkt sind. Geschäftsführer, Abteilungsleiter, Betriebsleiter – für Sie kommt das nicht in Frage, denn Sie haben nicht die entsprechenden Papiere. Aber Sie haben Erfahrung, Sie haben Wissen und Sie gehören zu den

Besten in Ihrem Bereich. Trotzdem halten Sie sich mit Ihren destruktiven Gedanken klein – und bleiben dann auch klein. Was sind schon Papiere, Zeugnisse etc. gegen das, was Sie besitzen: Qualitäten und Persönlichkeit! Öffnen Sie die selbst gesetzten Grenzen, in denen Sie sich bis heute bewegt haben. Für Menschen wie Sie gibt es keine Grenzen – begrenzen Sie sich nicht selbst!

- **Zögern und zaudern**
  Die ewigen Zögerer und Zauderer bleiben überall auf der Strecke. Dauernd werden nur die Nachteile ins Blickfeld gerückt, Risiken abgewägt, Gefahren gesehen. Jede Überlegung beginnt mit dem Gedanken: „Wenn aber das und das dann eintritt ..." Solche Menschen denken in Problemen anstatt in Lösungen. Die Folge ist der Misserfolg. Machen Sie es sich zum Motto: Lieber mal eine falsche Entscheidung, als sein Leben lang zögerlich zu sein. Übrigens, wer nicht selbst entscheidet, lässt zu, dass andere für und über ihn entscheiden. Wollen Sie das? Hinzu kommt die Erkenntnis, dass eine falsche Entscheidung besser ist als keine Entscheidung. Denn eine falsche Entscheidung, einen Fehler, kann man korrigieren. Aber korrigieren Sie einmal etwas, wenn Sie gar nichts haben!

Ihre „Schwächen-Liste" beinhaltet sicherlich auch andere Punkte. Wichtig ist, dass Sie es nicht dabei belassen, Ihre Schwächen aufzuschreiben, sondern dass Sie herausfinden, wo die Ursachen dafür liegen. Dann können Sie auch besser solche Schwachpunkte abbauen.

Wir wollen mit diesem Kapitel versuchen, Schwächen abzulegen bzw. schwächer zu machen oder – wenn es nicht anders geht – sie nicht mehr zu beachten. Sie wissen ja: Unsere Gedanken bestimmen unser Leben. Denken wir ständig an unsere Schwächen, tun wir uns nichts Gutes, denn wir vergrößern lediglich das, was wir ablegen sollten.

Wie wirke ich auf andere Menschen?

Ich habe Sie bereits aufgefordert, die Vorstellung, die Sie von sich haben, einmal mit dem Bild zu vergleichen, das andere Menschen sich von Ihnen machen. Nun mögen Sie sagen: Was interessiert es mich, was andere von mir denken. Wenn Sie sich diese Einstellung zu eigen machen, werden Sie es im Berufs-, aber auch im Privatleben nicht einfach haben. Bezeichnen Sie sich als dynamischen Managertyp, und Ihre Mitarbeiter sprechen hinter vorgehaltener Hand von einem Weichei, dann kann doch etwas nicht stimmen, oder? Solange Ihr Bild nicht stimmig ist – Sie also nicht so ankommen, wie Sie sich sehen –, stimmt auch in Ihrem Leben etwas nicht.

Fragen Sie Kollegen, Vorgesetzte, Kunden, Freunde, Bekannte etc., wie diese Sie einschätzen. Sie können das auch einmal ganz spielerisch angehen, indem Sie eine Art Fragespiel machen. Stellen Sie Fragen:

- Würden Sie mich nicht kennen, welchen Beruf könnte ich Ihrer Meinung nach auf Grund meines Auftretens, meines Äußeren ausüben?
- Trauen Sie mir zu, dass ich innerhalb von sechs Monaten die Firma aus den roten Zahlen holen könnte?
- Sehen Sie in mir einen guten Gesprächspartner?
- Bin ich eine Kämpfernatur?
- Bin ich überzeugend?
- Halten Sie mich für fähig, für die Erreichung eines Ziels über Leichen zu gehen?
- Halten Sie mich für durchsetzungsfähig und entschlussfreudig?
- Bin ich introvertiert oder aufgeschlossen und kommunikativ?
- Welche Eigenschaften schätzen Sie an mir am meisten?
- Was trauen Sie mir zu – beruflich?
- Verkörpere ich durch mein Auftreten eine „höhere“ Position, als ich momentan habe?
- Wirke ich selbstsicher?
- Bin ich glaubwürdig?

- Würden Sie mich unterstützen, wenn ich ein risikoreiches Geschäft vorschlagen würde? Wenn ja, warum?
- Bin ich aufmerksam, ruhig und gelassen?
- Haben Sie den Eindruck, dass ich in Gedanken auch immer bei dem bin, was ich gerade tue?
- Strahle ich Autorität aus?
- Fühlen Sie sich wohl in meiner Gegenwart?
- Würden Sie mit Problemen und Schwierigkeiten zu mir kommen?
- Können Sie sich auf mich verlassen?
- Trauen Sie mir zu, die Nummer eins in meinem Beruf zu werden?

Stimmt Ihre Vorstellung von sich, ist Ihr Bild „stimmig“?

Dann gratuliere ich Ihnen zu dem Ergebnis. Stellen Sie hingegen fest, dass Sie sich in einigen Punkten ganz anders sehen, dann erkunden Sie, woran das liegen könnte.

Wir beabsichtigen – oftmals sogar unbewusst – eine bestimmte Wirkung, weil wir etwas Bestimmtes erreichen wollen: Beim Vorstand wollen wir kompetent und sicher dastehen, bei den Mitarbeitern als durchsetzungsfähig, bei den Kollegen als fair und offen, im Tennisclub als der Supersportler. So wechseln wir mit dem Umfeld unser Verhalten. Aber wo bleibt dabei die eigene Persönlichkeit? Wie lassen sich die verschiedenen selbst gewählten Rollen miteinander verbinden? Schauspieler müssen lange üben, bis sie in der Lage sind, heute den feurigen Liebhaber, morgen den eiskalten Mörder und übermorgen den ehrgeizigen Kommissar überzeugend zu spielen. Wir aber sind keine Schauspieler, wir sollten eher Darsteller sein – sollten uns, unsere Persönlichkeit, unser Wesen, unseren Charakter dar-stellen. Das bedeutet, dass wir uns so zeigen, wie wir sind, dass wir unsere Fähigkeiten richtig zur Geltung bringen.

Sie sollten Sie selbst sein – egal ob im Job oder zu Hause. Manche Menschen kommen vor lauter Schauspielerei gar nicht dazu, ihren Erfolg zu planen oder ihr Leben zu genießen. Im Büro mimen sie den Selbstbewussten, zu Hause den Einfühlsamen, bei den Freunden den Unterdrückten. Wer nur damit beschäftigt ist, überall eine gute Figur zu machen, der verpasst eines: sein Leben. Wir sind alle Schauspieler, behaupten viele Menschen. Wer sein Leben als Schauspieler lebt, der muss sich nicht wundern, wenn er von einer Krise in die andere stürzt. Nur wer authentisch ist, seine eigene Persönlichkeit lebt, der kann es zu etwas bringen – der spielt nicht, er lebt. Um unser Leben erfolgreich und erfüllt zu gestalten, brauchen wir keine Menschen, die verschiedene Rollen spielen. Wir benötigen Menschen, die etwas können, die etwas bewirken können. Wir brauchen Menschen wie Sie – wir brauchen Könner.

Es ist wichtig zu wissen, wie Sie auf andere Menschen wirken und durch Ihre Persönlichkeit Einfluss nehmen können. Damit kommen wir zu einem wichtigen Punkt – die Gefühle. Soldaten können Sie zwar befehlen zu marschieren, aber bei Ihren Mitarbeitern funktioniert das System Befehl und Gehorsam nicht. Ihre Wirkung auf andere Menschen entsteht auf der emotionalen Ebene. Nichts ist ansteckender und tiefenwirksamer als Gefühle. Der Mensch (übrigens auch der Affe) ist ausgestattet mit der Fähigkeit, sich in andere hineinzuversetzen. Diese Fähigkeit – genannt Empathie – ermöglicht soziales Handeln, stärkt das Zusammengehörigkeitsgefühl und das Verständnis. Können Sie sich in Ihre Mitarbeiter hineinversetzen, sprechen Sie sie auf der Gefühlsebene an, dann haben Sie sie wirklich erreicht. Erfolgreich mit Menschen umgehen zu können, ist eigentlich nichts anderes, als ihre Wünsche, Probleme und Gefühle zu kennen. Das ist leichter, wenn man sich selbst kennt und versteht. Dann weiß man auch um die Probleme, beispielsweise widersprüchliche Gefühle, die uns das Leben schwer machen.

Wenn Sie die Kunst der Menschenführung beherrschen wollen, dann gehört Einfühlungsvermögen zum Basiswissen. Wer andere Menschen verstehen kann, ist beliebt – wer beliebt ist, dem hört man zu. Feine Antennen für das, was in Ihrem Umfeld vor sich geht, sind notwendig, wenn Sie führen wollen.

Wie sieht es aus mit Ihrem Einfühlungsvermögen? Beobachten Sie beispielsweise in der Mittagspause zwei Männer beim Essen, von denen einer eindringlich auf den anderen einredet. Achten Sie auf die Mimik, auf die Körpersprache? Stellen Sie sich das Gesprächsthema vor? Worum geht es? Wer vertritt welche Meinung? Wie ist die Stimmung?

Am besten können wir kleine Kinder verstehen. Sie sind noch ganz ungekünstelt, lassen ihren Emotionen freien Lauf. Sind sie traurig, dann weinen sie, hat jemand ihr Spielzeug weggenommen, dann toben sie vor Wut. All das können wir leicht erkennen. Doch später wird es schwieriger. Hinter einer kühlen Fassade versucht der gemobbte Abteilungsleiter seine Gefühle zu verbergen, die übergroße Liebenswürdigkeit der Sekretärin soll über ihr gebrochenes Herz hinwegtäuschen. Es ist nicht so einfach zu erkennen, was wirklich vorgeht. Aber es gibt Signale, die wir oft übersehen, weil wir uns dafür nicht sensibilisiert haben, weil wir Geschäfte nur mit dem Verstand machen. Dabei entgehen uns wesentliche Dinge. Unbewusst nehmen wir alles wahr, ignorieren es dann aber – der Verstand wischt kleine unbehagliche Gefühle beiseite, weil ja die Zahlen stimmen. Und dann haben wir doch einen Flop gelandet. Hätten wir auf die unbewusste Wahrnehmung gehört, hätten wir uns einen Misserfolg ersparen können. Wir registrieren sehr genau, ob das, was unser Gegenüber sagt, auch richtig ist. Zwar hören wir seine Worte, lesen seine Auflistung – unbewusst bemerken wir aber, dass etwas nicht richtig ist, nicht stimmt. Unser Gefühl bemerkt sehr genau, wenn es Diskrepanzen gibt zwischen dem, was jemand ausspricht, und dem, was er denkt. Wir empfinden ein Gefühl des Unwohlseins.

Trainieren Sie Ihr Einfühlungsvermögen, hören Sie mehr auf Ihre innere Stimme. Sie werden bemerken, wie sich Ihr Verhalten, Ihre Ausstrahlung verändert. Sie stärken damit Ihr Charisma – die Fähigkeit, die Herzen der Menschen zu erreichen.

Der Sinn des Lebens

Erfolg erzielen zu wollen nur um des Erfolgs willen – da bleibt ein schaler Geschmack zurück. Deutlich sehen wir das zum Beispiel am so genannten Liebesleben der Stars und Sternchen. Kaum haben sie sich getrennt, erscheint jeder der beiden Partner bei nächster Gelegenheit mit einer „neuen Liebe". Da wird der begehrte, erfolgreiche Star propagiert, der jede haben kann. Und was steht dahinter? Ein todunglücklicher, beziehungsunfähiger, einsamer Mensch. Wer sich Erfolge anstecken will wie Schmuckstücke, der mag zwar damit in gewissen Kreisen brillieren, doch nichts kann darüber hinwegtäuschen, dass der vermeintlich Erfolgreiche nur ein eitler Mensch ist, dessen einziger Lebenssinn darin besteht, sich selbst zu produzieren.

Ziele bestimmen unser Leben. Der Unterschied zwischen einem eitlen und einem erfolgreichen Menschen liegt darin, dass sich der eitle auf sich selbst konzentriert (s. o.), während der erfolgreiche Mensch sich einer Aufgabe widmet. Deshalb ist es von großer Bedeutung, dass Sie Ihre (Lebens-)Aufgabe erkennen, denn nur das gibt Ihrem Leben Sinn und Wert.

In jedem von uns brennt ein göttlicher Funke. Es kommt darauf an, was der Einzelne damit macht. Einige ignorieren ihn, andere löschen ihn gar aus. Erfolgreiche Menschen aber entzünden diesen Funken und lassen sich davon inspirieren und leiten. Ständiges Lernen ist ein Stützpfeiler auf diesem Weg. Erfolgreiche Menschen lösen sich von der Masse, erheben sich über diejenigen, die in den Tag hineinleben – ohne eigentliche Aufgabe, ohne Sinn. Nur Geld zu verdienen, einen Job zu haben oder vielleicht sogar langsam die Karriereleiter hinaufzuklettern – das ist es nicht, was wir wollen. Wir wollen unsere Einmaligkeit erkennen, unsere Fähigkeiten nutzen, um etwas zu bewirken, um unseren blauen Planeten zu erhalten und zum Wohl der Menschheit beizutragen. Alle haben wir die Chance, dies zu tun. Aber die Zahl derjenigen, die sich für solche Ziele und Aufgaben engagieren, ist gering. Und so wundert es nicht, dass so viele Menschen frustriert, deprimiert und unzufrieden sind. Sie leben in ihren eigenen Beschränkungen, arbeiten nur für einen monatlichen Gehaltsscheck, rackern sich ab und bleiben doch auf der Stelle stehen – bleiben einer unter Millionen.

Der Sinn Ihres Lebens kann unmöglich sein, Ihr Leben in der Masse zu vergeuden, oder? Was also ist Masse, bzw. wie kann man sich von der Masse lösen?

Zur Masse gehört jeder, der sich nicht selbst einen besonderen Wert zugesteht, wer sich für Durchschnitt hält. Die Masse kann – obwohl mengenmäßig stark – nicht ihr eigenes Dasein lenken. Das liegt daran, dass die Masse nichts von sich fordert, sondern wie ein träger Fluss dahinfließt. Der einzelne Mensch in der Masse fordert nichts von sich selbst, sondern lässt sich wie ein Blatt im Wind treiben. Er lässt seine Kräfte, seine Fähigkeiten brach liegen, obwohl er bestens ausgestattet ist. Seine Wünsche sind klein und begrenzt, er kann nicht über seinen eigenen Horizont hinausblicken. Jede Gesellschaft ist eine dynamische Einheit, bestehend aus der Elite und der Masse. Diese Einteilung ist nicht sozial zu verstehen, sondern aus dem menschlichen Aspekt heraus. Es gibt die Menschen, die viel von sich selbst verlangen, die Aufgaben und Pflichten übernehmen, Ziele anstreben, während die anderen es vorziehen, so zu bleiben, wie sie sind, weil sie keinen Wunsch nach einer Weiterentwicklung verspüren. So leben sie dumpf dahin und beklagen sich, wenn sie sehen, dass es anderen besser geht. Sie wollen nicht erkennen, dass sie sich selbst für ihr Massenschicksal entschieden haben.

Lassen Sie mich hier Viktor Frankl erwähnen, den großen alten Mann der Psychotherapie – eine einmalige geniale Persönlichkeit, Begründer der Logotherapie. Das Wort „Logo“ kommt aus dem Griechischen und bedeutet Sinn, womit eigentlich schon alles gesagt ist. Viktor Frankl sah den Sinn seines Lebens darin, anderen zu helfen, einen Sinn in ihrem Leben zu finden. Und das sagte und lebte ein Mann, der Schreckliches in den Konzentrationslagern erlebt hatte. Doch gerade in einer solchen Situation wurde ihm bewusst, dass man dem Menschen alles nehmen kann, nur nicht seine Freiheit – die geistige Freiheit, sich eine eigene Meinung zu bilden und danach zu leben. Die Freiheit zu entscheiden, wie man reagiert auf das, was einem angetan wird. Die innere Einstellung ist das Entscheidende im Leben, das, was wirklich zählt. Seine Therapie war Behandlung und Heilung durch Sinnfindung. Selbst in der schlimmsten Lage einen Sinn zu erkennen, das gibt die Kraft zum Weiterleben. Viktor Frankl hat das bewiesen. Ansatzpunkt seiner Behandlungsmethode war der Umgang mit der Krankheit, nicht die Ursache. Seine Erfolge waren überzeugend. Einen Sinn im Leben und in der Arbeit zu sehen ist Basis für ein glückliches Leben. Erfolg aus Lust am Erfolg ist dazu verdammt, unglücklich zu machen, denn das Wichtigste – der Sinn – fehlt.

Die Lehre Viktor Frankls ist die Grundlage für die Psychologie des erfolgreichen Weges. Deshalb steht die Frage, welchen Sinn es für Sie und Ihr Umfeld hat, wenn Sie die Nummer eins werden, hier im ersten Kapitel, am Anfang unseres gemeinsamen Weges. Notieren Sie, welchen Sinn Ihr Engagement macht – für Sie selbst, für Ihre Familie, für Ihre Mitarbeiter, Ihre Firma, für Ihre Stadt …

Der Sinn des Lebens kann für Sie darin liegen, dass Sie sich abheben von der Masse, dass Sie durch Ihren Erfolg dazu beitragen, dass es anderen besser geht, dass Sie etwas Bleibendes, etwas Sinnvolles schaffen; die Verantwortung nicht nur für das eigene Glück, sondern auch für das der anderen übernehmen; mit Mut, Aufrichtigkeit und sozialem Engagement Aufgaben übernehmen; konstruktiv und mit Überzeugungskraft etwas aufbauen. Wie soll das vor sich gehen? So werden Sie vielleicht jetzt fragen. Nun, wenn Sie Erfolg haben, dann verhelfen Sie anderen zu Erfolg. Und wir brauchen nichts mehr als erfolgreiche Führungspersönlichkeiten: Menschen, die stark und belastbar sind, Menschen, die andere führen und ihnen Halt geben können, Menschen, die standhaft und zielstrebig sind. Wir brauchen Einsteiger – nicht Aussteiger –, wir brauchen Aufsteiger und nicht Absteiger. Wir brauchen keine Null-Bock- oder No-future-Typen. Wir brauchen Menschen, die bei Schwierigkeiten nicht aufgeben, sondern sagen: Jetzt erst recht! Wir brauchen keine Verweigerer, wir brauchen Problemlöser. Glauben Sie nur nicht, dass die Aussteiger aus den Problemen aussteigen können. Weit gefehlt – sie haben nicht weniger Probleme als die Einsteiger, sie haben lediglich andere Probleme! Sie selbst haben es in der Hand, Sie entscheiden, ob Sie zum Einsteiger und Aufsteiger werden oder nicht. Sie entscheiden, ob Sie Ihrem Leben einen Sinn geben oder nicht.

Sie entscheiden, ob Sie
- Ihre Persönlichkeit entfalten,
- sich wertvolle Ziele setzen,
- Ihre Kraft für die Erreichung Ihrer Ziele einsetzen,
- die Probleme lösen wollen,
- bereit sind, neue Aufgaben zu übernehmen,
- bereit sind, Menschen zu führen und zu motivieren,
- eine Vorbildfunktion übernehmen,
- Ihre Mitmenschen mitreißen können – auf dem Weg nach oben,
- die Spitze, die Nummer eins in Ihrem Bereich werden wollen.

Ich möchte Ihnen ein kleines Märchen mit auf den Weg geben: Zwei Mönche suchten in ihrer Klosterzelle nach dem Haus des Glücks. Um das Haus des Glücks zu finden, studierten sie in vielen Büchern, bis sie eines Tages in einem uralten Buch einen Hinweis fanden. Dort stand geschrieben: Das Haus des Glücks befindet sich an einem Ort, wo sich Himmel und Erde berühren.

Sie leisteten einen Schwur, dass sie so lange nach dem Hause des Glücks suchen würden, bis sie es gefunden hätten. Und so begannen sie ihre Suche und ließen sich auch durch die größten Widerstände nicht von ihrem Weg abbringen. Nach vielen Jahren und mühevollen Versuchen entdeckten sie eines Morgens in der Ferne die Stelle, an der sich Himmel und Erde berührten. Voller Herzklopfen machten sie sich auf den Weg. Als sie die Stelle erreichten, entdeckten sie ein altes Haus. Sie betraten voller Aufregungen das Haus des Glücks und bemerkten zu ihrem Erstaunen, dass sie in ihrer Zelle standen. In diesem Augenblick erkannten sie, dass die Stelle, wo Himmel und Erde sich berühren, der Ort ist, an den Gott uns hingestellt hat.

Das Haus der Erfolge steht auf vier Säulen:

1. *Will ich überhaupt erfolgreich sein?*
   An welchem Tag in meinem Leben habe ich diese wichtige Entscheidung getroffen?
2. *Auf welchem Gebiet möchte ich erfolgreich sein?*
   Notwendigkeit der Konzentration und Spezialisierung.
3. *Ich kann alles lernen!*
   Kenne ich die Erfolgreichen in meinem Spezialgebiet?
4. *Das erfolgreiche Leben beginnt mit der Fähigkeit, erfolgreich zu sprechen.*
   Bedeutung der Kommunikation.

Treffen Sie Ihre Entscheidung – und dann lesen Sie weiter!

2. Kapitel
WAS WILL ICH?

Wenn ich Sie, liebe Leserin, lieber Leser, frage: „Was wollen Sie gerne haben?“, dann fallen Ihnen bestimmt tausend Antworten ein. Der eine möchte gerne eine Villa in St. Tropez, der andere ein kleines Sportflugzeug, wieder andere hätten lieber ein glückliches Familienleben oder sehr viel Freizeit. Für den einen ist das große Bankkonto das höchste Ziel, und für den anderen ist vielleicht sein liebster Traum, als Generaldirektor über einen großen Konzern zu herrschen.

Ich stelle immer wieder fest, dass die meisten Menschen viel zu viele Wünsche haben. Und das Resultat dieser unzähligen Wünsche sehen wir an unserem Leben oder wenn wir uns in unserem Umfeld umblicken. Heute jagen wir dem einen Ziel nach, morgen versuchen wir, mehr Geld zu verdienen, und übermorgen versuchen wir – da wir ja so viel arbeiten müssen –, wieder mehr Freizeit zu bekommen. Das Ergebnis ist nicht sonderlich befriedigend; denn wir sind nur beschäftigt, heute der einen, morgen einer anderen Vorstellung nachzulaufen. Zum Leben kommen wir nicht, und unsere Wünsche können wir auch nicht richtig umsetzen. Es ist wie ein Teufelskreis: Wir rackern uns ab, um unsere Ziele zu erreichen. Und je mehr wir uns abrackern, desto weniger erreichen wir unsere Ziele. So kann es beim Bergsteigen sein, wenn man kein wirkliches Ziel anpeilt: Kaum hat man den ersten Gipfel erklommen, dann sieht man schon wieder eine andere Höhe, die man auch noch schaffen möchte. Und so macht man sich auf und besteigt eine Bergspitze nach der anderen, ohne jedoch die Befriedigung erlangt zu haben, ein wirkliches Ziel bzw. einen wirklich hohen Gipfel bezwungen zu haben. Das ist das unbefriedigende Ergebnis, wenn man zu viele Ziele und zu viele Wünsche hat. Wir splittern unsere Energien, wir teilen unsere Freude auf, und im Endeffekt empfinden wir keine große Befriedigung. So hasten wir von einem Event zum anderen, um am Ende des Lebens feststellen zu müssen, dass wir zwar immer beschäftigt waren, aber im Grunde nicht viel erreicht haben.

Vieles haben wir getan, aber nicht eine einzige Sache sind wir richtig angegangen, haben kein einziges großes Ziel konsequent angestrebt. Nicht in einem einzigen Bereich sind wir Spitze geworden, überall sind wir unauffällig, sind wir einer von vielen geblieben.

Damit Sie nicht am Ende Ihres Lebens ein ähnliches Fazit ziehen müssen, setzen Sie sich einmal hin und schreiben auf ein Blatt Papier alle Ihre Wünsche, alles, was Sie gerne erreichen möchten. Ich bin sicher, es wird eine ganze Menge sein. Dieses Blatt heben Sie gut auf. Suchen Sie sich Vorbilder, die ihre Träume realisiert haben, beispielsweise John Goddard. Als Kind hat er gern das Spiel „Was wäre wenn …" gespielt, als Jugendlicher hat er seine Wünsche aufgeschrieben – es waren immerhin 127 Ziele, die er erreichen wollte. Die Bibel wollte er von der ersten bis zur letzten Seite lesen, die Völker im Sudan kennen lernen, den Mount Everest besteigen und den Nil erforschen, alle Länder der Welt besuchen, das 21. Jahrhundert erleben. Bisher hat er 105 von seinen Zielen erreicht …

Oder erinnern Sie sich an den Entdecker von Troja, Heinrich Schliemann? Schon in jungen Jahren war er begeistert von den griechischen Dichtungen „Ilias" und „Odyssee" und glaubte an die Existenz der darin beschriebenen Orte. In ihm entstand der Wunsch, einmal die Stadt Troja zu sehen. Keiner nahm ihn ernst, viele verspotteten ihn, denn keiner glaubte an die Existenz dieses Ortes. Schliemann ließ sich nicht abbringen von seinem Vorhaben, er wollte den Beweis erbringen, dass Homer nicht Geschichten, sondern die Wahrheit erzählt hatte. Ein unglaubliches Vorhaben des jungen Mannes, noch dazu nicht begünstigt vom Schicksal, denn seine Eltern starben früh, und er kam als Waise zu einem Onkel, der einen Krämerladen besaß. Anstatt nach Troja zu forschen, saß er nun zwischen Kartoffeln und Büchsen. Schliemann gab nicht auf, brachte sich selbst Altgriechisch bei, um Homer im Original lesen zu können. Er besorgte sich Bücher über Archäologie und beschloss, zu Reichtum zu kommen, denn er wusste, dass er Geld für sein Vorhaben brauchte. Dafür suchte er sich eine Stelle in einem Amsterdamer Handelshaus, arbeitete sich hoch und gründete dann eigene Firmen in Russland und Amerika. Im Alter von 41 Jahren war er mehrfacher Millionär. Er hatte die Voraussetzungen geschaffen, um zur Nummer eins zu werden. Jetzt konnte er endlich seinen Traum realisieren: Schliemann fand Troja an der Stelle, die Homer beschrieben hatte, und er fand noch mehr – nämlich einen sagenhaften Goldschatz.

Ist diese Biografie nicht ein überzeugendes Beispiel dafür, was aus Wünschen werden kann, wenn sie aus dem Innersten des Menschen kommen?

ERFOLGSFAKTOR

Wer an die Zukunft glaubt, hat Kraft in der Gegenwart.

Natürlich sind wir geprägt durch unsere Zeit, in der die Vielseitigkeit gepriesen wird. Doch was bringt die Vielseitigkeit? Nichts als Oberflächlichkeit! Und damit lässt sich nichts bewegen oder verändern in dieser Welt – weder im kleinen privaten Rahmen noch im beruflichen Umfeld, noch im Weltgeschehen überhaupt. Wer sich jedoch spezialisiert, wer sich außergewöhnliches Fachwissen auf einem Gebiet aneignet, muss akzeptieren, dass er in anderen Bereichen nicht so viel weiß. Aber was schadet das schon! Lieber Profi auf einem Gebiet, als einer unter vielen zu sein. Also – bitte etwas Mut zur Lücke! Das sollte Sie wirklich nicht stören; denn besser ist es doch, Lücken zu haben, als auf vielen Gebieten wenig zu wissen und sich immer nur in der großen Masse zu bewegen. Ich will damit nicht sagen, dass Sie künftig mit Scheuklappen durchs Leben gehen sollen. Selbstverständlich können Sie sich für viele Dinge interessieren und diese auch pflegen. Es wäre ja schrecklich, würden Sie nur noch rechnen, experimentieren oder forschen. Wichtig ist, die Priorität zu setzen: In diesem Bereich will ich Spitze werden. Da bleibt immer noch genügend Zeit für Hobbys und Interessen.

Wenn Sie sich auf ein Gebiet spezialisieren, dann wissen Sie in diesem Bereich sehr viel mehr als die anderen. Sie werden zum Experten, werden immer kompetenter und zu einer gefragten Persönlichkeit auf Ihrem Spezialgebiet. Sie werden zu einem Profi, zu einem Spezialisten. Sie steigen auf zur Nummer eins! Das ist möglich durch die Konzentration. Konzentration ist – und das sollten Sie immer bedenken – Einpünktigkeit. Für Sportler ist es ganz selbstverständlich, dass sie sich auf einen Bereich konzentrieren, dass sie laufen oder Ski springen oder schwimmen. Das erscheint uns allen ganz normal. Aber die Umsetzung dieser Erkenntnis – vom Sport in das richtige Leben – haben wir noch nicht durchgeführt. Im Alltag, im Beruf ist es nicht anders. Sie können nur Erfolg haben und Sie können nur an die Spitze kommen, wenn Sie sich spezialisieren auf eine Sache, nämlich auf Ihr Spezialgebiet. Und damit sind wir bei der zentralen Frage:

Auf welchem Gebiet möchte ich in fünf Jahren die Nummer eins sein?

Vielleicht finden Sie diese Frage ein bisschen überheblich oder unrealistisch, doch das ist nicht so. Wir müssen das Äußerste anstreben, damit wir das Mögliche erreichen können. Wer nie das Höchste angestrebt hat, der bleibt unter dem Niveau seiner Möglichkeiten stehen, kann nie über sich selbst hinauswachsen. Zwar kann ich Ihnen nicht garantieren, dass Sie die Nummer eins werden, aber vielleicht werden Sie die Nummer vier oder die Nummer fünf. Wichtig ist zuerst einmal, dass Sie sich aus der Masse herauslösen, dass Ihr Lebensweg eine ganz klare Richtung bekommt. Dann nämlich spüren Sie die Kräfte des Wachstums, Sie spüren, wie Sie sich weiterentwickeln und wie Sie die Grenzen, die Sie sich bis jetzt gesetzt haben, hinter sich lassen.

Und wieder möchte ich Ihnen ein kleines Beispiel aus der Natur nennen: Schauen Sie sich einmal die Bäume an. Sie wachsen alle nach oben. Warum wohl? Weil von oben die Sonne, die Energie, kommt, und diese Energie zieht sie an.

Was für die Bäume die Sonne ist, das sind für die Menschen die großen Ziele. Wenn Sie sich große Ziele setzen, dann wachsen Sie – ebenso wie ein Baum – heraus aus der Masse, Sie werden zu einer Führungspersönlichkeit, Sie werden an die Spitze kommen in Ihrem Bereich. Und nun komme ich zu der konkreten Frage: In welchem Bereich möchten Sie die Nummer eins werden? Sie sollten sich jetzt nicht von einer spontanen Idee hinreißen lassen; denn Strohfeuer sind gefährlich und werfen Sie nur zurück. Ihre Entscheidung muss mit Ihren Erfahrungen und den Erfolgen, die Sie bis heute erzielt haben, in

Einklang stehen. Das bedeutet, Sie sollten also jetzt nicht irgendetwas total Neues beginnen. Sie sollten auch Ihre Stärken und Ihre Fähigkeiten mit in Ihre Überlegungen einbeziehen. Deshalb haben wir uns ja zuerst die Frage gestellt „Wer bin ich?“ und „Was kann ich?“. Verstärken Ihrer Stärken, darin liegt die größte Chance für Ihren persönlichen Erfolg. Wenn Sie bei Ihrer Zukunftsplanung nicht die Erfolge mit einbeziehen, die Sie bisher erlangt haben, war alles wertlos, sinnlos. Dann haben Sie nämlich umsonst gearbeitet und gelebt. Sie haben Ihre Erfahrungen umsonst gemacht und Sie haben Ihr Wissen umsonst angesammelt. Nutzen Sie also alles, was Sie bis hierher gebracht hat, beziehen Sie dies mit ein in Ihre Überlegungen für die Zukunft. Denn Sie benötigen alle Ihre Erfahrungen, um zur Nummer eins zu werden.

ERFOLGSFAKTOR

Es ist besser, früher an später zu denken!

Die folgenden Fragen werden Ihnen helfen, Ihre Entscheidung zu finden:

1. *Was möchten Sie gern verändern?*
   - Was müssen Sie so schnell wie möglich verändern?
   - Was ist Ihnen von diesen Punkten am wichtigsten?
2. *Welches sind Ihre größten Erfolge?*
   - Welchen Ihrer Fähigkeiten verdanken Sie diese Erfolge?
   - Was tun Sie nicht besonders gern?
   - Was tun Sie am liebsten?
   - Was fällt Ihnen leicht?
   - Was können Sie am besten?
   - Was könnten Sie verbessern, vertiefen oder verlängern?
3. *Wer ist heute die Nummer eins auf „Ihrem“ Gebiet?*
   - In welchen Fachbüchern finden Sie die wichtigsten Informationen?
   - Wer kann Ihnen am besten weiterhelfen?
   - Wer unterstützt Sie mental?
   - Wer glaubt daran, dass Sie es schaffen?

Der Weg, den wir gemeinsam gehen möchten, ist ein innovativer Weg, und unsere Strategie heißt Höher- und Weiterentwicklung. Und hier gilt:

> **GRUNDGESETZ DER LEBENSENTFALTUNG**
>
> **„Was wachsen soll, braucht Nahrung. Die Nahrung der Gedanken ist Konzentration."**

Wenn Sie sich an dieses Gesetz halten, dann können Sie die größten Ziele erreichen.

Wenn Sie sich nun auf Ihre Zukunft konzentrieren, dann werden Sie im Laufe der Zeit genau erkennen, auf welchem Gebiet Sie die Nummer eins werden können. Nehmen Sie sich Zeit dafür, träumen Sie ruhig einmal, schließen Sie die Augen und lassen Sie Ihr Leben an sich vorbeiziehen wie in einem Film, ohne dass Sie bestimmte Bilder festhalten. Aber Sie werden bemerken, wenn Sie das öfters machen, dass Ihr Film kürzer werden wird und sich mehr und mehr Punkte herauskristallisieren. Stellen Sie sich dabei immer die Frage: „Auf welchem Gebiet will ich die Nummer eins werden?" Und dann lassen Sie eine Vision von Ihrer Zukunft entstehen.

Träumen Sie von der Zukunft, sehen Sie sich, wie Sie als Direktor einer internationalen Firma eine Rede vor Ihren Geschäftsführern halten; oder sehen Sie sich als Verkaufsleiter, wie Sie eine Einladung für eine Reise in die Südsee erhalten – als Anerkennung für Ihre Leistung. Sehen Sie, wie Ihr Unternehmen immer besser an der Börse notiert wird. Sehen Sie sich am Ziel Ihrer Wünsche, sehen Sie sich, wie Sie als Nummer eins agieren. Sehen Sie sich in dem Umfeld, in dem Sie die Nummer eins sind. Machen Sie das so oft wie möglich, und Sie werden immer deutlicher fühlen, welcher Zielpunkt der richtige für Sie ist. In dem Augenblick, in dem Sie genau wissen, auf welchem Gebiet Sie die Nummer eins in fünf Jahren sein wollen, in diesem Augenblick stehen Sie bereits in den Startlöchern – wie ein Sportler, der zum 5000-m-Lauf ansetzt. Sie haben Ihr Ziel klar vor Augen, Sie sind angespannt, Sie sind voller Erwartung, voller Freude und Elan.

Konzentration auf das Ziel

Ob Sie Erfolg oder Misserfolg haben – darüber entscheidet vor allem Ihre Fähigkeit, auf Situationen richtig zu reagieren. Ein Mensch ist dann am leistungsfähigsten und stabilsten, wenn Körper, Geist und Seele in Harmonie sind, wenn beide Gehirnhälften optimal zusammenarbeiten. Ein gesunder Geist in einem gesunden Körper! Das gilt im Hochleistungssport wie im Berufs- und Privatleben. In einer Zeit, in der Tausendstelsekunden über einen Sieg entscheiden, sind die körperlichen Fähigkeiten nicht mehr das Entscheidende. Vielmehr geht alles vom Kopf aus: schnelles Reagieren, Mut und die Bereitschaft, das Risiko einzugehen. Der Körper ist dann nur noch Ausführungsorgan. Im Sport wird mentales Training, die Konzentration auf das Ziel, inzwischen weltweit praktiziert. Ich habe mit dieser Methode u. a. die österreichische Nationalmannschaft der Skispringer auf den Sieg eingestellt. Konzentration ist die Quelle, aus der wir Kraft schöpfen, unsere Ziele zu erreichen und alle Hindernisse, wie Ängste und Unsicherheiten, zu überwinden. Wer also eine Spitzenleistung erbringen will – egal ob als schnellster Läufer der Welt oder als Nummer eins in einem bestimmten Bereich –, der muss seine Begabung, sein Talent und die äußeren Umstände optimal vereinen. Der Mensch ist das beeinflussbarste Wesen der Welt, niemand – keine Pflanze, kein Tier – ist so lernfähig wie er.

ERFOLGSFAKTOR

Alles ist in uns!

Wenn Sie erst einmal eine bewusste Entscheidung getroffen haben, dann werden sich viele Dinge in Ihrem Leben automatisch verändern, aber ich will auch nicht verschweigen, dass Sie an manchen Dingen hart arbeiten müssen. Ganz von selbst werden sich jedoch bei diesem Prozess Ihre Ausstrahlung, Ihre magnetische Anziehungskraft, Ihre Einstellung zu Ihrem Leben verändern. Sie entwickeln Charisma und ziehen damit andere Menschen in Ihren Bann. All dies läuft auf der unterbewussten Schiene ab – das ist nicht etwas, das über den Verstand geschieht, sondern es funktioniert über das Unterbewusstsein. Denken Sie daran: Alles, was von innen kommt, kann nach außen strahlen. Was nicht vorhanden ist, kann auch nicht strahlen. Haben Sie ein hohes Ziel, dann strahlen Sie das aus, und Sie ziehen Menschen an, die Ihnen dabei helfen werden. Diese Menschen werden den Weg mit Ihnen gehen. Es funktioniert wie bei einem Schneeball: Erfolgreiche Menschen tragen bei zum Erfolg anderer, und damit potenziert sich der Erfolg, wird größer und größer. Und Sie – als Initiator – stehen an der Spitze.

Was sollen Sie also jetzt tun? Nehmen wir einmal das Lesen: Lesen ist eine unserer wichtigsten Aufgaben. Es ist so wichtig wie das Essen. Wer nicht liest, der ist noch dümmer als ein Mensch, der das Lesen gar nicht gelernt hat. Wissen Sie, dass auf der Frankfurter Buchmesse jährlich über 80.000 neue Bücher erscheinen? Kein Mensch hat die Zeit, all die Neuerscheinungen zu lesen. Unsere Zeit ist schnelllebig und wird deshalb immer kostbarer. Kein Mensch hat also überhaupt Zeit, das zu lesen, was er lesen müsste, um optimal informiert zu sein.

Und erst recht haben wir nicht die Zeit, ein Buch zwei- oder sogar dreimal zu lesen, das Gelesene zu vertiefen, um daraus den Nutzen für uns zu ziehen. Aus dieser Tatsache sollten wir Konsequenzen ableiten. Sie wissen, Intelligenz ist auch die Fähigkeit, Konsequenzen zu ziehen. Planen Sie deshalb in der Zukunft Zeit ein zum Lesen. Aber lesen Sie nicht mehr alles, wie Sie es wahrscheinlich bisher gemacht haben; denn das ist ein Verlust an Zeit und Energie. In dem Augenblick, in dem Sie wissen, auf welchem Gebiet Sie die Nummer eins werden möchten, entwickelt sich in Ihrem Unterbewusstsein eine Art geistiger Radarschirm. In dem Moment, in dem Sie lesen, leuchtet das auf, was Ihnen helfen kann, Ihr Ziel zu erreichen. Alles andere können Sie getrost beiseite lassen. Notieren Sie nur das, was Ihr Interesse erweckt, wenn Ihre Augen über den Text fliegen. Wir werden ja mit Informationen geradezu überschüttet. Das ist nicht nur in der Zeitung so, das ist nicht nur bei Fachliteratur so, das geschieht im Radio, im Fernsehen, über das Internet. Und deshalb ist es für uns besonders wichtig, konzentriert auszusuchen, was wir lesen und welche Informationen wir aufnehmen und nutzen möchten.

Hier stelle ich Ihnen meine *Erfolgs-Lesemethode* vor: Lesen Sie in Zukunft nur noch mit einem Kugelschreiber oder – besser sogar – mit einem Textmarker in der Hand. Automatisch wird Ihre Hand wie eine Wünschelrute zucken oder ausschlagen, wenn im Text Informationen kommen, die Sie brauchen, um Ihr Ziel zu erreichen. Markieren Sie solche Stellen ganz deutlich, so dass Sie sie auf den ersten Blick auf einer Seite erkennen können. Diese Informationen heben sich aus der Flut der Informationen hervor. Sie wissen: Ein Ziel zu erreichen, ist immer nur möglich, indem man sich von der Masse abhebt – und das beginnt bereits beim Lesen.

Durch Ihre veränderte Einstellung beginnt Ihr Gehirn, anders zu arbeiten. Es speichert die neuen Informationen, die Sie benötigen, und verbindet, vernetzt diese Informationen mit Informationen, die Sie schon früher aufgenommen haben. Und dabei lernen Sie von selbst, Wichtiges von Unwichtigem zu unterscheiden. Eine wichtige Information oder ein wichtiger Gedanke wird sofort unterstrichen. Durch die Tätigkeit des Unterstreichens wird die Konzentration gesteigert. Konzentration wiederum steigert auch die Lernfähigkeit Ihres Gehirns. Sie sehen, dass Sie dadurch in einen positiven Kreislauf gelangen. Wenn Sie nach dieser Methode vorgehen, werden Sie feststellen, dass Bücher mit mehreren 100 Seiten für Sie gar nicht mehr so zeitaufwändig zu lesen sind. Es wird Ihnen auffallen, dass Sie vieles, was in diesen Büchern geschrieben ist, gar nicht mehr benötigen. Sie finden vielleicht nur noch 20 oder 40 Seiten, die für Sie wichtige und neue Informationen enthalten. Auch lange Zeitungsartikel haben vielleicht nur noch ein paar Zeilen, die für Sie von Interesse sind. In Ihrem Gehirn beginnen diese wichtigen Informationen zu leben, sich miteinander zu verbinden – für Sie zu arbeiten.

Die Kartei des Wissens

Da fachliche Qualifikation in unserem Erfolgssystem eine große Rolle spielt, wird Ihnen die Kartei des Wissens helfen, in fünf Jahren auch als Fachmann die Nummer eins zu werden.

Das Markieren wichtiger Informationen war sozusagen die Vorstufe für die wirkliche Arbeit, die jetzt auf Sie zukommt. Bauen Sie ab heute eine Kartei des Wissens auf. Das bedeutet, dass Sie jede wirklich wichtige Information, jeden wichtigen Gedanken, jeden wichtigen Satz auf eine Karteikarte von der Größe DIN A6 oder DIN A5 schreiben. In der Regel reichen 30 Karteikarten aus, um Ihr gesamtes relevantes Wissen zu notieren. Schreiben Sie am besten mit der Hand auf die Karteikarten; denn durch das Schreiben prägt sich der Gedanke noch tiefer in Ihr Unterbewusstsein ein. Er verankert sich dort, und Sie lernen äußerst effektiv. Ihre Gedanken verankern sich nicht nur in Ihrem Gehirn, sondern sie beginnen auch, sich zu vernetzen. Probieren Sie das einfach einmal aus.

Nehmen Sie ein Foto aus Ihrer Jugendzeit. Nehmen wir an, Sie finden ein Foto, auf dem Sie 15 Jahre alt sind. Es ist Ihr Geburtstag und Sie sehen, wie Sie mit Ihren Freunden zusammen spielen. Wenn Sie sich nun in dieses Foto vertiefen, dann fallen Ihnen unheimlich viele Einzelheiten aus dieser Zeit ein. Sie erinnern sich, dass der blonde Junge neben Ihnen ein richtiger Raufbold war. Sie erinnern sich, dass das Mädchen, das schüchtern in der Ecke sitzt, später eine ganz aggressive Emanze wurde. Sie erinnern sich, welchen Kuchen es gab, und Sie wissen wieder, dass Ihr Großvater Ihnen ein tolles Geschenk gemacht hat, von dem Sie ganz überrascht waren. Je länger Sie auf dieses Foto schauen, desto mehr Erinnerungen steigen aus Ihrem Unterbewusstsein auf, werden lebendig. Sie sehen daran, wie Sie all Ihre Erfahrungen, Ihr Wissen, Ihre Kenntnisse durch die Konzentration auf einen Punkt aktivieren können.

Kommen wir also zurück zu unseren Karteikarten. Sie haben auf diesen Karten wichtige Informationen notiert. Diese Informationen haben Sie gespeichert. Wenn Sie jetzt nach Jahren eine Karteikarte in die Hand nehmen, und Sie sehen einen Satz, dann fällt Ihnen sofort alles ein, was zu diesem Fachgebiet gehört. Als Beispiel nehmen wir ein

Sprichwort. Sehen Sie die ersten Worte wie „Man soll den Tag …“ dann wissen Sie sofort, wie es weitergeht, nämlich „… nicht vor dem Abend loben“. Alles, was Sie jemals in Ihrem Leben erfahren haben, was Sie gedacht, gehört, gelesen haben, was Sie erlebt haben, bleibt in Ihrem Gedächtnis gespeichert. Das meiste vergessen wir, es bleibt aber dennoch erhalten: Es ist immer im Unterbewusstsein vorhanden, sozusagen ordentlich in Akten abgelegt und in verschlossenen Schränken gelagert. Wir können es jederzeit abrufen, wenn wir wissen, wie wir die Türen öffnen können.

Jeder Mensch verfügt über eine enorme Speicherkapazität. Doch den meisten fehlt die Fähigkeit, das gespeicherte Wissen wieder abzurufen, ins Gedächtnis zu transportieren. Es ist wie bei einem Computer, in den Sie alle Daten eingeben, aber später erinnern Sie sich nicht mehr, wie Sie sie wieder abrufen können. Sie haben die Methode nicht erlernt, oder Sie haben den Tastenschlüssel vergessen. Die Kartei des Wissens hilft Ihnen, Zugang zu Ihrem Wissen zu finden und es für sich zu nutzen. Sie werden sich auch wundern, wie viele Informationen Sie innerhalb eines halben Jahres gefunden und gesammelt haben.

Haben Sie sich einmal gefragt, was ein Wissenschaftler ist? Ein Wissenschaftler ist eigentlich nichts anderes als ein Sammler von ganz spezifischen Informationen. Er ordnet diese Informationen ein und entwickelt sie weiter. Auf Ihrem Erfolgsweg werden auch Sie zu einem Wissenschaftler. Sie werden zu einem Menschen, der die Wissenschaft entwickelt, die Nummer eins auf seinem Gebiet zu werden. Sie sammeln Informationen, um ein Millionär im Denken zu werden.

Wie also sollten Sie Ihre Kartei des Wissens gliedern? Beziehen Sie alle Bereiche mit ein, in denen Sie in Zukunft Informationen sammeln und speichern wollen, also zum Beispiel:

1. Alles, was zu meinem Spezial-Nummer-eins-Gebiet gehört
2. Welche Randgebiete gehören zu diesem Bereich?
3. Wer ist heute die Nummer eins auf diesem Gebiet?
4. Welche Menschen können mir helfen, mein Ziel zu erreichen?
5. Rhetorik: Einleitungssätze, Schlusssätze, Rückfragen
6. Anekdoten, Witze, Kurzgeschichten

Denken ist ein bioelektrischer Prozess, und je mehr Sie denken, desto schneller entwickeln Sie Ihre magnetische Persönlichkeit, entwickeln Ihren persönlichen Magnetismus und damit zugleich Ihr Image. Sie schaffen sich einen Namen, Sie werden bekannt, Sie werden zu einer Autorität, zu einem Experten auf Ihrem Gebiet. Und das spricht sich herum. Sie bekommen immer mehr Anfragen und Einladungen. Sie werden immer bekannter. Man wird Sie einladen, man wird Sie buchen, um von Ihnen über Ihr Spezialgebiet zu hören. Vielleicht brauchen Sie schon bald einen Termin-Manager …

Die Voraussetzungen für den Erfolg schaffen

Je weniger Sie durch kleine Alltagsprobleme belastet sind, desto besser ist das für Sie. Deshalb plädiere ich dafür, dass Sie erst einmal Ordnung in Ihr Leben bringen, Ordnung in die Finanzen, in die beruflichen und in die privaten Angelegenheiten. Außerdem sollten Sie sich ruhig auch ein bisschen auf Probleme vorbereiten, die sich Ihnen möglicherweise in den Weg stellen werden. Wenn Sie wissen, was auf Sie zukommt, dann können Sie viel besser damit umgehen.

So ordne ich meine beruflichen Angelegenheiten

Es wird Ihnen vermutlich nicht viel anders gehen als den meisten Menschen: Sie arbeiten in erster Linie erst einmal, um Geld zu verdienen, damit Sie Ihren Lebensstandard erhalten oder verbessern können. Das ist für Sie normal. So wie Sie arbeiten, so haben Sie schon seit langem gearbeitet. Wenn Sie aber jetzt nicht innehalten und einmal genau Ihre Situation betrachten, dann werden Sie sich die nächsten 10, 20 oder sogar 30 Jahre auf dem gleichen Posten von früh bis spät abrackern, ohne dass eine Veränderung in Sicht ist. Wenn Sie nicht so weitermachen wollen, dann fragen Sie sich jetzt, ob Ihre berufliche Laufbahn noch mit Ihren Wünschen und Zielen übereinstimmt, ob Sie heute da sind, wo Sie eigentlich sein wollten?

Welches ist meine wirkliche Aufgabe?

Ich schlage Ihnen vor, dass Sie – wieder einmal bewaffnet mit einem Blatt Papier – Ihre beruflichen Aktivitäten auflisten. (Sie wissen ja, sichtbar machen schafft Klarheit!). Notieren Sie z. B.:

- Welche Aufgaben haben Sie?
- Welche Aufgaben sind in Ihrem Vertrag verankert?
- Welche Aufgaben haben Sie zusätzlich übernommen?
- Welche Aufgaben sind Ihnen „zufällig" zugeflossen?
- Von welchen Aufgaben würden Sie sich lieber heute als morgen trennen?

Und damit sind wir schon wieder bei der Mittelmäßigkeit. Wir haben meist zu viele Aufgaben und können folglich keine Aufgabe richtig gut erledigen – allein schon aus Zeit- und Energiemangel, aber auch auf Grund von Mangel an Fachwissen. Hier haben wir es mit dem Gegenteil von Konzentration auf eine Sache zu tun. Unsere Energie geht verloren, ohne dass wir etwas erreichen. Mit einer Schrotflinte kann der beste Jäger keinen kapitalen Bock erlegen. Bei tausend Aufgaben können Sie keiner einzigen wirklich gerecht werden, können keine Arbeit perfekt ausführen, können Sie nicht Spitze werden.

Ich weiß natürlich, dass es nicht alleine an Ihnen liegt, Aufgaben zu delegieren, abzugeben oder zu verweigern. Sie wollen ja schließlich Ihren Job behalten. Ich will auch nicht sagen, streichen Sie rigoros das, was nicht in Ihr Gebiet fällt. Ich möchte nur, dass Ihnen bewusst wird, wie viele Dinge Sie am Hals haben. Manche Menschen haben mehr als 10 oder 15 berufliche Aufgaben zu erfüllen. Das kann keiner schaffen. Und so ist es kein Wunder, wenn Sie jeden Abend erschöpft und dennoch keinen Schritt weiter gekommen sind – weder karrieremäßig noch in Ihrer persönlichen Entwicklung.

Um das zu stoppen oder zu verhindern, notieren Sie jetzt Ihre Aufgaben der Priorität entsprechend. Setzen Sie an die oberste Stelle die Aufgaben, die Ihnen am wichtigsten sind, die Sie am besten können, für die Sie vermutlich auch eingestellt wurden.

Beispielsweise könnte das so aussehen:

- Akquisition von Großkunden
- Pflege des vorhandenen Kundenstammes
- Marktanalyse

Und die wichtigste aller Fragen: In welchem Bereich will ich die Nummer eins werden? Wie kann ich das erreichen?

Mit „Gefallen" nicht wirklich gefallen
Herr Y wird in Urlaub gehen, und Sie wissen, dass die Person, die üblicherweise seine Vertretung übernimmt, krank ist. Vorausschauend, wie Sie sind, ahnen Sie, was auf Sie zukommt. Nämlich der Chef, und er wird sagen: „Sie müssen ausnahmsweise die Urlaubsvertretung für Herrn Y übernehmen." Das aber wollen Sie auf keinen Fall; denn Sie haben selbst zu viel zu tun, sind überlastet, kommen keinen Tag pünktlich aus dem Büro. „Diesmal lasse ich mich nicht breitschlagen", nehmen Sie sich vor, zumal es ja auch noch andere Kollegen gibt, die etwas weniger ausgelastet sind als Sie. Gesagt – und nicht getan. Der Tag rückt näher. Es kommt, wie es kommen muss: Sie werden zum Boss zitiert, der mit einem freundlichen Lächeln sagt: „Herr Müller, ich weiß, dass Sie sehr viel zu tun haben, aber ich sehe im Augenblick gar keine andere Lösung, als dass Sie die Urlaubsvertretung für Herrn Y übernehmen." Genauso haben Sie es sich vorgestellt, Sie waren bestens vorbereitet, hatten Ihre Argumente parat – und was tun Sie? Sie lächeln freundlich und sagen: „Ich bin zwar total überlastet, aber ich kann das verstehen und mache es." Sie haben das Chefbüro noch nicht verlassen, und schon könnten Sie sich selbst verwünschen! Sie sind auf sich selbst stocksauer, der Tag ist Ihnen vermiest, Sie kommen nach Hause und müssen Ihrer gereizten „besseren Hälfte" mitteilen, dass Sie die nächsten drei Wochen noch etwas länger im Büro verbringen müssen, d. h. Einladungen, Freizeitaktivitäten leider wieder gestrichen werden …

Haben Sie sich einmal ernsthaft gefragt, warum Sie immer wieder in solche und ähnliche Situationen geraten? Welches ist der wahre Beweggrund dafür, dass Sie all Ihre guten Vorsätze über Bord werfen? Die Antwort auf diese Frage ist eigentlich ganz einfach: Jeder Mensch braucht Lob und Anerkennung, möchte geliebt und geachtet werden.

Dies ist ein Grundbedürfnis, das tief in uns verwurzelt ist und über das wir uns vielleicht gar nicht so ganz im Klaren sind. Ich kenne viele Menschen, die behaupten von sich ganz großspurig: Ich brauche keine Anerkennung, ich weiß, dass ich gut bin, damit bin ich zufrieden. Ich brauche das alles nicht. Wer dies mit voller Überzeugung behauptet, belügt sich selbst. Der Mensch braucht Anerkennung so notwendig wie Essen und Trinken. Viele Menschen sind nur deshalb so frustriert, weil heute so wenig gelobt wird.

Auch Sie brauchen Anerkennung. Unbewusst glaubt jeder, dies könnte er sich verschaffen, indem er alles tut, um anderen Menschen zu gefallen, sie nicht zu verärgern. Sie wollten nicht die Sympathie Ihres Chefs verlieren, Sie wollten sich nicht unbeliebt machen. Nicht nur bei Vorgesetzten verhalten wir uns so. Auch Freunden, Bekannten, Kollegen etwas abzuschlagen, fällt vielen Menschen nicht leicht. Wie oft tun wir etwas, was wir persönlich nicht für richtig erachten, was uns selbst einengt. Und das nur, um dem anderen einen so genannten „Gefallen" zu tun. Doch so selbstlos, wie es im ersten Augenblick aussieht, sind wir gar nicht. Gefällig sind wir – oftmals unbewussst –, damit wir gut dastehen. Aber was ist die Folge dieses Verhaltens? Je mehr wir tun, was andere möchten, und je mehr wir unsere eigenen Wünsche vernachlässigen, desto mehr werden wir ausgenutzt und merken es nicht einmal. Wir sind so süchtig nach Anerkennung, dass wir uns bei dieser Sucht fast selbst vernachlässigen.

Wir bezeichnen das dann gern mit „Rücksicht auf andere nehmen", „jemandem einen Gefallen tun", „entgegenkommend und hilfsbereit sein". Das klingt auch alles sehr schön, aber gut tut uns das nicht. Wir polieren nach außen unser Ego, aber innerlich sind wir frustriert und unzufrieden, weil wir genau merken, dass wir nicht weiterkommen. Doch es ist nicht so leicht, einen Teufelskreis zu verlassen, wenn man sich über Ursache und Wirkung nicht im Klaren ist.

Der eine wird depressiv, der andere wird aggressiv. Aber auch das hilft uns nicht weiter. Wir verlieren an Ansehen; denn ein Mensch, der keine eigene Meinung hat, der keinen eigenen Willen hat, wird nicht sonderlich geschätzt. Wir machen uns selbst etwas vor, wenn wir glauben, auf Gund unserer Gefälligkeiten beliebt zu sein. Das sieht nur im ersten Augenblick so aus. Schauen Sie sich doch einmal um. Von wem spricht man mit Hochachtung und Respekt? Doch nicht von den Menschen, die immer Ja sagen, sondern von denen, die genau wissen, was sie wollen – es sagen und auch tun.

Wissen Sie wirklich, was Sie wollen? Haben Sie auch genügend dafür getan?

ERFOLGSFAKTOR

Der Mensch ist das einzige Wesen, das seinen Wert selbst bestimmen kann.
Und diesen Wert erhalten wir durch die Leistung, die wir erbringen.

Unser Ziel ist, erfolgreich zu sein. Nicht indem wir andere Menschen ausnutzen, sondern indem wir anderen Menschen Nutzen bringen. Schreiben Sie einmal auf, welchen Nutzen Sie heute wem bringen und wem Sie künftig Nutzen bringen möchten. Notieren Sie ebenfalls, wie groß der Nutzen ist, den Sie von anderen erhalten. Und damit sind wir dann gleich bei wichtigen Fragen:

- Warum arbeite ich überhaupt?
- Wofür arbeite ich?
- An welcher Aufgabe arbeite ich?

Und nun schaffen wir die Verbindung:

- Auf welchem Gebiet kann und will ich Leistung und damit Nutzen bringen?
- Auf welchem Gebiet kann und will ich sogar eine Spitzenleistung bringen?

Und ich wiederhole diese Frage auch noch einmal: *Wollen Sie wirklich erfolgreich sein?*

90% aller Menschen wollen nämlich ehrlich sein, sie wollen pünktlich sein, sie wollen viel Geld verdienen, möchten ein tolles Image. Traurigerweise möchte kaum jemand erfolgreich sein – als würde Erfolg nicht die Erfüllung fast aller anderen Wünsche zugleich beinhalten. Die allerwenigsten bekennen sich zum Erfolg, stehen dazu, Erfolg anzustreben. Gehören Sie vielleicht auch zu diesen 90%? Werden Sie sich hier und jetzt darüber klar, was Sie wirklich wollen. Denn nur wenn Sie Erfolg haben wollen, können Sie die Nummer eins werden – und nur dann hat es einen Sinn, dass Sie dieses Buch weiterlesen, den Weg gemeinsam mit mir weitergehen.

Ein Blick zurück ... Machen Sie sich Ihre berufliche Laufbahn sichtbar: Notieren Sie die einzelnen Stationen Ihrer Karriere: Schulabschluss, Ausbildung, Studium, Lehre, erste Stelle ... Zu jedem Punkt machen Sie Notizen über die Dauer, Haupttätigkeit, Erfolge, Probleme.

Beispiel:

Studium:	summa cum laude abgeschlossen
Auslandsaufenthalt bei Bank:	2 Jahre, in verschiedenen Abteilungen gearbeitet, interkulturelle Kontakte, Probleme mit Personalabteilung ...
Assistent bei Fa. ...:	3 Jahre, ...

Und nun kommen wir zu Ihrer augenblicklichen Tätigkeit:

- Seit wann haben Sie Ihren Job?
- Welches war Ihr Ziel bei Arbeitsbeginn?
- Welches Ziel hatten Sie im letzten Jahr?
- Welches Ziel haben Sie sich für dieses Jahr gesetzt?
- Welche der genannten Ziele haben Sie ganz, welche teilweise erreicht?
- Wie heißt Ihr Ziel für diesen Monat und für diese Woche?
- Welche Aktivitäten müssen Sie unternehmen, um Ihr Ziel zu erreichen?
- Wie viel haben Sie bisher dafür unternommen?
- Welches ist Ihre wichtigste Aufgabe in dieser Woche, heute und morgen?

Wenn Sie sich so mit Ihrer beruflichen Laufbahn befassen, dann können Sie gar nicht umhin, auch auf Misserfolge zu blicken. Misserfolge sind keineswegs Niederlagen, sie zeigen lediglich Defizite auf.

ERFOLGSFAKTOR

Es ist keine Schande, hinzufallen.
Es ist nur eine Schande, liegen zu bleiben.

Nutzen Sie Ihre Misserfolge, machen Sie sie zu Bausteinen auf dem Weg zum Erfolg. Misserfolge sollten Sie nicht fertig machen, sondern Sie anspornen, sich zu verbessern. Welche Hindernisse könnten sich Ihnen in den Weg stellen?

- Zu wenig Mut
- Zu wenig Kooperationsbereitschaft
- Zu wenig Teamarbeit
- Mangelnde Fachkenntnisse
- Zu wenig Geduld
- Zu wenig Einsatz
- Zu wenig Fleiß

Fazit: Stellen Sie fest, welche Gewohnheiten oder welches Verhalten Sie ablegen müssen, um erfolgreicher zu werden. Welche Gewohnheiten müssen Sie erwerben oder verstärken, um an die Spitze zu kommen?

Wie gehen Sie mit Mitarbeitern, Kollegen, Kunden, Partnern um? Logisches und abstraktes Denken – das stand immer hoch im Kurs. Wer das beherrscht, gilt als intelligent. Aber mit Intelligenz allein kommt niemand sehr weit. Gefragt sind heute mehr denn je Fähigkeiten wie Intuition, Einfühlungsvermögen, soziales Verhalten – kurz gesagt emotionale Intelligenz (EQ). Wenig Beachtung wird bislang noch der spirituellen Intelligenz (SQ) geschenkt. Darunter versteht man die Fähigkeit, über sein eigenes Ich hinauszudenken, dem Leben Sinn und Wert zu geben. Die spirituelle Intelligenz lässt uns den höheren Zusammenhang zwischen unserem Handeln, unseren Gedanken und Gefühlen erkennen, ist Ausdruck einer großen persönlichen Reife.

So können Sie Ihre spirituelle Intelligenz verstärken:

- Lernen Sie sich selbst wirklich kennen: Wo sind Ihre Wurzeln, was ist Ihnen wirklich wichtig im Leben? Worin besteht Ihre Motivation, welches ist Ihr Ziel?
- Fragen Sie sich mindestens einmal im Monat: Wo stehe ich heute?
- Reflektieren Sie über Ihre Erfahrungen – regelmäßig!
- Machen Sie sich Ihr Verhalten bewusst. Warum handeln Sie so und nicht anders? Machen Sie sich zur Gewohnheit, am Ende des Tages ein Resümee zu ziehen, vielleicht sogar schriftlich in Form eines Tagebuchs.
- Sie wollen die Nummer eins in Ihrem Bereich werden. Verinnerlichen Sie diesen Gedanken, verankern Sie ihn in Ihrem Unterbewusstsein.
- Was hat Sie bisher davon abgehalten, Ihr Leben zu verändern? Machen Sie heimliche Verhinderer sichtbar und löschen Sie sie aus.
- Legen Sie Ihren Weg zum Ziel fest, und schreiben Sie auf, welche Methoden Sie für die Erreichung anwenden wollen.
- Entscheiden Sie sich für einen Weg, prüfen Sie mindestens einmal im Monat, ob Sie noch auf Ihrem Weg sind bzw. wie weit Sie vorangekommen sind.
- Prüfen Sie, ob Sie mit Ihrem Tun Ihrem Leben Sinn geben und wem Sie Nutzen bringen.

Das Zusammenwirken aller drei Arten der Intelligenz macht die Persönlichkeit aus. Wenn Sie feststellen, dass Sie in dem einen oder anderen Bereich kleine Defizite haben – Sie können lernen. Vielleicht wächst in Ihnen die Bereitschaft, neuartige Erfahrungen zu machen? Lassen Sie sich ein auf das Abenteuer, Ihre Persönlichkeit in all ihren Facetten zu erkennen und sich weiterzuentwickeln.

Sind Sie beliebt, weil Sie alles tun, was die anderen möchten (s. o.), weil Sie nicht Ihren eigenen Willen durchsetzen? Oder sind Sie beliebt, weil Sie gut mit Menschen umgehen können? Können Sie motivieren? Können Sie begeistern? Können Sie verkaufen? Können Sie nicht nur Ihre Produkte dem Kunden richtig darstellen, sondern auch sich selbst optimal darstellen? Wie steht es mit Ihrem Interesse an den Kollegen, Untergebenen, Chefs, Kunden, an den Menschen, mit denen Sie im Beruf zu tun haben?

Alles im Leben wird von den Gesetzen der Natur geregelt. Wir können nur ernten, was wir säen. Das gilt auch für die zwischenmenschlichen Beziehungen. Können wir unsere Mitmenschen auf emotionaler Ebene ansprechen? Können wir sie dort abholen, wo sie sind? Oder sehen wir alles nur aus unserer Perspektive? Können wir uns verständlich machen, und können wir anderen geben, was sie brauchen, nämlich Lob und Anerkennung? Brennt in uns ein Feuer, das wir in anderen entzünden können?

Erkennen wir in unseren Mitmenschen ihre positiven Anlagen? Dann sind wir auch in der Lage, diese zu wecken und zu verstärken, und können wiederum ihrer Unterstützung sicher sein.

Welche zehn Eigenschaften sind für Sie am wichtigsten, um Mitarbeiter gut führen zu können? Notieren Sie zum Beispiel:

- Begeisterungsfähigkeit
- Motivationskraft
- Überzeugungskraft
- Fairness
- Interesse
- Kommunikationsfähigkeit
- Vorbildfunktion etc.

Jetzt schreiben Sie Ihre persönlichen Pluspunkte bezüglich Menschenführung auf. Notieren Sie auch die Bereiche, in denen Sie Schwierigkeiten haben, nicht so gut zurechtkommen. Das könnte beispielsweise sein:

- Ungeduld
- mangelnde Teamfähigkeit
- zu großer Ehrgeiz
- autoritäres Verhalten
- nicht Nein sagen können
- mangelndes Verständnis
- getrübte Wahrnehmungsfähigkeit

So bringe ich Ordnung in meine Finanzen

Haben Sie sich schon einmal Gedanken gemacht über Ihre Einstellung zum Geld? Eigenartigerweise haben die meisten Menschen Wünsche, für deren Realisierung sie Geld – häufig eine ganze Menge Geld – benötigen. Fragt man nach genauen Zahlen, wenden sie sich ab, als hätte man ihnen ein unanständiges Angebot gemacht. Warum dieses verklemmte Verhältnis zu Geld? Geld an sich ist nichts Schlechtes – es kommt nur darauf an, was man damit macht. Entscheidend ist, ob man damit Waffen kauft oder Schulen baut. Finanzieller Reichtum ist sichtbarer Ausdruck von Erfolg. Das war schon zu allen Zeiten und in allen Kulturen so. Armut drückt eigentlich recht gut aus, was oft hinter diesem Zustand steht: Arm(an)Mut. Wer in der Welt etwas bewegen will, darf nicht arm sein an Mut! Fragen Sie sich einmal, wie Sie zu Geld stehen? Ist es Ihnen peinlich, viel zu verdienen, oder sind Sie stolz darauf? Ein Verdienst – auch der finanzielle – ist das Resultat einer Leistung. Ich schäme mich nicht, gute Leistung zu bringen – und die hat ihren Preis. Nur was nichts wert ist, kostet auch nicht viel. Oder umgekehrt: Was nicht viel kostet, erhält keine(n) hohe(n) Wert(schätzung). Deshalb ist die Frage berechtigt: Verdienen Sie genügend? Entspricht Ihr Verdienst Ihrer Leistung?

Schätzen Sie Ihren Marktwert ein, indem Sie sich beispielsweise bei Berufsverbänden etc. erkundigen. Tabu: Kollegen fragen. Wenn Sie die Stellenanzeigen studieren, wären Sie ein gefragter – und dann natürlich auch bestens bezahlter – Experte? Sprechen Sie auch über Ihre Fähigkeiten? Tue Gutes und sprich darüber. Das hat auch heute seinen Sinn. Haben Sie Extraaufgaben übernommen, dann erwarten Sie nicht, dass Ihr Engagement automatisch honoriert oder beachtet wird. Setzen Sie kleine und feine Signale, damit Ihr Boss dies nicht übersieht. Erstellen Sie eine Checkliste, warum Sie mehr verdienen müssten, sammeln Sie Argumente und Gegenargumente, suchen Sie auch andere Lösungen, beispielsweise Vorschläge für steuerfreie (oder steuerreduzierte) Leistungen.

Ordnung muss sein: Ich möchte diesem Kapitel nicht allzu viel Zeit und Raum widmen; denn es gibt überall hervorragende Spezialisten, die nichts anderes tun, als sich mit Finanzplanung und mit der Regelung von finanziellen Angelegenheiten zu befassen. Menschen, die die Nummer eins auf diesem Gebiet sind. Und deshalb empfehle ich Ihnen, lieber einmal den Rat eines Fachmanns, einer Nummer eins, einzuholen, als sich zu verzetteln. Es ist wichtig, dass Sie sich über Ihre finanzielle Situation im Klaren sind, dass Sie sich einen Finanzplan machen, dass für finanzielle Reserven gesorgt ist. Nichts ist belastender als finanzielle Sorgen. Sie sind schließlich auf dem Weg zur Spitze, und da können Sie es sich nicht leisten, sich täglich mit kleinen oder größeren finanziellen Problemen herumzuschlagen. Halten Sie sich Ihren Geist frei für das wichtigste Ziel. Sie brauchen Ihre ganze Kraft und Energie, um dieses Ziel zu erreichen. Aus diesem Grund müssen Sie Ordnung im finanziellen Bereich schaffen. Ich schlage Ihnen eine einfache Analyse vor, die wie folgt aussehen könnte:

Erstellen Sie eine Bilanz:

1. *Feste Einnahmen*
   (Gehalt, Mieteinnahmen etc.)
2. *Feste Ausgaben*
   (Miete, Versicherungen, Rückzahlungen, Steuern, Lebensunterhalt, Urlaub etc.)
3. *Geldanlagen*
   (wie lange, auf welche Weise, Risikofaktor)
4. *Variables*
   (Provisionen, …)
5. *Ziele*

Was hatten Sie angestrebt in finanzieller Richtung – vor 5 Jahren, vor einem Jahr, heute? Halten Sie Ihr Ziel für realistisch? Was müssen Sie dafür tun? Was haben Sie schon unternommen?

Was bleibt Ihnen übrig? Vielleicht gar nicht viel; denn Sie haben sich übernommen, müssen länger Schulden abzahlen, haben nicht so viel eingenommen wie erwartet …

Was können Sie tun, um Ihre monatlichen Belastungen zu reduzieren? Wer kann Ihnen dabei helfen? Wo können Sie möglicherweise Geld zu günstigeren Konditionen ausleihen? Dabei sollten Sie vielleicht auch einmal an die Familie denken – natürlich alles mit vertraglicher Absicherung !

Wie sieht es aus mit Ihrer Vorsorge? Altersvorsorge? Krankenvorsorge? Sind Sie und Ihre Angehörigen ausreichend versichert, so dass Sie nicht mit größeren unerwarteten Geldausgaben in Notfällen rechnen müssen? Oder sind Sie vielleicht gar überversichert? Auch hier hilft ein Experte.

Befassen Sie sich außerdem mit folgenden Fragen:

- *Was will ich finanziell erreichen?*
  Möchten Sie 1 Million haben, oder streben Sie bereits die 10-Millionen-Grenze an? Möchten Sie sich ein großes Segel- oder Motorboot kaufen oder vielleicht gar ein Flugzeug, oder möchten Sie noch ein paar Häuser erwerben?
- *In welchem Zeitraum wollen Sie dieses Ziel erreicht haben?*
- *Wo und wie können Sie sich finanziell verbessern?*
  Schlagen Sie den Bogen und fragen Sie sich, wie Sie Ihre finanziellen Ziele auf Grund Ihrer momentanen finanziellen Gegebenheiten erreichen können. Welche Dinge müssen geordnet werden? Wo können Sie Geld umschichten, wo können Sie Ausgaben abbauen, in welchen Bereichen können oder möchten Sie mehr Geld investieren? Und die zentrale Frage:
- *Wie viel Geld möchten Sie in sich, in Ihre Zukunft investieren?*

Ordnen Sie Ihre Finanzen, so dass Sie nicht jeden Monat rechnen müssen, wie Sie über die Runden kommen oder wie Sie die nächsten Raten bezahlen können. Versuchen Sie, langfristig oder zumindest mittelfristig zu planen.

Die Investition in sich selbst

Es fällt mir immer auf, wie überrascht die meisten Menschen reagieren, wenn ich sie danach frage, wie viel Geld sie bereit sind, in ihre persönliche Zukunft, also in sich selbst, zu investieren. Fast immer blicke ich in erstaunte Gesichter. Sie haben zwar sofort Antworten parat auf die Fragen: „Wie viel darf Ihr Urlaub, ein neues Auto, ein größeres Haus kosten?“ Da wissen sie ganz genau, wie viel sie sich wofür leisten können und wollen. Aber Geld in die Zukunft, in das eigene Potenzial zu investieren, das ist etwas, woran die wenigsten Menschen denken. Wo Sie nichts hineingeben, können Sie auch nichts herausbekommen. Füllen Sie Ihr Konto nicht ständig auf, können Sie auch nicht unbegrenzt Schecks ausstellen und Überweisungen tätigen oder Geld abheben. Wenn Sie Ihren Computer nicht mit einem Software-Programm ausstatten, es also hineingeben, können Sie auch nichts herausholen.

ERFOLGSFAKTOR

Input = Output

Wenn Sie den Output ändern wollen, müssen Sie den Input ändern. Was also wollen Sie in Ihren Erfolg investieren? Wie viel Zeit und Geld ist Ihnen Ihr Erfolg wert? Wie fühlen Sie sich bei diesen Fragen? Vielleicht etwas unwohl, weil es Ihnen plötzlich wie Schuppen von den Augen fällt: Sie haben bisher nicht viel in Ihren Erfolg investiert, haben geglaubt, Fleiß allein reicht aus, um an die Spitze zu gelangen. Denken Sie nach, was Sie wollen und was Ihnen Ihr Ziel wert ist! Die meisten Menschen investieren lieber in Aktien, schicke Kleidung, tolle Frauen und Männer als in eine erfolgreiche Zukunft. Solche Investitionen verhelfen nicht zu Spitzenpositionen. Umgekehrt sieht es anders aus. Wer top im Job ist, kann sich alles andere sowieso leisten.

Wie viel Geld also sind Sie bereit, in sich und die Entwicklung Ihrer Persönlichkeit zu investieren? Welche Kurse haben Sie vor zu besuchen, um Ihre rhetorischen Fähigkeiten zu verstärken? Welche Fachkurse möchten Sie belegen? Mit welchen Experten möchten Sie in Verbindung treten? Was tun Sie dafür? Zu welchen Tagungen gehen Sie, um sich weiterzubilden?

ERFOLGSFAKTOR

Die beste Investition, die Sie tätigen können, ist die in sich selbst!

So ordne ich meine privaten Angelegenheiten

Was hat der Job mit dem Privatleben zu tun, mag der eine oder andere von Ihnen vielleicht jetzt denken. Der Mensch als eine Einheit kann nicht zwischen beruflichen und privaten Aspekten trennen. Oft geht ja auch der Beruf ohne direkte Grenze über ins Privatleben. Da sind Veranstaltungen zusammen mit dem Partner zu absolvieren, oder geplante Aktivitäten müssen kurzfristig aus beruflicher Notwendigkeit abgesagt werden … Wer zu Hause ständig Streit und Stress hat, der kann im Job keine Höchstleistung bringen. Wer im Job nur kämpft, oft einer gegen alle, der kann nicht zu Hause entspannt das Familienleben genießen. Ist Ihr Privatleben überhaupt in Ordnung?

- Wenn Sie in einer Partnerschaft leben, würden Sie diese als harmonisch und lebendig bezeichnen? Oder leben Sie nebeneinander her? Wie hat sich Ihre Beziehung im Lauf der Zeit verändert? Entspricht sie überhaupt noch Ihren Vorstellungen, oder haben Sie sich resigniert in Ihr Schicksal ergeben? Was verbindet Sie mit Ihrem Partner? Wie viel Zeit verbringen Sie miteinander? Und was tun Sie mit dieser Zeit?
- Wie ist Ihr Verhältnis zu Ihren Kindern, zu Ihren Eltern, Geschwistern? Haben Sie wirklich Kontakt mit ihnen, haben Sie eine enge Bindung und zu wem?
- Was tun Sie für die Ihnen Nahestehenden?
- Wie haben Sie sich Ihr Privatleben früher einmal vorgestellt?
- Welche Anstrengungen unternehmen Sie für Ihr Privatleben?
- Verwöhnen Sie Ihren Partner?
- Überraschen Sie die Kinder einmal mit einer ganz ausgefallenen Idee?
- Was tut Ihr Partner, Ihre Familie für Sie?
- Fühlen Sie sich wohl und schöpfen Sie Kraft zu Hause? Oder nimmt Ihnen Ihr Privatleben Energie?
- Was machen Sie zu Ihrem Vergnügen?
- Wie viel Zeit nehmen Sie sich für sich selbst?
- Auf welche Art und Weise können Sie sich am besten entspannen und regenerieren?

Machen Sie eine Bestandsaufnahme:

- Was wollten Sie?
- Was haben Sie?
- Was sollten Sie verändern und wie?
- Wovon sollten Sie sich trennen?
- Welchen Zeitplan haben Sie dafür vorgesehen?

Liebe, Partnerschaft und Karriere?

Schließt das eine nicht das andere aus? Gewiss nicht. Es ist sogar eher umgekehrt. Das eine begünstigt oft das andere. Es kommt immer auf Sie an. Die Zahl der Scheidungen und Trennungen ist sehr hoch, der Zweit- oder Drittpartner erscheint direkt normal. Manche legen zusammen mit einem alten Posten gleich den Partner ab. Glücklich hat das kaum jemanden gemacht. Aber Glück in der Liebe fällt nicht vom Himmel, wenngleich Liebende eine Zeit im siebten Himmel schweben mögen, der Alltag findet in der Realität statt. Da kommen die Belastungen: Wenig Zeit, viel unterwegs, Stress, Unaufmerksamkeit führen zu Frust und zum seelischen Rückzug. Die Schuld wird gern dem anderen zugewiesen – das ist ja auch viel bequemer. Aber der andere ist nicht der Gegner, sondern das Spiegelbild von uns selbst. Wie Sie in den Wald hineinrufen, so schallt es heraus – das trifft auch in der Partnerschaft zu. Sind Sie verständnisvoll mit Ihrem Partner, so werden Sie Verständnis ernten. Kommen Sie aber mit Beweisen, dann werden Sie Ihr blaues Wunder erleben. Klagen Sie über Ihren Partner, jammern Sie, dass Ihre Beziehung nicht mehr glücklich ist? Die Frage ist erlaubt: Was tun Sie für Ihre Beziehung? Wir sprechen so viel über Erfolg im Beruf und was wir dafür tun müssen. Dass wir auch für eine „erfolgreiche“, also glückliche Partnerschaft etwas tun müssen, halten wir nicht für erforderlich. Sie können für Ihr privates Glück ebenso viel tun wie für Ihren beruflichen Erfolg. Denn auch in der Liebe ist Erfolg kein Zufall, sondern das Ergebnis Ihres Handelns. Liebe verleiht Flügel. Liebe macht stark und gibt Kraft. Warum wollen Sie darauf verzichten? Wenn Ihr Partner Sie unterstützt, Ihnen zur Seite steht und Sie motiviert, dann gehen Sie mit so viel Energie daran, Ihr Ziel zu erreichen, dass Sie unschlagbar werden. Deshalb sind Kommunikation, der Gedankenaustausch und gemeinsame Lebenskonzepte nicht nur für das Privatleben wichtig, sondern auch für den Erfolg im Beruf. Kann Ihr Partner sich mit Ihren Plänen identifizieren oder sie zumindest akzeptieren?

Ihr Erfolg ist auch der Erfolg Ihres Partners. Wie viel tun Sie für Ihren Partner? Zusammen sind Sie ein unschlagbares Team – im Vergleich zu vielen anderen, die an allen Fronten zu kämpfen haben. Das Leben hat auch seine Tiefen, die wir brauchen, um uns weiterzuentwickeln. Steht uns ein Partner zur Seite, sind Schwierigkeiten besser zu meistern. Und haben Sie Erfolg, dann können Sie ihn teilen und haben viel mehr davon. Ganz abgesehen von den Vorteilen, die Erfolg mit sich bringt, wie Imagegewinn, finanzielle Vorteile …

Wer zu Hause in Disharmonie lebt, hat den Rücken nicht frei, ist belastet und bleibt auf der Strecke – im Beruf wie im Privatleben. Wer einmal auf Misserfolgskurs im privaten Bereich ist, der ändert das auch nicht durch Partnerwechsel. Es ist nur eine Frage der Zeit, bis auch der nächste Partner geht – solange nichts im eigenen System geändert wird.

Viele Menschen glauben, Gegensätze ziehen sich an. Anfangs mag das zwar interessant sein, doch auf Dauer werden die Kräfte verschlissen. Gemeinsame Ziele, Wünsche und Interessen wie auch ein ähnlicher Background sind sichere Stützen in einer Beziehung.

ERFOLGSFAKTOR

Gute menschliche Beziehungen basieren auf Respekt und gegenseitiger Achtung.

Sie wollen die Nummer eins sein im Beruf. Aber wie sieht es privat aus? Ist im Privatleben Ihr Partner die Nummer eins für Sie? Spürt er das auch? Die Wahl des Partners ist ebenso wichtig wie die Wahl des Berufs. Deshalb gelten hier die gleichen Kriterien wie für die berufliche Karriere. Wenn Sie sich nicht so sicher sind, dann ist jetzt der richtige Zeitpunkt, eine Entscheidung zu treffen. Ist Ihr Partner (noch) der Richtige für Sie? Wenn ja, dann sagen Sie heute ja zu dieser Partnerschaft, auch wenn es kriselt und Sie Probleme haben. Dann machen Sie sich an die Lösung bestehender Probleme und schauen Sie nach vorn und nicht zurück! Jetzt ist der Zeitpunkt gekommen, auch hier Klarheit zu schaffen und den Weg für die Zukunft festzulegen und ihn konsequent zu gehen.

Was ist Ihnen wirklich wichtig? Wo decken sich Ihre Vorstellungen mit denen Ihres Partners? Wo nicht? Welche Lösungsmöglichkeiten gibt es in diesen Punkten? Was können Sie tun, damit es Ihnen und Ihrem Partner noch besser geht? Welche Probleme haben Sie, und wie können Sie diese lösen?

Setzen Sie Prioritäten, erarbeiten Sie zusammen mit Ihrem Partner einen Stufenplan. Übernehmen Sie die Verantwortung für Ihre Partnerschaft! Werden Sie zum glühenden Verehrer Ihres Partners!

Sie können nicht ahnen, was passiert, wenn Sie Ihrem Partner das geben, was er wirklich braucht. Wissen Sie es überhaupt?

Lernen Sie die Unterschiede lieben. Der liebe Gott hat sich schon etwas dabei gedacht, als er Mann und Frau unterschiedlich schuf. Eine andere Sichtweise zu berücksichtigen, erweitert den eigenen Horizont! Sehen Sie das Positive, übersehen Sie die Dinge, die Ihnen nicht so gut gefallen. Beachtung bringt Verstärkung!

Übrigens: Haben Sie Ihren Partner heute schon gelobt?

Verfallen Sie nicht in langweilige Routine. Überraschen Sie Ihren Partner! Entfachen Sie das Feuer der Leidenschaft. Der 10-Sekunden-Kuss sollte eigentlich nicht als Übung, sondern als Vergnügen betrachtet werden. Sobald Sie Ihren Partner länger als fünf Stunden nicht gesehen haben, küssen Sie ihn (mindestens) 10 Sekunden lang. Sie sind nicht in Stimmung? Darauf wird keine Rücksicht genommen. Ich verspreche Ihnen auch, die Stimmung kommt!

Kämpfen Sie für das, was Ihnen wichtig ist! Entwickeln Sie zusammen ein Motto, z. B.: „Gemeinsam sind wir stark."

Und wenn es trotz aller Anstrengungen nicht funktionieren sollte, dann ist eine faire Trennung die bessere Lösung, als sich gegenseitig zu behindern.

Ihr Privatleben darf Sie nicht zusätzliche Energie kosten. Deshalb ist das Umfeld ein wichtiger Faktor, wenn Sie die Nummer eins werden wollen. Beziehen Sie Ihren Partner mit ein in Ihre Pläne und Ihr

Vorhaben. Ratschläge von Außenstehenden, die Ihnen wohlgesinnt sind, sind ausgesprochen hilfreich. Ihr Partner wird manches in einem ganz anderen Licht sehen als Sie selbst. Und das ist allemal eine Überlegung wert. Wenn Sie zufrieden sind, dann hat auch Ihre Familie etwas davon. Lassen Sie Ihren Partner teilhaben an Ihren Gedanken. Gemeinsame Aktivitäten, gemeinsame Erfolge – und auch Misserfolge – verbinden. Geteiltes Leid ist halbes Leid, geteilter Erfolg und geteiltes Glück sind Glück und Erfolg hoch 2. Schaffen Sie die entsprechende Basis dafür.

Freunde fürs Leben: Haben Sie wirkliche Freunde, auf die Sie in der Not zählen können? Sind auch Sie für Ihre Freunde da? Kann man sich auf Sie verlassen? Nehmen Sie sich genügend Zeit für Ihre Freunde? Was tun Sie konkret?

Erkennen Sie Störfaktoren, dann ist jetzt der richtige Zeitpunkt aufzuräumen. Entscheiden Sie auch in diesem Bereich, was Sie wollen – heute und in fünf Jahren.

So halte ich mich fit und gesund

Diesen wichtigen Punkt dürfen wir nicht außer Acht lassen. Gesundheit ist nicht alles, aber alles ist nichts ohne Gesundheit. Dieser Satz sagt es klar und deutlich.

Deshalb ist der jährliche Checkup ein absolutes Muss. Viele Menschen pflegen ihr Auto besser als ihre Gesundheit. Da wird rechtzeitig Öl nachgegossen, der Lack poliert und bei einem seltsamen Geräusch sofort eine Werkstatt aufgesucht. Wie viele Warnsignale gibt der Körper, aber niemand hört darauf: Magenschmerzen, Migräne, Rückenprobleme, Atemnot und Herzstechen … Da werden ein paar Pillen eingeworfen, und weiter geht's zum nächsten Meeting, in den nächsten Flieger. Und irgendwann kommt der totale Zusammenbruch, Herzinfarkt, Schlaganfall oder nur ein ganz simpler Nervenzusammenbruch. Lassen Sie es nicht so weit kommen. Ihr Körper ist mehr als nur eine Maschine, die Pflege braucht. Was geben Sie Ihrem Körper?

- Schlafen Sie genügend, schlafen Sie gut, wachen Sie erholt auf?
- Ernähren Sie sich gut und richtig, essen Sie in Ruhe und mit Genuss?

- Wie sieht es mit dem Gewicht aus?
- Bewegen Sie sich ausreichend?
- Können Sie sich entspannen und zur Ruhe finden?
- Wie sind Ihre Blutwerte, Blutdruck etc. – ist Ihr Arzt mit Ihnen zufrieden?

Wenn Sie noch eine gute Beziehung zu Ihrem Körper haben, dann wissen Sie ganz genau, was Ihnen wann gut tut und wann nicht. Mal kann ein Gläschen Wein zu viel sein, mal schaden Ihnen zwei oder drei nicht. Für viele Menschen ist ihr Körper heute eine Art Kleiderpuppe, die in die besten Tuche gehüllt wird. Die ganze Aufmerksamkeit wird auf das Äußere gelegt, die gute Figur, der tadellose Sitz des Jacketts, aber ansonsten haben viele gar keine Empfindung mehr für ihren Körper. Wie aber soll ein Rennfahrer seinen Wagen als Erster ins Ziel bringen, wenn er die Maschine gar nicht richtig kennt?

Lernen Sie Ihren Körper kennen, tun Sie ihm ganz bewusst Gutes. Lernen Sie wieder, die Stimme Ihres Körpers zu verstehen – Sie ersparen sich damit viele Unannehmlichkeiten und Arztbesuche.

Das Wohlfühlprogramm:

- *Ausgewogene Ernährung, die schmeckt.*
- *Ein Blick auf die Waage:* Nicht erst warten, bis sich der „fette" Tag auf den Bauch sichtbar niedergeschlagen hat, sondern gleich am nächsten Tag Kalorien reduzieren. Alkohol schadet nicht nur der Leber, sondern hat auch viele Kalorien. Rauchen macht erwiesenermaßen noch nervöser. Trinken Sie genügend: mindestens zwei bis drei Liter Wasser, Saft etc. pro Tag.
- *Bewegung:* Treppen steigen statt Lift fahren; feste Zeiten für Sport oder zumindest für Bewegung, Spaziergänge etc. einplanen. Mehr zu Fuß erledigen, auch tägliche Gymnastik oder Rad fahren hilft, beweglich zu bleiben. Treiben Sie Sport, der Ihnen Spaß macht. Wenn Sie nur die Hanteln schwingen, weil Sie sich dies auferlegt haben, bringt das nicht so viel. Freude muss sein!
- *Ruhephasen:* Lassen Sie sich nicht vom Terminkalender jagen, sondern planen Sie besser. Sorgen Sie für Ruhephasen. Die Sies-

ta steht wieder hoch im Kurs als Powerschlaf für erfolgreiche Manager. Vielleicht können Sie das einplanen; 15 Minuten reichen aus, um die Batterien aufzuladen.
Entspannungsübungen, autogenes Training und Atemübungen lassen Sie schnell von der Palme herunterkommen, klären Ihren Blick und machen Sie ruhig.

- *Ausreichender Schlaf* muss sein. Wenn Sie nicht abschalten können, wenn Sie ständig übermüdet sind, unruhig schlafen, hier ein paar Tipps:
  Nicht direkt ins Bett, sondern vorher noch ein Glas trinken, eine Runde ums Haus machen – Rituale schaffen. Nicht vor dem Fernseher einschlafen, nicht den toten Punkt übergehen, keine konfliktbeladenen Themen vor dem Einschlafen ansprechen. Wenn Sie nicht schlafen können, stehen Sie lieber wieder auf und tun etwas, anstatt sich von einer Seite auf die andere zu wälzen und auf den Schlaf zu warten – da kommt er nämlich ganz besonders spät.
- *Genießen Sie alles, was Sie tun:* und die Glückshormone werden Ihren Körper in Topform erhalten. Freude ist ein Lebens- und Gesundheitselixier!
- *Lachen Sie, so viel Sie können:* Lachen ist die beste Medizin und absolut frei von Nebenwirkungen. Sie haben nichts zu Lachen? Dann lachen Sie doch einfach mal über sich selbst!
- *Von der Marathonsitzung zum Marathonlauf:* Immer mehr Manager entdecken die Vorteile des Joggings. Stress kann durch Laufen hervorragend abgebaut werden, zugleich wird die Kondition gestärkt; Herz, Lunge, Kreislauf profitieren davon. Zudem macht Joggen glücklich: Durch die Bewegung wird das Glückshormon Endorphin vermehrt ausgeschüttet. Joschka Fischer ist wahrscheinlich der bekannteste Läufer Deutschlands, aber auch in der Industrie wird gejoggt. Ulrich Lehner, Chef von Henkel, Erwin Staudt, IBM-Deutschland, oder Stefan Pichler, C&N Touristik, sind begeisterte Marathon- oder Halbmarathonläufer. Die Gedanken werden frei, Wichtiges trennt sich von Unwichtigem, so dass Entscheidungen klarer werden, Ärger löst

sich förmlich in Luft auf. Laufen fördert auch die Konzentration, so dass nach einer halben Stunde Jogging im Geist die Gesprächspunkte für die wichtige Sitzung am nächsten Tag feststehen. Wer sich fit macht für den Marathon, tut zugleich etwas Gutes für seine Karriere: Zur richtigen Zeit topfit zu sein – das zählt im Job wie auch im Sport. Auch Unsportliche können einsteigen, aber bitte vorher den Arzt konsultieren. Nehmen Sie sich einen persönlichen Lauftrainer, denn laufen ist nicht gleich laufen, und auch hier kommt es auf auf die richtige Dosierung an. Alles, was Sie tun, sollte Ihnen Spaß machen. Also gehen Sie keinesfalls mit verbissenem Ehrgeiz ans Joggen oder Marathonlaufen, denn damit würden Sie sich ja zusätzlich Stress aufladen. Und wir wollen doch gerade das Gegenteil! Lassen Sie sich von einem Sportmediziner oder einem sportmedizinischem Institut einen Trainingsplan erstellen.

- *Entdecken Sie sich selbst neu!* Wann haben Sie zuletzt bewusst den Duft einer Blume genossen oder das Parfüm/Rasierwasser Ihres/er Partners/in? Was haben Sie zuletzt ganz bewusst berührt, ertastet, wann bewusst Musik gehört? Schnuppern Sie die Gewürze aus einem Gericht, entdecken Sie die Blume beim Rotwein, riechen Sie den Frühling. Schließen Sie die Augen, wenn Sie Musik hören, lassen Sie sich von den Tönen verzaubern. Spüren Sie den feinen Cashmerestoff des Jackets, die Haut Ihrer/s Geliebten … Sie sehen, es gibt viel zu tun.
- *Klopfen Sie sich frisch und fit!* Zum Erfrischen zwischen zwei Sitzungen eine östliche Methode zur Bearbeitung der Meridiane, der Energieströme: Ballen Sie Ihre Hände locker zu Fäusten, und dann bearbeiten Sie mit leichten Schlägen Ihren Körper wie folgt: Klopfen Sie zuerst auf den Nacken, dann auf die Schultern, auf die Muskulatur zwischen Hals und Schulter. Dann Innen- und Außenseite der Arme, weiter über Brust und Rumpf zu den Fußknöcheln. Beine außen, dann innen über das Gesäß zu den Nieren.

Zum Abschluss dieses Themas möchte ich Ihnen hier meinen ganz persönlichen Gesundheitsbrunnen vorstellen:

Das Sonnengebet

Viele Menschen glauben, sie müssten nur erfolgreicher sein, damit es ihnen besser geht. Doch es ist genau umgekehrt. Wenn Sie sich gut fühlen, wenn Sie gesund und fit sind, dann können Sie auch erfolgreich sein. Denn für Erfolg braucht der Mensch Kraft. Wer aber über Müdigkeit, Lustlosigkeit, Kopfschmerzen und dergleichen klagt, der hat keine Energie für große Aufgaben und Ziele. Die moderne Medizin verleitet außerdem dazu, sich erst mit Gesundheit zu befassen, wenn wir krank sind, anstatt Krankheiten vorzubeugen. Es gibt eine einfache Übung, die überall und von jedem durchgeführt werden kann und die nicht nur die körperliche Gesundheit stärkt – hier besonders die Verdauungsorgane, Herz und Lunge sowie das Nervensystem – sondern auch die geistige und seelische Entwicklung fördert.

Das Sonnengebet, die Verbindung von Atem und Sonne, kommt aus Indien und verbindet das Wissen um die richtige Atmung mit der Energie der Sonne. Atem ist Lebensenergie, die Sonne das Symbol für Leben, Wärme, Reinigung.

Voraussetzung für die Wirkung ist das richtige, rhythmische Atmen. Dazu zählen Sie bei jedem Atemzug bis zehn – zuerst schneller, dann werden Sie langsamer. Füllen Sie Ihre Lungen bei „eins-zwei", halten Sie die Luft bei „drei-vier-fünf-sechs" an und atmen Sie bei „sieben-acht-neun-zehn" ganz aus. Wenn Sie das öfters am Tag praktizieren, dann wird dies zu Ihrem natürlichen Atemrhythmus. Beim Einatmen füllen sich Ihr Körper und Ihr Geist mit den Kräften des Lebens, beim Ausatmen entschwindet alles Belastende – egal ob es sich um Schmerzen oder Probleme handelt.

Lassen Sie sich von einem Arzt untersuchen – nach einem halben Jahr sollte sich Ihr allgemeiner Gesundheitszustand merklich verbessert haben.

Sie sollten die Übung jeden Tag machen, in den ersten Wochen fünf bis zehn Minuten. Am wirkungsvollsten ist die Zeit vor dem Frühstück. Langsam können Sie die Zeit dann steigern. Sie sollten sich frisch, fit und richtig wohl fühlen. Wenn Sie nach der Übung müde sind, dann machen Sie etwas falsch.

Zur Verstärkung der Konzentration sollten Sie ein Bild wählen, das Ihnen wertvoll und wichtig ist und auf das Sie Ihren Blick richten. Sie

Die zehn Schritte

Breiten Sie ein Tuch auf dem Boden aus und tragen Sie möglichst wenig, leichte und bequeme Kleidung. Falls die Sonne scheint, führen Sie die Übungen im Sonnenlicht aus.

1.

Stellen Sie sich wie auf der Abbildung an den Rand des Tuches. Die zusammengelegten Hände ruhen auf der Brust, die Handflächen sind dicht aneinander gelegt. Nun heben Sie die Brust und ziehen Sie den Leib so weit wie möglich herein und nach oben – eine gute Übung zur Anregung der Magen-/Darmfunktionen. Nun versteifen Sie Ihren Körper von den Füßen beginnend bis zum Scheitel. Stemmen Sie die Füße auf den Boden, als ob Sie dort Wurzeln fassen möchten. Versteifen Sie besonders Ihre Taille im Rücken. Konzentrieren Sie sich dabei auf jedes Körperteil und nehmen Sie die Versteifung langsam und bedächtig vor. Wenn Sie bei den Schultern angelangt sind, versteifen Sie die Arme und Hände bis zu den Fingerspitzen. Lächeln Sie, während Sie Ihre Gesichtszüge versteifen, um eine Verzerrung der Gesichtszüge zu vermeiden. Atmen Sie bei dieser Ubung tief ein, und halten Sie die Luft. Lächeln Sie! Sie werden sich anschließend den ganzen Tag über „groß" fühlen.

2.

Lassen Sie die Hände mit durchgedrückten Knien auf den Boden sinken und legen Sie sie flach auf das Tuch. Atmen Sie dabei die Luft aus Stellung 1 voll aus. Die Daumenballen sind auf einer Linie mit den Zehen. Zielen Sie mit dem Kopf nach den Knien und richten Sie Ihre Augen nach oben zur Taille. Diese Stellung ist gut für das Rückgrat, aber auch für die Muskeln der Waden, der hinteren Partien der Schenkel, Hüften, Taille sowie des Rückens und fördert die Entgiftung des Körpers.

3.

Ihre Hände bleiben festgewurzelt auf dem Tuch. Atmen Sie tief ein und halten Sie den Atem an. Lassen Sie sich auf das rechte Knie nieder, die Zehen ausgestreckt. Das linke Bein bildet mit Armen und Oberkörper einen spitzen Winkel. Der Blick ist nach vorn gerichtet. Nun die gleiche Übung mit dem jeweils anderen Bein ausführen. Diese Übung stärkt Milz und Leber und stimuliert zudem - verbunden mit einem tiefen Atemzug – den unteren Teil der Lunge.

4.

Halten Sie noch immer die Luft des letzten Atemzuges an. Hände und Arme bleiben in der gleichen Haltung wie bei Stellung 3. Heben Sie Ihren Körper und stellen das Bein, das zuletzt gegen die Seite gedrückt war, nach hinten neben das andere Bein, bis die Muskeln hinter Knien und Fesseln gespannt sind. Das Strecken und Pressen der Muskeln schmilzt das Fett fort und macht die Fesseln leicht und geschmeidig in der Bewegung.

5.

Die Hände bleiben fest auf dem Tuch liegen, dabei lassen Sie sich flach auf den Boden fallen. Atmen Sie dabei voll aus. Stirn, Nase, Brust, Knie, Zehen – nicht aber Hüften und Unterleib – berühren den Boden. Mit dieser Übung werden die Muskeln geschmeidig und unnützes Fett wird weggeschwemmt, die Muskulatur von Hals, Kehle und Nacken sowie die Gelenke werden gestärkt und aufgelockert.

6.

Hände, Zehen und Knie bleiben in der gleichen Position wie bei der 5. Stellung. Machen Sie die Arme gerade und atmen Sie dabei ein, werfen Sie sich so stark wie möglich in die Brust, machen Sie den Rücken hohl, und blicken Sie bei voll ausgestrecktem Hals in die Höhe. Halten Sie den Atem an. Diese Übung stärkt Arme und Brust.

7.

Halten Sie bei dieser mit Stellung 4 identischen Übung den Atem an, bis Sie bei der 9. Stellung wieder ausatmen dürfen. Mit dieser Stellung wird der Kreis geschlossen, indem man die ersten vier Übungen in umgekehrter Reihe wiederholt. Dabei ergibt sich folgender Übungsablauf:

7. Stellung = 4. Stellung
8. Stellung = 3. Stellung
9. Stellung = 2. Stellung
10. Stellung = 1. Stellung

Der Atemrhythmus

Damit Sie die Stellungen mit den Atemzügen in Einklang bringen, ist es empfehlenswert, die folgende Atem-Tabelle in Sichtweite während der Übungen anzubringen:

1.	Grundstellung:	einatmen	◄
2.	Zur Erde beugen:	ausatmen	►
3.	Rechtes Bein rückwärts:	einatmen	◄
4.	Auf dem Kopf stehendes V:	Atem anhalten	○
5.	Flach auf dem Boden:	ausatmen	►
6.	Rumpf auf den Armen erheben:	einatmen	◄
7.	Auf dem Kopf stehendes V:	Atem anhalten	○
8.	Linkes Bein rückwärts:	Atem anhalten	○
9.	Zur Erde beugen:	ausatmen	►
10.	Grundstellung:	einatmen	◄

Diese Atemtabelle ist eine Orientierung nur für Fortgeschrittene. Ein ganzer Surya Namaskar – also eine vollständige Übung von zehn Stellungen – kann von einem Fortgeschrittenen in zwanzig Sekunden ausgeführt werden. Als Anfänger sollten Sie zuerst 15 Namaskars in fünf Minuten ausführen, nach etwa sechs Monaten können Sie bereits etwa 40 ganze Namaskars in zehn Minuten ausführen. Atmen Sie in dieser Zeit ganz natürlich, mit tiefen, gleichmäßigen Atemzügen. Praktizieren Sie zusätzlich das Atemtraining. Mit der Zeit werden Sie automatisch den Atemrhythmus in Einklang mit den Übungen finden. Fortgeschrittene können darüber hinaus mit gesprochenen „Mantras“ oder den Stimmübungen des psychogenen Atemtrainings die Wirkung des Sonnengebetes verstärken.
Nehmen Sie sich jeden Tag zehn Minuten Zeit für die Übungen. Arbeiten Sie einzeln an den verschiedenen Stellungen und führen Sie zuerst die aus, die Ihnen am leichtesten fallen. Eines Tages werden Sie zu Ihrer eigenen Überraschung den ganzen Zyklus automatisch durchführen – und ein wunderbares Gefühl der Freiheit, Kraft und Energie wird der Lohn Ihrer Mühe sein!

werden bemerken, dass es Ihnen schon nach kurzer Zeit gelingt, Ihre Konzentration von selbst auf die Stellen Ihres Körpers zu lenken, an die die einzelne Übung sich richtet. Auch wenn Sie die oben geschilderte Atemtechnik beherrschen, sollten Sie bei den Übungen nicht auf Ihren Atem achten. Das wird sich ganz von selbst einstellen.

So gehe ich mit Problemen um

Eine Veränderung des Lebens ist natürlich verbunden mit vielen neuen Situationen, die uns unbekannt sind. Neues versetzt uns oft in einen Zwiespalt der Gefühle – einerseits die Freude, andererseits die Unsicherheit, die Frage: „Auf was lasse ich mich hier ein, wird es gut gehen?" (Sie hören hier die Stimme Ihres Verstandes!) Das ist ganz normal. Doch mit einer positiven Einstellung haben Sie sich schon gute Vorteile verschafft. Freuen Sie sich auf das Unbekannte, auf das neue Lebensgefühl, das Sie verspüren werden, wenn Sie Ihren Weg nach oben gehen. Lassen Sie sich tragen von den Erfahrungen, die Sie nie in Ihrem Leben erwartet hätten. Lassen Sie sich nicht durch Gedanken an Probleme in Ihrer Zielstrebigkeit behindern. Dennoch wollen wir uns mit einigen möglichen „Hindernissen", mit denen Sie es zu tun haben könnten, befassen.

Ängste & Zweifel

Angst ist eines der am meisten tabuisierten Themen im Berufsleben. Sie macht nicht Halt vor Führungsetagen, auch hier geht die Angst um, ist ständiger Begleiter der Manager. Ist die Entscheidung richtig, stimmen die Voraussagen, ist mein Konkurrent besser …? Über Entscheidungen wird auch am Abend und nachts nachgegrübelt – das ergeben Umfragen. Die Anforderungen, der Druck, der Stress nehmen immer mehr zu.

Nach einer Befragung von Arbeitnehmern im Auftrag des Magazins Bizz leiden 60 % der Beschäftigten unter Angstzuständen. Knapp 30 % haben Angst davor, Fehler zu machen, kaum weniger fürchten den Verlust der Stelle. Beängstigende Zahlen!

Wer kennt sie nicht – die Albträume, die Panikattacken? Wer ist nicht schon vor wichtigen Entscheidungen – oder auch danach – schweissgebadet nachts aufgewacht; das Herz klopfte, und das letzte Traumbild war noch sichtbar: der Absturz. So weit sollten Sie es eigentlich nicht kommen lassen mit Ihren Ängsten, Befürchtungen oder Zweifeln.

Setzen Sie sich mit der Situation auseinander, treffen Sie Ihre Entscheidung wohl überlegt und machen Sie sich klar, dass Sie sich ja nicht in ein unüberlegtes Abenteuer stürzen. Sie sind kein Forscher, der in die Wildnis aufbricht. Obwohl Sie sicherlich ähnlich einem Forscher zu ganz neuen Erkenntnissen gelangen werden, wenn Sie Ihre Persönlichkeit entfalten. Sie werden vielleicht ab und zu einmal voller Bewunderung denken: Dass ich das kann, das hätte ich mir nie zugetraut.

Zweifel werden immer einmal in Ihnen hochsteigen. Vor allem dann, wenn Sie das Gefühl haben, Sie kommen nicht weiter, wenn Sie einmal müde und ausgepowert sind. Diese schwachen Minuten sind die große Zeit für Angst, Zweifel & Co. Diese negativen Energien warten geradezu auf solche Situationen. Das ist ihre Zeit – jetzt können sie zuschlagen, können sich ausbreiten und Einfluss auf Sie nehmen. Aber Sie brauchen das nicht zu akzeptieren. Lernen Sie, mit den destruktiven Gefühlen umzugehen, dann können sie Ihnen nichts anhaben.

Je mehr Sie von Ihrem großen Ziel überzeugt sind, desto weniger Chancen haben Angstgefühle. Dennoch sollten Sie sich wappnen. Angst, das habe ich bereits in Kapitel 1 angesprochen, ist ein durchaus normales Gefühl. Angst soll uns warnen vor Gefahr. Aber im Laufe unseres Lebens haben wir der Angst oft einen recht großen Platz eingeräumt. Manche Menschen haben tausende kleine Ängste, andere haben nur eine einzige große Angst. Wir werden nicht mit Angst geboren. Angst wird anerzogen. Überängstliche Eltern übertragen ihre eigenen Ängste auf das Kind, das sich zwangsläufig zu einem ängstlichen Erwachsenen entwickelt. Andere Menschen werden erst im Lauf des Lebens ängstlich, sehen immer mehr Gefahren und werden immer vorsichtiger. Ist Ihnen schon einmal aufgefallen, dass ängstliche Menschen viel häufiger in Angst erregende Situationen kommen als andere? Das liegt daran, dass Angst enorm verunsichert. Angst lähmt – Körper, Geist und Seele. Verkrampft kann aber niemand mehr richtig agieren bzw. reagieren. Folglich macht man mehr Fehler, wird noch verkrampfter – hat natürlich noch mehr Angst – und irgendwann ist man in einen Kreislauf geraten, aus dem es schwer ist, alleine herauszukommen. Aber selbst den Mutigen können Angstgefühle befallen, wenn er sich einer unerwarteten Situation gegenübersieht. Angst ist ein Gefühl, das tausend Gesichter und Ausdrucksformen hat.

Laufen Sie den kleinen oder großen Ängsten nicht davon. Stellen Sie sich ihnen, vertreiben Sie sie aus Ihrem Leben. Ich helfe Ihnen dabei.

Kreisen Sie die Angstgefühle ein:

- Wovor haben Sie Angst?
- Wie äußert sich die Angst (Herzklopfen, Schweissausbrüche, Schlaflosigkeit, Gereiztheit)?
- Wie oft haben Sie diese Gefühle?
- Wie lange hält die Angst an?
- Treten Angstgefühle nur in ganz bestimmten Situationen auf, bei konkreten Gedanken etc.?
- Würden Sie sich generell als ängstlichen Typen bezeichnen?
- Seit wann haben Sie mit Angstgefühlen zu tun?
- Was tun Sie dagegen?

Viele Menschen fliehen vor der Angst. Sie glauben, ihr entrinnen zu können, wenn sie versuchen, sich zu betäuben. Das kann durch Arbeit, exzessive Vergnügungen, aber auch durch Alkohol, Zigaretten, Tabletten oder Drogen sein. Manchmal gelingt es, die Angst auszuschalten – aber nur zeitweise. Je länger man Angst gewähren lässt, desto schlimmer wird alles. Die Angst wird nicht nur größer, sondern sie breitet sich nach und nach in anderen Lebensbereichen aus. Irgendwann wird dann das ganze Leben von der Angst bestimmt. Das dürfen Sie keinesfalls zulassen.

Es gibt verschiedene Anti-Angst-Strategien. Hilfreich ist es in jedem Fall, ganz cool den Kopf einzuschalten. Arbeiten Sie einmal wie ein Detektiv, verfolgen Sie genau, wann die Angst anfängt, wie sie sich entwickelt und welche Form sie annimmt. Sehen Sie sich in der Rolle eines nicht Betroffenen, eines Außenstehenden. Wichtig ist, dass Sie erkennen, wovor Sie WIRKLICH Angst haben. Angst ist ein Meister der Verschleierung: Walter Steiner ging immer mit einem Gefühl von Unsicherheit in das wöchentliche Meeting. Er hatte Angst, in größerer Runde zu sprechen. Erst als er sich intensiv mit seiner Angst auseinander setzte, stellte er fest, dass es um etwas ganz anderes ging. Wirklich Angst hatte er nämlich davor, dass sein Chef eine andere Meinung vertreten könnte als er und er sich damit unbeliebt machen könnte. Finden Sie die Ursachen heraus, dann können Sie gezielt die Ängste abbauen. Meist ist es die tiefe Angst, etwas zu verlieren, die sich lediglich hinter anderen Ausdrucksformen verbirgt.

Haben Sie Angst, Kunden, Sympathien, den Job zu verlieren? Glauben Sie mir, mit Angst tun Sie alles, um genau das zu erreichen, wovor Sie Angst haben. Christa Müller hat immer Angst, dass sie keine Aufträge mehr erhalten könnte. Zwar versucht sie, sicher und überzeugend aufzutreten. Doch Angst lässt sich nicht sonderlich gut kaschieren. Selbstverständlich merken alle, dass sie unsicher ist. „Da geben wir den Auftrag doch lieber jemandem, der stark ist“, heißt es dann.

Sie haben Ihre Angst-Analyse gemacht, jetzt kommt der nächste Schritt: Erarbeiten Sie sich eine Anti-Angst-Methode. Diese könnte so aussehen, dass Sie mit gezielten Sätzen Ihre Angst attackieren und sie in ihre Schranken verweisen. Mit dieser Technik – den Auto-Suggestionen (Selbst-Beeinflussung) – können Sie wieder innerlich frei werden.

Durch suggestive Worte können Sie Ihr Unterbewusstsein beeinflussen. Wichtig dabei ist, dass Sie die Worte aussprechen, denn Gedanken allein haben eine wesentlich geringere Wirkung. Sprechen Sie laut und mit der richtigen Betonung Ihre Sätze. Sie können sich Ihre ganz persönlichen Suggestionen zusammenstellen oder aber mit meinen Kassetten arbeiten. Wenn Sie Ihren Text selbst wählen, sollten Sie unbedingt auf eine positive Formulierung achten.

Also nicht: „Ich habe keine Angst vor …“, sondern: „ich gehe ruhig und sicher in …“ Kurze, prägnante Sätze sind besser, weil sie sich schneller einprägen. Schreiben Sie sich Ihren Text auf und hängen Sie ihn an Stellen, die möglichst nur Sie allein sehen, z. B. in Ihren Kleiderschrank. Sprechen Sie Ihren Text morgens und abends laut, noch besser ist es, wenn Sie auch untertags Ihre Autosuggestion sprechen.

Ansonsten sollten Sie nach o. g. Gesetz leben: Wenn Angst in Ihnen aufsteigt, dann schenken Sie ihr keine Beachtung. So wie Sie an Ihrem Lieblingsfeind vorbeigehen, ohne ihn anzusehen, ihn einfach übersehen, ebenso verfahren Sie mit der Angst. Einfach nicht hinsehen, nicht beachten – konzentrieren Sie sich auf etwas Konstruktives.

Bei plötzlichen Panikattacken gibt es eine wirksame Hilfe:

- Atmen Sie langsam aus und dann langsam ein,
- halten Sie die Luft vier Sekunden an,
- dann atmen Sie wieder aus und langsam wieder ein,
- halten Sie die Luft vier Sekunden an.

Dies machen Sie sechs Mal und Sie werden sich beruhigen.

Weniger gravierend als die Angst sind die Zweifel. Dennoch haben sie eine recht fatale Wirkung. Sie verringern unsere Energie, weil wir plötzlich nicht mehr sicher sind, ob wir auf dem richtigen Weg sind, das richtige Ziel gewählt haben … Zweifel sind wie kleine Giftspritzen: niedrig in der Dosierung, aber die stetige Verabreichung führt letztendlich auch zum Tod. Erkennen Sie die destruktive Wirkung dieser kleinen Gedanken, lassen Sie sie nicht zu! Wenn Sie anfangen zu zweifeln, dann sagen Sie laut „Stopp“. Denken Sie an Ihr Ziel, stellen Sie es sich bildlich vor.

Machen Sie sich immer wieder klar, dass *Sie* entscheiden, welche Gedanken Sie zulassen. Sie sollten alles ablegen, hinter sich lassen, was Sie belastet, was Sie behindert und Ihnen den Weg zur Spitze erschwert. Wenn Sie das wollen, dann können Sie es auch.

Stress

Verbunden mit Angst ist immer auch Stress. Diesem Thema könnte man ein ganzes Buch widmen. Ich will nur kurz das verheerende Ausmaß von Stress erwähnen. Weltweit ist die Zahl psychischer Krankheiten enorm gestiegen, bedingt durch die Einführung neuer Technologien, Angst vor Arbeitsplatzverlust, Mobbing etc. Eine Studie der Internationalen Arbeitsorganisation belegt, dass in der EU 3 bis 4 % des Bruttosozialprodukts für die Behandlung stressbedingter Erkrankungen aufgewandt wird. Erschreckende Zahlen! Es wird von Burnout-Syndrom, Motivationsverlust, Stress, Depressionen oder Panikattacken gesprochen. In Deutschland sollen 5 Mrd. DM Kosten p. a., bedingt durch psychische Erkrankungen, anfallen.

Diese Zahlen sollen nur zeigen, wie wichtig es ist, darauf zu achten, in einem entspannten Zustand zu arbeiten und zu leben. Wer sich im Alphazustand befindet, der ist kaum stressgefährdet (s. Kapitel 3).

Gewohnheiten sitzen fest

„Wenn ich eine bessere Ausbildung hätte, wenn ich einen anderen Posten hätte …“, das sind Sätze, die wir häufig in unserem Umfeld hören. Etwas anderes, etwas Besseres – das wollen wir alle. Aber wenn es um die Umsetzung geht, nämlich darum, auch etwas für unseren Fortschritt zu tun, da bleiben die meisten lieber in ihrem bekannten Trott. Es gefällt ihnen zwar nicht, aber es fehlt der Elan, aktiv zu einer Veränderung beizutragen. Oder aber es fehlt der Mut oder die Motivation. Oft höre ich auch: „Ich würde gerne den Job in Hamburg annehmen, weil ich dort gute Aufstiegschancen habe, aber meine Familie ist hier zu Hause.“ Diese „Ja-aber-Menschen“ – oder, eine andere Variante, „Wenn-Du-nicht-wärst-Typen“ – suchen nur eine Entschuldigung für ihre eigene Lethargie bzw. weisen die Schuld für ihre Antriebslosigkeit einfach anderen zu. In manchen Fällen übernehmen sie lieber die Verantwortung für die Familie, den Partner (was ja gar nicht möglich ist), um damit nicht die Verantwortung für sich selbst übernehmen zu müssen. Oder aber ihr Wunsch nach Veränderung ist nicht stark genug. Manch einer muss erst richtig leiden, bevor er die Energie aufbringt, etwas Neues zu wagen.

In jedem Leben gibt es Phasen, in denen wir glauben, in Routine und Alltagstrott zu versinken. Ein Tag wie der andere – das macht müde, lustlos und frustriert. Es fehlt der Kick, der Anreiz, das Leben. Solche Phasen haben aber auch ihre positiven Aspekte. Sie könnten Auslöser dafür sein, endlich alle Kraft zusammenzureißen, um das Langweilige und die Mittelmäßigkeit hinter sich zu lassen.

Dabei sollte jeder Mensch es sich wert sein, wirklich das Allerbeste aus seinem Leben zu machen. Dazu muss man sich aber auch lieben. Deshalb meine Frage an Sie: Lieben Sie sich selbst? Sie haben sich das noch nie gefragt? Sie wollen kein Egoist sein? Liebe zu sich selbst ist ein wesentlicher Erfolgsfaktor. Wenn Sie sich lieben, dann können Sie auch andere Menschen lieben. Sie mögen sich selbst und sind nicht abhängig von Sympathien oder Antipathien – Sie können aus einer inneren Freiheit heraus handeln.

Jeder Mensch hat ein Lebenskonzept (s. auch Kapitel 1). Manche habe es selbst geschrieben, aber manche haben es schreiben lassen – meist von den Eltern. In solchen Kindern wird ein bestimmtes Muster installiert, das erst erkannt werden muss, damit man es abbauen kann. Denn sonst „funktioniert" ein solcher Mensch nach einem Konzept, das ihm gar nicht entspricht – nur hat er es noch nicht bemerkt. Deutlich bemerkt hat er aber sicherlich, dass er immer in die gleichen unglücklichen Situationen gerät, weil er genau das anzieht, was in sein Lebensspiel passt.

Schuldgefühle & schlechtes Gewissen

Wenn Sie sich entschieden haben, Altes hinter sich zu lassen und das Neue zu wagen, die Nummer eins werden wollen, dann wird sich einiges in Ihrem Umfeld verändern. Möglicherweise ist Ihr Partner nicht so glücklich, denn er befürchtet ja, dass Ihre Veränderung sich negativ auf ihn bzw. das Familienleben auswirken könnte. Sie haben ein schlechtes Gewissen, fühlen sich egoistisch, müssen sich anhören, dass Sie rücksichtslos sind.

Bedenken Sie, dass Erfolg im Beruf zugleich auch Erfolg im Privatleben sein kann. Nicht immer bedeutet mehr Engagement auch mehr Arbeitszeit. Das ist ein grundlegender Irrtum. Durch eine straffere Organisation, besseres Delegieren und die Nutzung Ihrer unbewussten Kräfte kann sich der berufliche Erfolg durchaus förderlich auf das Familienleben auswirken. Wie gesagt, ich plädiere nicht für eine Karriere um jeden Preis – für mich ist der Mensch wichtig. Und damit meine ich nicht nur den Menschen im Beruf.

Dennoch gehört es zu einer Veränderung, auch unangenehme Dinge in Kauf zu nehmen, wie beispielsweise ein schlechtes Gewissen. Selbst wenn Sie das Beste für Ihre Kinder, Ihren Partner tun – oder glauben, es zu tun, kann es sein, dass der Betroffene es ganz anders sieht. Trotzdem müssen Sie Ihre Entscheidung treffen, was bedeutet, auch ein schlechtes Gewissen und Schuldgefühle zu akzeptieren und damit zu leben. Das ist nicht ganz einfach. Deshalb sollten Sie Ihr Umfeld in Ihre Planung mit einbeziehen und alles tun, damit Ihr Fortschritt nicht zum Nachteil anderer Menschen gerät. Das ist eine heikle Situation. Die Frage „Wem bringe ich Nutzen?" kann Ihnen Klarheit verschaffen.

Zum Trost sei gesagt: Ich kenne viele große Männer und Frauen, die es geschafft haben und bei denen die ganze Familie gewachsen ist an der neuen Aufgabe, bei der die Familie gewonnen hat. Da hat es sicher auch mal Durststrecken gegeben, – aber das gehört zum Leben. Ich beispielsweise habe meine Familie in meine Lebensaufgabe integriert. Meine Tochter Claudia arbeitet gemeinsam mit mir; meine Frau ist zuständig für die Organisation. Das schafft mir Raum für meine Arbeit. So tut jeder das, was er am besten kann. Für jeden von uns eine optimale Lösung.

Würden Sie nun auf den Sprung an die Spitze verzichten, wäre Ihre Familie sicher nicht glücklich. Denn Ihre Frustration lässt sich nicht einfach auf die Seite schieben. So mancher, der seinen Lebenstraum begraben hat, ist depressiv und oft auch physisch krank geworden. Viele Beziehungen sind an einer falsch verstandenen Verzichtshaltung zu Grunde gegangen. Wem sollte das helfen? Suchen Sie lieber zusammen mit den Ihnen nahe stehenden Menschen eine gemeinsame Lösung, beziehen Sie Partner mit ein in Ihr Leben, denn schließlich gehören sie doch dazu, oder?

Überlastung

„Ich bin am Ende meiner Kräfte, ich bin im Stress, alles ist mir zu viel …" Es scheint, als hätten wir immer weniger Zeit, als würde das Leben immer hektischer, die Verantwortung immer größer und schwerer. Genau betrachtet ist das gar nicht so. Solche Klagen sind lediglich

Ausdruck einer Zivilisationskrankheit, an der bereits ein großer Teil der Bevölkerung in den Industrienationen leidet. Dabei ist Überbelastung nichts anderes als ein sichtbarer Beweis dafür, dass im Leben etwas nicht richtig organisiert ist.

Nicht umsonst habe ich als Symbol für meine Philosophie und für mein Institut einen Menschen gewählt, der im Gleichgewicht steht – entsprechend dem chinesischen Yin-Yang-Symbol. Yin, die weibliche Energie, steht für das Dunkle, Weiche, Yang als männliche Kraft für hell und stark. Auf das Gleichgewicht, die Harmonie zwischen Geben und Nehmen, zwischen Aktivität und Muße kommt es an. Das haben viele Menschen vergessen, sind zu Erfolgsneurotikern geworden, die den totalen Erfolg anstreben. Ob Sie sich zu Tode arbeiten, ob Sie dem Perfektionswahn erlegen sind: Es bleibt dabei, dass Sie im Schnitt bei zehn Aktivitäten vier Misserfolge haben. Wer das vergisst, der jagt einem Phantom nach.

Wie steht es bei Ihnen mit der Überbelastung?

- Wie lange – wie viele Stunden – arbeiten Sie täglich?
- Wie viele Tage in der Woche?
- Wie oft arbeiten Sie außerhalb der Arbeitszeit (z.B. auch zu Hause): oft – manchmal – nie?
- Arbeiten Sie nach einem festen Plan?
- Teilen Sie selbst Ihr Arbeitspensum, Ihren Arbeitsplan ein? Wenn nicht Sie, wer tut das dann?
- Scheint Ihnen Ihr Arbeitstag immer zu kurz?
- Welche Arbeiten strengen Sie besonders an?
- Erhalten Sie die nötige Unterstützung – wenn ja, von wem?
- Arbeiten Sie in einem guten Betriebsklima, das motiviert?
- Was tun Sie in Ihrer Freizeit?
- Welche Hobbys pflegen Sie und wie viel Zeit verwenden Sie dafür?
- Wie oft gehen Sie abends aus?
- Wie erholen und entspannen Sie sich am besten?
- Kennen Sie mentales Training, autogenes Training – wenn ja, wie oft wenden Sie es an?

- Wie sieht es mit Urlaub aus? Machen Sie regelmäßig Urlaub, und welche Art von Urlaub machen Sie? Kommen Sie wirklich erholt an Ihren Arbeitsplatz zurück?
- Können Sie ganz abschalten?
- Schlafen Sie gut, oder können Sie nicht einschlafen, wachen oft auf, träumen schlecht, sind am Morgen wie gerädert?
- Nehmen Sie Schlaf- oder Beruhigungstabletten? Wenn ja, wie oft?
- Trinken Sie viel Kaffee, Alkohol, oder rauchen Sie viel?
- Was, glauben Sie, könnte Sie am besten entlasten, Ihnen das Gefühl der Überbelastung nehmen?

Menschen, die sich eingestehen können, dass sie (noch) nicht vollkommen sind, leben sehr viel leichter als solche, die vor lauter Ehrgeiz, das Pefekte, Absolute zu erreichen, vergessen, auf sich selbst und ihre Kräfte zu achten. Ich bin dafür, das Beste anzustreben; ich halte den Wunsch, Spitze zu sein und die Nummer eins zu werden, für legal und richtig. Aber es kommt auf den Weg, auf die Art und Weise an. Super sein – ja. Aber mit dem Kopf durch die Wand -nein! Wenn wir das Syndrom der Überlastung analysieren, stellen sich vier wesentliche Punkte heraus:

1. Überforderung

Die meisten Menschen arbeiten vor sich hin, ohne ihre Stärken und Schwächen zu kennen. Sie sind unheimlich fleißig, weil sie glauben, damit an ihr Ziel zu kommen. Fleiß allein aber hat noch niemanden an die Spitze gebracht. Fleiß allein kann Ihnen einen Herzinfarkt bescheren, aber nicht eine Beförderung. Aber Fleiß und Aktivität in Verbindung mit unseren Begabungen bringen uns weiter. Nicht Arbeit allein macht den Erfolg aus.

ERFOLGSFAKTOR

Nur effiziente Arbeit bringt Erfolg.

Wenn Sie dies erkennen und berücksichtigen, wenn Sie sich weigern, sich mit unnützen und überflüssigen Dingen zu befassen, die Ihnen lediglich die Zeit stehlen – mögen sie noch so interessant sein – dann werden Sie frei für die wirklich wichtigen Dingen.

> *Problemlösung:* Erkennen Sie Ihre Stärken, verstärken Sie diese und nutzen Sie sie!

2. Gesundheitsprobleme

Auch hier gilt: Input = Output. Wenn Sie von Ihrem Körper nur ständig Leistung fordern, ohne ihn entsprechend zu versorgen, dann ist früher oder später der Zusammenbruch vorprogrammiert. Magenschmerzen, Stimmprobleme, Anfälligkeit für Erkältungen sind Warnsignale, die ein Defizit anzeigen. Mit einem solchen Körper können wir uns nicht in größere Höhen aufschwingen. Wir brauchen Vitalität, wir brauchen eine stabile Gesundheit, wir benötigen enorm viel Energie und Kraft – auch körperlich! Belastungsfähig, fit und glücklich sind die Menschen, die über einen Kraftüberschuss verfügen. Ein gesunder Körper strahlt Energie aus – und das benötigen Sie, um die Nummer eins zu werden. Gehen Sie pfleglich mit Ihrem Körper um, geben Sie ihm, was er benötigt, damit er für Sie die Voraussetzungen für den Erfolg schafft.

> *Problemlösung:* Treiben Sie regelmäßig Sport, egal ob Sie joggen, schwimmen, Golf oder Tennis spielen. Bewegung, nicht nur geistig, sondern auch körperlich, muss sein!
> Sorgen Sie für genügend Sauerstoffzufuhr, indem Sie Atemübungen machen.
> Aktivieren Sie die kleinen grauen Zellen: Machen Sie täglich einen Kopfstand.

3. Keine oder schlechte Arbeitseinteilung

Auf dem Schreibtisch türmen sich die Akten, 100 neue E-Mails sind eingegangen, ein Besprechungstermin jagt den anderen. Vor lauter Arbeit kommen wir gar nicht zum Planen. Und so leben wir arbeitsmäßig sozusagen von der Hand in den Mund. Wir bearbeiten die nächste Akte, antworten auf die erste Mail, nehmen jedes Telefongespräch an, anstatt rigoros Nein zu sagen, anstatt Prioritäten zu setzen, anstatt zu delegieren … Wir sprechen zwar von Rationalisierung, aber in unserem eigenen Bereich realisieren wir dieses Vorhaben nicht. Über unseren Arbeitsrhythmus denken wir

kaum nach, weil wir keine Zeit dafür haben – oder besser gesagt: uns die Zeit dafür nicht nehmen.
Erfolgreiche Manager, erfolgreiche Unternehmer erkennt man daran, dass sie Zeit haben, Ruhe ausstrahlen und nicht hektisch von einem Termin zum anderen hetzen. Sie arbeiten nach einem straff organisierten Plan. Hier wird nicht vor sich hin gearbeitet wie wild, nicht ins Blaue oder nach eiligen Anfragen produziert. Erfolg und perfekte Planung gehören zusammen. Wer immer nur Tätigkeiten ausführt, aber nicht richtig plant, tritt auf der Stelle. Würde jeder Berufstätige seine Fähigkeiten richtig nutzen, gezielt einsetzen und seine Arbeit optimal planen – wir hätten ein Heer von Führungspersönlichkeiten. Doch so arbeiten sich viele lieber zu Tode, als die Arbeit einzuteilen.

ERFOLGSFAKTOR

Arbeitseinteilung = Zeiteinteilung

Ihr Arbeitstag hat 10, vielleicht sogar 12 Stunden oder mehr à 60 Minuten. Es gilt, keine Minute zu vergeuden. Planen Sie genau, verbrauchen Sie weder Minuten noch Energien am falschen Fleck. Unterscheiden Sie zwischen Genauigkeit und Kleinlichkeit (s. auch Kapitel 4).

Problemlösung: Zeit für das Wichtigste einplanen. Entscheidung durch zielorientierte Planung treffen. So können Sie bis zu zwei Stunden jeden Tag gewinnen. Zeitgewinn = Gewinn an Lebensqualität.

4. Angstgefühle

Mit der Angst haben wir uns schon befasst. Dennoch möchte ich auch im Zusammenhang mit der Überbelastung auf die Angst zu sprechen kommen. Weniger die Arbeit als vielmehr die Ängste, Sorgen und inneren Widerstände setzen dem Menschen zu. Angst ist wie ein Leck in der (Nerven-)Batterie, Angst kann die Existenz eines Menschen zerstören.

Dem genialen Menschen scheint alles mit Leichtigkeit zuzufallen. Ganz im Gegensatz dazu der ängstliche Mensch: Ihm fällt alles schwer, jede Kleinigkeit ist für ihn Schwerstarbeit. Wem es aber gelingt, die Angst aus dem Leben zu verbannen, der wird innerlich frei und dann läuft alles wie geschmiert, rollt leicht wie auf Kugellagern.

Ich behaupte: Angst ist eine Frage der Einstellung. Sie glauben das nicht? Dann lassen Sie mich aus der Hypnosepraxis berichten. Alles ist so, wie wir glauben, dass es ist. Suggerieren Sie einer hypnotisierten Person, dass der Stuhl am Boden angeklebt, also schwer zu bewegen ist, dann wird diese Person – und wenn sie über die Kräfte des Herkules verfügt – den Stuhl nicht bewegen können.

Suggerieren Sie einer hypnotisierten schwachen kleinen Frau, dass der gleiche Stuhl leicht ist, dann werden Sie Ihr wahres Wunder erleben können. Ohne Anstrengung kann die Frau den Stuhl hochheben. Der Stuhl ist jedoch derselbe, hat sein Gewicht nicht verändert!

Was schließen wir daraus? Glauben wir, dass wir etwas können, dann sind wir auch in der Lage dazu. Glauben wir, dass eine Arbeit sehr schwer ist, verbraucht allein schon diese Vorstellung bereits einen Großteil unserer Energie. Der Glaube versetzt Berge! Stellen wir uns vor, wir sind überbelastet, dann entzieht uns dieser Gedanke die Kraft, die wir zur Bewältigung der Arbeit benötigen.

GRUNDGESETZ DER LEBENSENTFALTUNG:

Beachtung bringt Verstärkung. Nichtbeachtung bringt Befreiung.

Entsprechend dieser Erkenntnis sollen Sie bei Ihren Entspannungsübungen wie auch bei allen Autosuggestionen immer das Angestrebte, das Positive verwenden, beispielsweise: „Alles wird leicht! Ich bin ruhig und ausgeglichen." Früher wurde beim autogenen Training die Formel verwendet: „Meine Arme und Beine werden schwer" – das sind sie ja auch geworden. Doch damit kann man nicht gewinnen – weder im Sport noch im Job!

Sie sehen, der größte Feind der Überbelastung sitzt in uns selbst in Form unserer Zweifel. Zweifel an unseren Fähigkeiten, an unserer Energie, Zweifel, ob wir es schaffen. Zweifel erzeugen Unlustgefühle, ziehen uns nach unten, nehmen uns die Kraft und wecken Ängste. Angst aber zerstört den Menschen von innen.
Kennen Sie diesen Spruch? „Arbeit macht das Leben süß, macht es nie zur Last. Der nur hat Bekümmernis, der die Arbeit hasst."
Lieben Sie Ihre Arbeit, gehen Sie sie mit Freude an. Freude gibt Kraft und beflügelt uns zu großen Taten.

Problemlösung: Lernen Sie die Kunst der Selbstmotivation. Arbeiten Sie mit Autosuggestionen.

„Verausgabung"
„Kraftentfaltung"

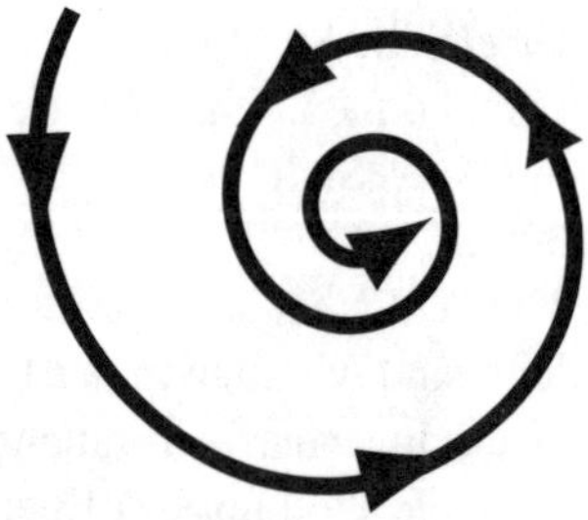

„Sammlung – Innesein"
„Kraftaufladung"

5. **Immer größere und schwierigere Aufgaben**
Die Welt wird immer kleiner, die Aufgaben werden immer größer. Auch hier kommt es auf die Einstellung an: Wer auf seine Aufgaben vorbereitet ist, der wächst an ihnen. Doch was wachsen will – das wissen wir schon aus der Natur – benötigt Nahrung, also Kraft. Die Kraft, die wir für unsere Aufgaben verbrauchen, muss nachfließen. Wenn die Kraftquellen ausgetrocknet oder blockiert sind, kann sich nichts mehr weiterentwickeln, langsam stirbt alles ab. Ein verbrauchter Mensch, also jemand, dessen Energie nicht im Fluss ist, altert vor der Zeit.
Nicht verwechseln sollten wir Erschöpfung und Ermüdung. Ermüdung ist eine notwendige Erscheinung, die naturgegeben dafür

sorgt, dass wir uns regenerieren, also unsere Kraftreserven aufbauen durch erholsamen Schlaf, durch Entspannung. Vorsicht bei Erschöpfung: Sie bewirkt genau das Gegenteil, nämlich ständigen Kräfteabbau.

Problemlösung: Sorgen Sie für erholsamen und ausreichenden Schlaf – möglichst 7 bis 8 Stunden täglich.

Unter einer überlasteten Person leiden viele: die Mitarbeiter, Kollegen, Kunden im Job; zu Hause die Familie, die Freunde und Bekannten. Überbelastung muss nicht sein. Viele Persönlichkeiten aus Wirtschaft und Politik beweisen das. Sie haben ungewöhnliche Leistungen gebracht, sich ihre geistigen Kräfte erhalten und ihre Zeit optimal genutzt. Orientieren Sie sich an solchen Vorbildern.
Freude ist ein wesentlicher Faktor für Erfolg und eine wirksame Waffe gegen Überbelastung. Arbeit ohne Freude – das ist eine der schlimmsten Strafen im Leben. Arbeit ohne Freude – davon kann man krank werden, sogar Krebs oder einen Herzinfarkt kann man bekommen.

ERFOLGSFAKTOR

Lieben Sie Ihre Arbeit!

Dies ist auch das Geheimnis aller erfolgreichen Männer und Frauen. Bringen Sie Begeisterung mit für Ihre Arbeit – und Sie werden bemerken, dass Ihnen die Arbeit leicht von der Hand geht. Begeisterung ist ein erfolgreiches Medikament: Es wirkt innen und außen, lindert Nervosität, löst Anspannung, verbessert den Stoffwechsel, regelt den Kreislauf, steigert die endokrine Sekretion, gibt Kraft und Energie, reguliert die Verdauung – kurz: es trägt zum Wohlbefinden maßgeblich bei.

Einflussreiche Menschen sind nicht überlastet, obwohl sie enorm viel leisten. Sich anstrengen, um sich weniger anzustrengen, das ist die wirkungsvollste Anstrengung.

Stagnation

Sie haben sich Ihr Ziel gewählt, Sie sind mit Elan an die Arbeit gegangen, Sie haben mit Begeisterung an sich gearbeitet und mit Freude festgestellt, Sie kommen voran. Sie konnten kleine Erfolge verzeichnen. Nun erwarten Sie selbstverständlich, dass es so weitergeht: Heute ein kleiner Erfolg, morgen ein kleiner Erfolg – und jetzt die Enttäuschung! Sie bleiben einfach auf der Stelle stehen – nichts geht mehr! Und dieser Zustand hält an – eine Woche, zwei Wochen, drei Wochen. Langsam fangen Sie an zu zweifeln. Vielleicht war alles nur Glück oder Zufall? Vielleicht haben Sie sich übernommen, sich überschätzt und sich zu viel zugetraut?

So sollten Sie nicht denken! Alles braucht seine Zeit. Sehen Sie sich als Bergsteiger, der sich vorgenommen hat, einen hohen Gipfel zu erklimmen. Wenn Sie nicht genügend trainiert sind, dann schaffen Sie das nicht in einem Zug. Sie haben sich Teiletappen vorgenommen, aber es kommen Hindernisse: Das Wetter wird schlecht, es schneit, auch Ihre Kondition ist nicht jeden Tag gleich. Das ist alles ganz normal. Das sollten Sie einkalkulieren.

Nutzen Sie diese Phase der Stagnation, um Ihre Strategie noch einmal zu überprüfen. Vielleicht haben Sie hier einen kleinen Fehler gemacht, vielleicht haben Sie dort eine Winzigkeit übersehen. Woran liegt es, dass es im Moment nicht weitergeht? Sind Sie zu ungeduldig, oder gibt es Einflüsse von außen, die Sie in Ihrem Konzept nicht berücksichtigt haben? Denken Sie an das griechische Sprichwort „ Panderai – alles (das Leben) fließt" – mal etwas langsamer und mal etwas schneller. Das ist in der Natur so, und auch unser Leben verläuft nach diesem Prinzip. Glauben Sie an sich, und Sie werden jedes Hindernis überwinden. So werden Sie auch die Durststrecken überstehen. Der Glaube ist der Nährstoff für Ihre Idee.

GRUNDGESETZ DER LEBENSENTFALTUNG

Glaube führt zur Tat.
Konzentration führt zum Erfolg.
Wiederholung führt zur Meisterschaft.

Misserfolge & Fehler

Nichts ist perfekt auf dieser Welt – nicht einmal der Mensch. Also erwarten Sie von sich nichts Übermenschliches, sondern gestehen Sie sich ein, dass auch Ihnen Fehler unterlaufen können. Fehler sind immer ein Zeichen dafür, dass etwas im System nicht stimmt, sei es, dass das System Sie selbst sind, sei es Ihre Planung, sei es ein falscher Zeitpunkt. Fehler sind notwendig, denn sie geben uns die Möglichkeit, zu lernen und uns weiterzuentwickeln, den eingeschlagenen Kurs zu überprüfen und gegebenenfalls zu revidieren.

Wie gehen Sie nun am besten mit Fehlern und Misserfolgen um?

Wenn Sie erkennen, dass Ihnen ein Fehler unterlaufen ist, geben Sie ihn lieber gleich zu. Sie müssen ja nicht im ganzen Betrieb herumlaufen und erklären, dass Sie sich verkalkuliert haben. Wenn Sie mit Ihrem Fehler konfrontiert werden, dann wäre es schwach, wenn Sie versuchten, den Fehler zu schmälern, zu vertuschen oder gar Kollegen in die Schuhe zu schieben. Dieser Fehler ist passiert. Was sollen Sie sich noch lange damit abgeben? Schauen Sie nicht zurück, sondern nach vorn. Schreiten Sie lieber zur Tat! Angenommen, Sie haben eine falsche Kalkulation erstellt, dann korrigieren Sie das und legen die richtigen Zahlen vor. Geben Sie keine langen Erklärungen ab, warum und wieso Ihnen dieser Fehler unterlaufen ist. Argumente, wie „… nach einer durchzechten Nacht“ oder „… schlechte Konzentration, weil Migräne“ werfen ein sehr schlechtes Bild auf Ihre Persönlichkeit. Lernen Sie aus Fehlern, machen Sie es das nächste Mal besser. Vielleicht haben Sie nicht konzentriert gearbeitet. Dann machen Sie Konzentrationsübungen. Merzen Sie Schwachstellen aus. Sie brauchen sich nicht zu schämen, wenn Ihnen einmal ein Missgeschick unterlaufen ist. Das ist normal, das passiert jedem.

Bei Misserfolg empfehle ich Ihnen die gleiche Verhaltensweise – nämlich Schadensbegrenzung und Blick nach vorn.

> *Fazit:* Ursachen erkennen, Wiederholung vermeiden, Schwächen ablegen, Fehler als Lernprozess akzeptieren.

Versuchen Sie, Fehlerquellen auszuschalten, indem Sie sich z. B. nicht zu große Ziele in zu kurzer Zeit vornehmen. Lieber in kleinen Etappen ein Ziel erreichen. Sie kennen Ihre Geschwindigkeit, Sie kennen Ihre Stärken. Also orientieren Sie sich an Ihrer individuellen Art, halten Sie es wie Frank Sinatra mit seinem Song „I did it my way“. Stehen Sie zu sich!

Vielleicht gehören Sie zu den Menschen, die vor lauter Angst vor Fehlern einen Fehler nach dem anderen machen. Dann arbeiten Sie mit meiner Anti-Angst-Strategie (1. Kapitel). Angst vor Fehlern können Sie auch abbauen, indem Sie sich bildhaft vorstellen: Was passiert wirklich? Welche Auswirkungen hat eine Fehlentscheidung? Stellen Sie sich das vor, ganz deutlich und plastisch und auch drastisch! Sie werden erkennen, dass alles nur halb so schlimm ist. Gehen Sie locker an Ihre Aufgaben heran. Damit verhindern Sie von vornherein, dass Sie aus Verkrampfung Fehler machen.

Ich empfehle gerne auch einmal eine außergewöhnliche Strategie, wenn jemand ständig Angst vor Fehlern hat. Machen Sie absichtlich Fehler. Tun Sie jede Woche bewusst etwas Falsches, was keinem schadet. Ein Freund von mir hat dies sehr erfolgreich praktiziert. Er steht heute locker über den Dingen. Eine seiner Anti-Fehler-Maßnahmen war, ab und zu in eine Damentoilette zu gehen. Eine oberpeinliche Situation, wenn dies aus Unachtsamkeit geschieht. Doch mein Freund suchte derartige Situationen, um sich zu trainieren. Er wartete, bis zwei Damen sich vorm Spiegel hübsch machten, um die Toilette mit einem freundlichen Lächeln zu verlassen. Er hat dabei nur gewonnen – an Sicherheit und Leichtigkeit.

ERFOLGSFAKTOR

Misserfolge sind das Gegenteil von Erfolgen. Orientieren Sie sich an Ihren Erfolgen und geben Sie sich nicht mit Misserfolgen ab.

Missgunst & Neid

Sobald ein Mensch sich abhebt von der Masse, sobald er anders ist, sich anders verhält, aussteigt aus dem Grau der Masse, wird er früher oder später mit Neid und Missgunst konfrontiert werden.

Das ist ganz normal. Die Grundeinstellung der meisten Menschen lautet: Mir geht es schlecht, ich bin hier unten – einem anderen soll es nicht besser gehen. Keiner sieht, dass der so genannte „Aufsteiger" mehr arbeitet, sich und seine Persönlichkeit einbringt, dass er besser ist, dass er sich spezialisiert hat. Jeder sieht nur, dass er mehr bekommt.

Es liegt viel an Ihnen, wie Sie Neid und Missgunst in Ihrem Umfeld von vornherein verhindern oder zumindest eindämmen können. Wer aufsteigt, erhält Macht, und je höher er steigt, desto mehr Macht bekommt er. Entscheidend ist, wie Sie führen: auf Grund Ihrer Position oder auf Grund Ihrer Persönlichkeit?

Einem charismatischen General folgen die Soldaten freiwillig. Sie können sich seiner Ausstrahlung gar nicht entziehen. Ihr geheimer Wunsch ist, genauso zu sein wie er. Neid entsteht meistens, wenn Menschen Macht ausüben. Die Position spielt eine untergeordnete Rolle, wenn eine Persönlichkeit sie innehat, die über Führungsfähigkeit verfügt. Dafür ist Ausstrahlung erforderlich, die Kunst, Menschen zu begeistern, sie dort anzusprechen, wo sie wirklich erreichbar sind – nämlich auf der emotionalen Ebene. Auch über die Qualität einer Geschäftsbeziehung wird nicht allein auf rationaler Ebene, sondern auch auf emotionaler Ebene entschieden. Nicht nur die Zahlen müssen stimmen – auch die Chemie! Deshalb sollten Sie diese Frage klären:

- Wie wirke ich auf andere Menschen?
- Was verleiht mir Autorität? Meine Position oder meine Persönlichkeit?

Wenn Sie andere Menschen von Ihren Ideen und Zielen begeistern können, dann werden diese gerne für Sie arbeiten. Ja, sie wünschen Ihnen sogar Erfolg und freuen sich mit Ihnen, wenn Sie vorankommen. Wenn es Ihnen gelingt, dieses „Wir-Gefühl" zu schaffen, dann führen Sie richtig – nämlich „weich" oder, anders ausgedrückt, „menschlich". Dann ist Ihr persönlicher Erfolg auch der Erfolg aller Menschen, die mit dazu beigetragen haben. Und deshalb haben Sie wenig mit Neid und Missgunst zu tun. Entfalten Sie Ihre charismatischen Fähigkeiten, und die Herzen Ihrer Mitarbeiter werden Ihnen zufliegen. Sie erhalten die größte Unterstützung, mehr als Sie es sich überhaupt vorstellen können.

Die Entscheidung treffen

Für welches Ziel Sie sich auch entscheiden – auf die Stimme Ihres Herzens sollten Sie hören. Denn Sie können Erfolg nur dann erreichen, wenn Sie ganz – also mit Verstand und Herz – dabei sind. Gefühle sind stärker als Fakten! Wenn Sie aus Ihrer Mitte heraus die Entscheidung treffen, wenn Sie mit Ihrem Unterbewusstsein zusammenarbeiten, dann werden Sie sensibel für die Stimme Ihres Herzens. Dazu möchte ich Ihnen gern eine Legende erzählen:

Eines Tages entschlossen sich die Götter, das Universum zu schaffen. Sie arbeiteten an Sonne, Mond und Sternen. Sie schufen die Meere, die Berge, die Wolken, die Blumen und die Wälder. Dann erst kam der Mensch an die Reihe. Und ganz zum Schluss schufen sie die Wahrheit. Doch nun entstand ein Problem: Wo sollten sie die Wahrheit unterbringen, denn der Mensch sollte sie ja nicht sofort finden können. Die Entdeckung der Wahrheit sollte einem kleinen Abenteuer gleichkommen. Einer der Götter schlug vor, die Wahrheit auf den höchsten Berg zu stellen, weil er glaubte, dass sie dort schwer zu finden sei. „Lasst sie uns lieber auf dem Stern verstecken, der am weitesten von uns entfernt ist", schlug ein anderer Gott vor. „Lieber auf der Rückseite des Mondes oder im tiefsten Abgrund …" Die Vorschläge nahmen kein Ende, bis der älteste, weiseste Gott sich zu Wort meldete und entschied: „Wir wollen die Wahrheit im Herzen der Menschen verstecken. So werden sie im gesamten Universum suchen, ohne sich bewusst zu sein, dass sie die Wahrheit die ganze Zeit in ihrem Herzen tragen."

Hand aufs Herz – stehen Sie mit Ihrem Herzen in Kontakt? Dann wissen Sie, welches in Wahrheit der richtige Weg für Sie ist, welches Ziel Ihr Ziel ist, in welchem Bereich Sie die Nummer eins sind.

Beschreiben Sie hier Ihr persönliches Ziel:

- Ergebnis Ihrer Selbstanalyse
- Ihre Stärken, Fähigkeiten
- Welche negativen Programmierungen müssen Sie „überspielen“?
- Notieren Sie Ihr Motto: Ich will die Nummer eins in fünf Jahren auf dem Gebiet … werden!
- Was müssen Sie verändern?
- Mit wem müssen/wollen Sie zusammenarbeiten, wen wollen Sie motivieren, begeistern?
- Mein persönliches Erfolgsmotto lautet: …

3. Kapitel
WIE ERREICHE ICH MEIN ZIEL?

Diese Frage ist einfach zu beantworten: durch die Entfaltung Ihrer Persönlichkeit, Freisetzen der eigenen Energie, Aktivierung aller Fähigkeiten – nach dem Motto: Alles liegt in mir, ich muss es nur für mich einsetzen. Jeder kann ein Genie in seinem Bereich werden, wenn er seine individuellen Stärken erkennt und nutzt. Wir haben uns in den beiden vorangegangenen Kapiteln viel mit Ihrer Vergangenheit befasst, um aus diesen Erkenntnissen Konsequenzen für die Zukunft zu ziehen. Der wichtigste Teil Ihres Lebens liegt vor Ihnen – Ihre Zukunft. Wir leben im Hier und Heute und stellen die Weichen für morgen. Unsere derzeitige Situation ist nichts anderes als das Resultat unserer Einstellung, unserer Bemühungen von gestern. Heute entscheiden wir für morgen, entscheiden, in welche Richtung, mit wie viel Elan und in welcher Geschwindigkeit es weitergeht. Es liegt an uns, ob der Weg uns zur Spitze führt oder ob wir stehen bleiben, ob wir in gewissen Abständen einen Karriereschub einleiten oder ob wir ausgemustert werden. Der Mensch ist das einzige Wesen, das an die Zukunft denken kann. Doch was tun die meisten Menschen? Sie treten mit aller Kraft auf der Stelle oder gehen gar rückwärts in die Zukunft!

Das wollen Sie nicht. Sie schauen nach vorn, denn in fünf Jahren wollen Sie ein großes Ziel erreicht haben: Sie wollen die Nummer eins sein.

Wir haben keine Zeit zu verlieren. Heute ist der erste Tag vom Rest Ihres Lebens. Nutzen Sie ihn – beginnen Sie jetzt, in diesem Augenblick, den Kurs neu einzustellen, die Richtung exakt festzulegen. Dann können Sie in fünf Jahren sagen: „Ich habe es geschafft!“

Mit der Konzentration auf die Zukunft vollziehen Sie zugleich den notwendigen Abschied von der Vergangenheit. Sie brauchen keinen Psychiater, um die Vergangenheit aufzuarbeiten, müssen sich nicht ständig mit alten, ungelösten Problemen belasten, denn durch Nachdenken können Sie nichts verbessern. Ganz von selbst kommen Sie mit sich ins Reine – ohne Schuldgefühle und ohne Groll. Das ist wie mit einer alten Liebe, die verblasst. Nach einiger Zeit begegnen Sie einer anderen Frau, einem anderen Mann – Sie verlieben sich aufs Neue. Die alte Liebe haben Sie hinter sich gelassen, Sie haben sie losgelassen, und sie ist nach und nach ohne Ihr aktives Dazutun in Vergessenheit geraten.

So geschieht dies auch mit der Vergangenheit. Keine Altlasten machen Ihnen das Leben schwer, wenn Sie sich erst einmal für die Zukunft, für Ihren Erfolg entschieden haben. Viele Menschen machen andere für ihren Misserfolg, für ihr Unglück verantwortlich. Da stehen in erster Linie die Eltern als die Sündenböcke da. Oft wird bewusst – noch öfter unbewusst – Rache an ihnen genommen durch Vorwürfe, Schuldzuweisungen u. ä. Eine solche Art der „Vergangenheitsbewältigung" benötigen Sie nicht mehr, wenn Sie nach vorne sehen. Sie können verzeihen und in Liebe loslassen, denn Sie haben erkannt: Sie allein sind für sich verantwortlich – im Guten wie im Bösen. Ich behaupte sogar, dass der Blick zurück uns dümmer macht, weil wir aus dem Blick allein nicht lernen und somit nichts verändern können.

Nun stehen Sie also am Wendepunkt Ihres Lebens. Vor sich sehen Sie viele Wege, viele Möglichkeiten. Welche Richtung sollen Sie einschlagen?

Alle Wege führen nach Rom, gehen können Sie nur einen. Auch zu Ihrem Ziel führen viele Wege, aber Sie müssen sich entscheiden, welchen Sie einschlagen wollen. Sie können die Straße „Rechtfertigung, Schuldzuweisung" wählen, die Straße „Mit dem Kopf durch die Wand", Sie können auch Fehlentscheidungen konsequent immer wieder treffen – auch das führt zu einer Art Erfolg. Egal welchen Weg Sie wählen – Sie können es nicht allen recht machen. Und gerade weil das so ist, sollten Sie auf die Meinung anderer keine Rücksicht nehmen. Lassen Sie diese Menschen ruhig den Schiffbruch prophezeien, lassen Sie die anderen ruhig lächeln. Es kommt allein auf Sie an. Sie können wählen und Sie tun dies ganz bewusst.

Es gibt Menschen, die sich zwar einen Zielpunkt gesetzt, aber keinen Weg dahin festgelegt haben. So machen sie vielleicht den ersten Schritt in die richtige Richtung, doch bereits den nächsten Schritt haben sie schon nicht mehr geplant: Wie die Hasen hoppeln sie im Zickzack-Kurs durchs Leben und stellen dann irgendwann erstaunt fest, dass die anderen schon längst am Ziel angekommen sind.

Ich kann, was ich will

Mit dieser Einstellung machen wir uns nun auf den Weg. Als Wegzehrung benötigen Sie die Bereitschaft, an sich zu arbeiten, Disziplin, Geduld, Freude und den brennenden Wunsch, die Nummer eins zu werden.

Die Zielvorstellung

Sie haben sich entschieden, die Nummer eins in Ihrem Bereich zu werden – dies ist jetzt Ihre Lebensaufgabe. Haben Sie diese Entscheidung aber nur mit dem Kopf getroffen, dann werden Sie es etwas schwer haben, Ihr Ziel zu erreichen. Ein Ziel, das Sie aus verstandesmäßigen Gründen gewählt haben, wird Sie nicht glücklich machen. Es fehlt ihm das Wesentliche, das Gefühl. Woher wollen Sie Leidenschaft nehmen, wenn Ihr Herz nicht involviert ist?

Nichts ist anstrengender im Leben, als Pflichtaufgaben zu erledigen. Sie verbrauchen dafür enorme Energien, sind deshalb schnell ausgepowert, ohne dass Sie viel erreichen. Deshalb sollten Ihre Ziele wirklich Ihren tiefen Wünschen, Vorstellungen und Fähigkeiten entsprechen. Klären Sie auch, ob Sie wirklich nur ein einziges (Haupt-) Ziel haben, denn wer alles will, erreicht gar nichts.

Schreiben Sie auf ein Blatt Papier:

1. *Ihr Ziel* und darunter alles, was damit verbunden ist. Beispielsweise: Zufriedenheit, die Herausforderung meistern, Anerkennung, finanzielle Verbesserung, sich einen Namen machen, bekannt werden …
2. *Schwierigkeiten,* die Sie zu meistern haben. Beispielsweise: Konkurrenz, Neid, Ungeduld …
3. *Vorteile,* die Sie nutzen können. Beispielsweise: Charismatische Ausstrahlung, gute Beziehungen, finanzieller Background, Auslandskontakte …
4. Wer hat *Nutzen* von Ihrem Engagement?

Tun Sie Ihre Arbeit mit Freude! Sie wird Ihnen nicht nur leicht von der Hand gehen, sondern Sie werden rundum gewinnen. Warum kann man dem Verkäufer Meier kaum etwas abschlagen, während man bei Herrn Müller von vornherein auf Abwehrkurs geht? Herr Meier ist begeistert, ist überzeugt, Ihnen das Richtige anbieten zu können, hat Freude an seiner Arbeit – und am Leben. Und genau das kommt rüber. Freude trifft ins Schwarze, nämlich ins Herz. Wer kann da widerstehen?

In einem Interview mit dem Stern (Nr. 42 vom 12.10.00) antwortete Jürgen Schrempp auf die Frage, warum er sich so viel Stress auflädt, dass er glaubt, man dürfe nie ausruhen, nie Angst vor Kritik haben, wenn man glaubt, das Richtige zu tun. Er glaubt daran, dass harte Arbeit zum Erfolg führt, und das macht ihm Spaß! Ich glaube, ohne die Antriebsfeder Freude und Spaß ist jede noch so gute Idee von Anfang an zum Scheitern verurteilt.

Nur wer wirklich Spaß an seiner Arbeit hat, kann langfristig gute Leistung bringen. Da sind vor allem auch die Unternehmer und Führungskräfte gefordert: die Arbeit so zu gestalten, dass der Mitarbeiter seine Aufgabe als eine Herausforderung begreift, die er meistert und die ihm Anerkennung bringt, die ihn einbindet in das Team. Schaffung des „Wir-Gefühls" ist ein wichtiger Baustein für den Erfolg eines Unternehmens oder eines Produkts. Die heutige Führungsmannschaft hat ihre Position meist auf Grund von fachlich guten Leistungen bekommen. Aber wie wir wissen, reicht dies nicht aus, um Menschen zum Erfolg zu führen. Heute sind Führungsqualitäten auf der menschlichen oder emotionalen Ebene wichtiger als reines Fachwissen.

Wie kann Ihr Weg zum Ziel aussehen? Wie wir festgestellt haben, ist die Spezialisierung auf ein Gebiet die Voraussetzung dafür, zur Nummer eins zu werden. Als Bäckermeister können Sie anstreben, die Nummer eins im Bereich Körnerbrot zu werden, als Übersetzer die Nummer eins auf dem Gebiet romanische Prosa, als …

1. Konzentration auf Ihr Fachgebiet

Sind Sie ein Profi in dem Bereich, in dem Sie momentan tätig sind? Beherrschen Sie alle Arbeiten wirklich aus dem Effeff? Was gehört zu Ihrem Arbeitsbereich, erledigen Sie alles perfekt? Sie sollten den Ruf haben, ein Experte auf Ihrem Gebiet zu sein, auf den man sich verlassen kann.

Beantworten Sie die folgenden Fragen, immer unter Berücksichtigung Ihres großen Zieles:

Sie kennen Ihre Stärken (s. Kapitel 2), welches sind die wichtigsten für Sie?

Wie können Sie diese für Ihr Ziel einsetzen?

In welchen Bereichen unterscheiden Sie sich von der Konkurrenz?

Welche Probleme können Sie mit Ihren Stärken und Fähigkeiten am besten lösen?

Was können Sie bewirken, in Gang setzen?

Womit haben Sie bei Ihren Mitmenschen in erster Linie Erfolg (Ausstrahlung, rhetorische Überzeugungskraft, Charme, Wissen ...)?

2. **Konzentration auf die Zielgruppe**
   Wo wollen Sie hin, wer ist dafür zuständig? Meist die nächste Stufe in der Hierarchie. Kennen Sie die Situation dort, die Problematik? Haben Sie Lösungsvorschläge parat? Wenn Sie erst einmal wissen, warum Ihr Chef ausgerechnet diese und keine andere Entscheidung getroffen hat, sind Sie der Konkurrenz um Meilen voraus. Versetzen Sie sich in die angestrebte Position, erweitern Sie Ihren Blickwinkel.
3. **Konzentration auf das aktuelle Problem**
   Was zählt, ist das Resultat. Auch hier gilt: Konzentration auf die Lösung des größten, aktuellsten oder wichtigsten Problems. Verzetteln Sie sich nicht, indem Sie versuchen, Lösungen für allerlei Kleinprobleme anzubieten. Damit kommen Sie nicht weiter, Sie verpulvern nur Ihre Energie. Probleme erster Rangordnung sind solche, die unbedingt so schnell wie möglich gelöst werden müssen, weil sie möglicherweise die Existenz einer Firma in Frage stellen. Hier haben Sie die beste Gelegenheit, sich zu profilieren! Probleme zweiter Rangordnung sind nicht existenzbedrohend, aber mittel- und langfristig wichtig. Auch hier können Sie sich erfolgreich einbringen. Eine Lösung für Probleme dritter Ordnung hilft Ihnen nicht weiter. Gehen Sie psychologisch geschickt vor, beziehen Sie die entsprechenden Personen, vor allem Vorgesetzte, mit ein. Sie schaffen sich sonst lebenslänglich Feinde!

4. Netzwerke sind wichtig

Erst wenn man genau weiß, was man will, kann man sich die Frage stellen: Wer kann mir dabei helfen? An erster Stelle öffnen immer Menschen die Türen. Nicht das Wissen, nicht das Geld. Menschen sind es, die uns das Tor zur Nummer eins öffnen. Darum ist dieses Kapitel zur Erreichung Ihres Ziels besonders wichtig!

Sichern Sie sich die Unterstützung von Kollegen – Sie könnten morgen Ihre Vorgesetzten sein! Pflegen Sie Kontakte, nicht nur im Job, sondern auch in der Freizeit.

Vergessen Sie nicht, mit Hilfe der Presse Ihr Image und Ihren Marktwert zu erhöhen. Schreiben Sie regelmäßig Berichte für Ihre Fachzeitungen. Vergessen Sie nicht, ein gutes Foto beizulegen. Und schreiben Sie regelmäßig positive Leserbriefe.

Nun können wir nicht jeden Menschen, der uns sympathisch ist, in unser Leben integrieren. Auch sollen Beziehungen sich nicht allein daran orientieren, ob sie von Nutzen sind oder nicht. Kontakte sind einer der wichtigsten Faktoren auf dem Weg nach oben. Die richtigen Beziehungen sollten im rechten Maß gepflegt werden. Erwarten Sie nicht eine sofortige Reaktion. Oft bringen Kontakte erst nach Jahren etwas. Bauen Sie ein Netzwerk auf, schaffen Sie sich die besten Kontakte, vermitteln Sie Kontakte – damit helfen Sie sich selbst und anderen. Beziehungen sind unsichtbare Verbindungen zwischen Menschen, die oft erst dann sichtbar werden, wenn ein gemeinsames Ziel angestrebt wird.

- Welche guten Kontakte haben Sie – beruflich und privat?
- In welchen Vereinen und Vereinigungen sind Sie – beruflich und privat?
- Lernen Sie leicht Menschen kennen?
- Können Sie auf andere zugehen?
- Tun Sie genügend, um Ihre Kontakte und Beziehungen zu pflegen?
- Wie pflegen Sie Ihre Kontakte?
- Welche Vereine, Interessengemeinschaften etc. gibt es, die Sie weiterbringen könnten?
- Welchen wollen Sie beitreten?

5. **Denken Sie konstruktiv und aus der Sicht des Unternehmers**
   Was können Sie dazu beitragen, dass sich Ihre Kollegen und Mitarbeiter mit der Aufgabe und den Zielen identifizieren? Wie sieht es aus mit Motivation, mit Anerkennung der Leistung, mit Dank?
6. **Haben Sie genügend Mut zum Risiko!**
   Ich plädiere nicht für mehr Mut zum Risiko, sondern dafür, Risiken mit Plan anzugehen, denn so sind sie auch zu bewältigen. Warten Sie nicht darauf, bis sich irgendetwas von selbst oder von außen verändert. Haben Sie Mut zur Zukunft: Besser agieren als reagieren. Bestimmen Sie, wo's langgeht, und warten Sie nicht darauf, dass ein anderer das tut. Es gibt nur folgende Möglichkeiten: Lead, follow or get out of the way! (Führe, folge oder geh aus dem Weg!)

Als Unternehmer müssen Sie Stärken verstärken und dies auch sichtbar machen – nach außen (Kunden) und nach innen (Mitarbeiter):

- Wo liegt die Stärke des Produkts, der Dienstleistung, der Firma?
- Welche Leistungen sind einzigartig, wo sind Sie besser als die Konkurrenz?
- Wer ist die Zielgruppe?
- Welche Innovation können Sie anbieten?
- Welches konstante Grundbedürfnis ansprechen?
- Welchen Nutzen hat die Zielgruppe?

Daraus ergibt sich:

- In welchem Bereich müssen Veränderungen vorgenommen werden?
- Wie muss das Image des Unternehmens verändert werden?
- Was müssen die Mitarbeiter anders machen?

Woran könnte Ihr Vorhaben scheitern?

- **Zu viel auf einmal erreichen wollen**
  Bleiben Sie auf dem Boden der Tatsachen, verlangen Sie nichts Übernatürliches von sich und anderen. Je weiter Ihr Ziel entfernt ist, desto schneller verliert es den Anreiz. Sie sehen andere, leichter erreichbare Ziele, die einen schnelleren Erfolg versprechen – und ehe Sie sich versehen, sind Sie schon von Ihrem Weg abge-

kommen. Deshalb: Große Ziele lassen sich erreichen über kleine Schritte! „Der Mann, der den Berg abtrug, war derselbe, der anfing, kleine Steine wegzutragen.“ (Chinesische Weisheit)

ERFOLGSFAKTOR

In kleinen Etappen zum großen Ziel gelangen!

2 x 2 = 4 Das haben Sie gerade im Kopf gerechnet.
186 x 397 = Das können Sie nicht mehr im Kopf rechnen.
Aber wenn Sie diese scheinbar große Aufgabe in drei kleine Aufgaben teilen, können Sie auch dieses mathematische Problem lösen. Was haben Sie gelernt? Auch große Probleme sind lösbar, wenn man sie in kleine Einzelaufgaben teilt. Bitte ziehen Sie die Konsequenzen aus diesem Wissen.

- **Sich von Chancen verführen lassen**
  Verabschieden Sie sich von der Idee, jede Möglichkeit, die sich Ihnen bietet, unbedingt nutzen zu müssen. Möglicherweise haben Sie bisher so gelebt, und dieses Verhalten ist Ihnen bereits zur Gewohnheit geworden. Ehe Sie sich versehen, haben Sie Ihr Hauptanliegen aus den Augen verloren und sind zu einem Chancenjäger geworden, der zwar überall Möglichkeiten, aber kein wirkliches Ziel sieht. Folge: Sie kommen niemals an die Spitze.
- **Zu starker Geltungstrieb**
  Ein anderer Feind der Konzentration auf ein Ziel ist der Geltungstrieb. Er ist es nämlich, der uns verleitet, jede Gelegenheiten zu nutzen, um uns darzustellen – kurz gesagt: Profilneurose. Geltungstrieb ist nicht unwesentlich, kann sogar zu einem wertvollen Begleiter werden, aber nur, wenn ihm Leistung zur Seite steht. Im richtigen Maße braucht jeder, der vorankommen will, eine gewisse Portion Geltungstrieb. Auf die richtige Dosierung kommt es an!

Visionen zur Realität machen

Ihr Ziel sollte als Ideal immer vor Ihren Augen stehen. Sehen Sie sich in der angestrebten Position. Alles, was in dieser Welt bewegt wurde, ist aus einem Gedanken entstanden. Das ist aber nur der Anfang, der Gedanke allein reicht nicht aus. Wenn Sie ihm aber ein „Gesicht“ verleihen, also eine bildhafte Vorstellung, ihm mit Ihren Gefühlen Leben einhauchen, dann entsteht eine Vision, ein Bild, eine Vorstellung, die zum Leben erweckt wird. Alles beginnt im Kopf: Die großen Taten in dieser Welt wurden erst als Gedanken entwickelt, dann bekamen sie Leben, Energie und Freude und wurden zu Visionen. Schauen Sie sich das Taj Mahal an – das Denkmal unvergänglicher Liebe, eines der Weltwunder. Der Mogulkaiser Shah Jahan war besessen von der Idee, seiner großen Liebe zu seiner Gemahlin Mumtaz für alle Zeiten einen sichtbaren Ausdruck zu verleihen. Am Anfang stand die Vision. Er wusste genau, was er wollte, wusste, wie das Monument aussehen sollte. Er sah es in allen Details vor seinem geistigen Auge, und wir profitieren noch heute davon.

Visionen kann jeder schaffen. Der Braumeister hat die Vision, dass er durch eine ausgefallene Zusammenstellung der Zutaten ein einmaliges, außergewöhnliches Bier brauen wird; die Vision des Schriftstellers ist, Bestsellerautor zu werden. Der Läufer sieht sich bereits als Erster im Ziel, hört den Applaus … Die Vision trägt ihn zum Erfolg. Eltern haben die Vision, dass ihre Kinder sich zu glücklichen Menschen entwickeln. Damit dies Realität werden kann, tun sie alles für ihre Kinder, stellen die Weichen und unterstützen sie. Martin Luther King hatte einen Traum – „I have a dream“ – von einer friedlichen Welt, von einem harmonischen Miteinander aller Rassen und Völker. Ohne Vision geht jeder Idee die Energie aus. Die Vision ist es, die Sie weiterbringt, die Sie auch auffängt, wenn Sie einmal abstürzen auf dem Weg zum Ziel.

Wie sieht nun Ihre Vision aus? Sehen Sie sich als Topmanager, der persönlich die High Potentials, den Nachwuchs der Spitzenklasse, für sein Unternehmen aussucht, sehen Sie sich als Verkaufsleiter, der die Nummer eins in seiner Firma ist, oder sehen Sie sich als Inhaber eines Unternehmens, das gerade den ersten großen Auftrag für eine Lieferung nach Übersee erhalten hat? Ihre Vision ist vergleichbar mit einem Motor für das Gefährt, das Sie weiterbringt. Wie stark ist Ihr Motor? Haben Sie 60 PS oder 250 PS unter der Motorhaube respektive in Ihrem Kopf?

Spreche ich von Visionen, sehe ich oft erstaunte Gesichter und höre Einwände wie diese: „Ich kann mir das nicht richtig vorstellen“ oder: „Das ist ja nichts anderes als Tagträumerei.“ Schnell wird die Vision als Unsinn abgetan. Doch aus nichts entsteht nichts. Ohne Vision kein Fortschritt, keine Weiterentwicklung. Sogar der liebe Gott hatte seine Vorstellung, nach der er die Welt schuf. Machen Sie es ihm nach – schaffen Sie sich Ihre Vision! Malen Sie sich aus, wie es ist, am Ziel Ihrer Wünsche zu sein. Sehen Sie sich, wie man Ihnen applaudiert, wie man Ihnen ehrfürchtig Platz macht, wie man gebannt an Ihren Lippen hängt. Alles ist möglich, wenn Sie es wirklich wollen, denn Sie sind der Regisseur in Ihrem Leben: Sie bestimmen den Verlauf der Handlung und die Endeinstellung des Films. Die könnte so aussehen: Sie stehen im Rampenlicht, schütteln die Hände, man gratuliert Ihnen. Sie hören die Stimmen, hören Worte der Begeisterung, und Sie fühlen sich unendlich wohl dabei. Diesen Film sollten Sie jeden Tag in Ihrem Kopf abspielen. Sie werden spüren, wie Ihre Vorstellung lebendig wird, wie Sie dabei immer noch bessere Ideen entwickeln, wie Sie selbst an Kraft und an charismatischer Ausstrahlung gewinnen.

ERFOLGSFAKTOR

Ihre Vision trägt Sie zu Ihrem Ziel.

Nur fünf Jahre hat Karl Matthäus Schmidt gebraucht, um seine Firma Consors zum erfolgreichsten Online-Broker in Deutschland zu machen. Wie hat der junge Mann das geschafft? Was hat ihn beflügelt? In einem Interview, das er der Wirtschaftswoche gab (mit Wolfgang Glabus/Christian Hiller von Gaertringen; Ausgabe 41 vom 7. 10. 99, Seite 143), bekannte er, dass er auf vieles verzichtet hat. Er war froh, diese Entscheidung getroffen zu haben, Geld spielte dabei keine entscheidende Rolle. Originalton: „Mit dem Aufbau von Consors habe ich die erste Stufe eines Traums verwirklicht.“ Und seine Zielvorstellung lautet: „Unser Ziel ist ganz klar, der führende europäische Online-Broker zu werden.“ Können Sie sich mit einer solchen Aussagen identifizieren?

Wie lautet Ihr Motto für die Zukunft? Welches ist Ihre Zielvorstellung? Auf welcher Stufe der Erfolgsleiter stehen Sie heute?

In der Wirtschaftswoche Nr. 38 (14.9.2000, Seite 180) wird von Markus Rohrwild, seiner Vision und deren Realisierung berichtet. Rohrwild war fasziniert von der Medizin, weil es auf diesem Gebiet noch so viel Unerforschtes gibt. Sein Traum war, Forscher zu werden. Anfangs sah es nicht so aus als hätte er überhaupt eine Chance, diesen Weg zu gehen. Er machte die mittlere Reife und wurde erst einmal Schalterbeamter bei der Post. Doch diese Tätigkeit frustrierte ihn aufs Höchste. Deshalb wurde er aktiv in eigener Sache, lernte Englisch, machte die Fachhochschulreife als Bester, dann studierte er Biotechnologie an der FH. Doch der Forschung kam er immer noch nicht näher damit. Die nächsten Schritte: ein Auslandssemester in den USA bei einer pharmazeutischen Firma; noch einmal USA, diesmal Tätigkeit an einem Institut in Boston, Diplomarbeit in Weihenstephan – wieder als Bester. Mit einem FH-Zeugnis kann nicht promovieren, deshalb erneut Ausland: Praktikant an der Harvard Medical School, Stipendium an der Uni. Er promoviert in kürzester Zeit: Doktortitel von Harvard! Das Ziel ist erreicht, als er als Gruppenleiter Biochemie Antibiotika für Tiere erforscht. All das ist im Alter von 32 Jahren möglich, wenn ein Mensch eine Vision, ein großes Ziel hat. Bedingt durch äußere Umstände arbeitet Markus Rohrwild heute bei McKinsey als Berater, aber das ist noch lange nicht das Ende seiner Karriere …

Visionen kommen aus dem Inneren

„Wer irgendein Ideal, das er ins Leben ziehen will, in seinem Inneren hegt und nährt, ist dadurch gegen die Gifte und Schmerzen der Zeit gefeit.“ – So sah es Jean Paul. Und dem kann ich nur zustimmen. Es gibt Wünsche, die das ganze Leben bestehen bleiben, die niemals altern. Einer dieser Wünsche der Menschen ist, glücklich zu sein. Und deshalb suchen wir alle den Weg zum Glück. Was muss geschehen, liebe Leserin, lieber Leser, damit Ihr Leben erfolgreich und glücklich wird?

Wir alle sehen es jeden Tag: Die Welt, in der wir leben, ist kein Paradies. Krieg, Naturkatastrophen, Hungersnöte und persönliche Schicksalsschläge machen das Leben schwer. Viele Menschen resignieren und denken, es hat ja keinen Sinn. Doch das ist der Anfang vom

Ende. Wir dürfen nicht aufgeben, sondern müssen Ordnung in das schöpferische Chaos bringen, indem wir persönlichkeitsgerechte Ziele finden und uns unsere Lebensaufgabe immer wieder bewusst machen. Dazu benötigen wir Selbstbewusstsein und Optimismus, mit denen wir die Ziele angehen, die uns und unserer Persönlichkeit gerecht werden. Diese Ziele haben wir in uns. So wie wir uns nicht in jede Frau, jeden Mann verlieben können, können wir auch nicht alle ein einziges gemeinsames Ziel anstreben. Um aber das eigene wahre Ziel zu finden, muss man die Persönlichkeit entdecken, dann kann jeder sich mit seinen individuellen Aufgaben und Pflichten identifizieren. Ich möchte Ihnen deshalb hier noch einmal die Fragen stellen:

- Was macht Sie seit langem glücklich, was bereitet Ihnen tiefe Freude?
- Worüber ärgern Sie sich schon lange, was macht Ihnen keinen Spaß?

Die Antworten führen Sie zum Kern Ihrer Persönlichkeit.

Jeder Mensch kommt einmal an den Punkt, an dem er wirklich keine Lösung erkennt – die Situation erscheint ausweglos. Aber selbst in einer solchen Lage behält der Mensch die Fähigkeit zu wünschen. Mit unseren Wünschen überschreiten wir unsere Gedanken und mit unserer Vorstellungskraft die Grenze der scheinbaren Realität. Die Kraft eines Wunsches ist stärker und mächtiger als die des Willens. Das liegt daran, dass die Willenskraft sich durchaus gegen unser Wesen richten kann. Die Wunschkraft hingegen steht immer in Einklang mit unserer Persönlichkeit, unserem Ich. Ein selbstbewusster Mensch nimmt deshalb seine Wünsche ernst.

Die wichtigste Lebensaufgabe ist die Entfaltung unserer Persönlichkeit. Das funktioniert aber nicht dadurch, dass Sie eine Persönlichkeit werden wollen, sondern indem Sie Ihre großen Wünsche verwirklichen. Alle Fähigkeiten, die in Ihnen angelegt sind, müssen Sie entfalten, um zu einer Persönlichkeit zu werden, die ihre Wünsche realisieren kann.

ERFOLGSFAKTOR

Der Mensch wird erst durch sein Handeln, sein Tun zu einer Persönlichkeit.

Prüfen Sie Ihre Wünsche. Stehen berufliche und private Wünsche in Einklang miteinander? Nehmen Sie bei allen Plänen auch Rücksicht auf Ihre Gesundheit?

Wenn sich Henry Moore daranmachte, eine große Plastik zu schaffen, dann formte er zuerst ein Modell. Auch Ihre Ziele, Ihre Pläne, Ihre Wünsche sind Modelle für Ihre Zukunft. Machen Sie diese Pläne sichtbar, indem Sie sich einen großen Aktenordner zulegen, den Sie mit einem Aufkleber verzieren. Diesen Aufkleber sollten Sie selbst gestalten – mit Liebe und Sorgfalt. Schreiben Sie auf den Ordner: Mein Leben – meine Zukunft! Hier sammeln Sie alles, was mit Ihren Zielen, Wünschen, Vorstellungen, Plänen zusammenhängt: Wie soll mein Leben als Nummer eins in fünf Jahren aussehen? Machen Sie Ihre Wünsche zu sichtbaren Visionen, indem Sie dafür leuchtend bunte Farben verwenden.

ERFOLGSFAKTOR

Sigmund Freud sagte, es ist gefährlich, große Ziele zu haben, denn wenn Sie diese Ziele nicht erreichen, entsteht daraus Frust. Wir sagen:
Große Ziele nicht zu erreichen ist keine Schande.
Aber es ist eine Schande, keine großen Ziele zu haben.

Ziele dürfen nicht im luftleeren Raum stehen, sie müssen mit einem Zeitplan gekoppelt werden. Notieren Sie, wo Sie sich heute befinden und wo Sie in fünf Jahren sein wollen, und legen Sie diesen Plan in Ihren Ordner. Berücksichtigen Sie dabei alle Aspekte (beruflich, fachlich, finanziell, privat, allgemein, gesundheitlich).

Ich kann alles lernen

Ich gehe davon aus, dass Sie fachlich top sind. Nun geht es darum, sich aus der Masse zu lösen, sich von der Konkurrenz zu unterscheiden. Das können Sie nur, indem Sie super werden in Ihrem Bereich. Sie sehen: Wir sind wieder bei der Spezialisierung und der Konzentration auf einen Punkt!

Von niemandem können Sie so viel profitieren wie von einem Vorbild. Sie können in aller Ruhe Ihre Studien betreiben, und das Ganze ist sogar noch kostenfrei.

- Wissen Sie, wer heute die Nummer eins in Ihrem Gebiet ist?
- Wo lernen Sie die erfolgreichen Menschen in diesem Bereich kennen?
- Was haben Sie diesbezüglich bereits unternommen?
- Nennen Sie die fünf Topspezialisten.
- Welche Veröffentlichungen gibt es von ihnen, wo halten sie Vorträge, Seminare etc.?

Werden Sie zu einem glühenden Verehrer der Top Five, denn von ihnen können Sie viel lernen. Abonnieren Sie entsprechende Fachzeitschriften, checken Sie die Neuerscheinungen auf dem Buchmarkt, surfen Sie im Internet, besorgen Sie sich die Seminarpläne der Erfolgreichen.

- Haben Sie bereits Kontakt aufgenommen? Wenn nein, warum nicht?
- Wann (Datum!) wollen Sie in dieser Beziehung aktiv werden?
- Welche Eigenschaften zeichnen die Top Five aus?
- Welche der genannten Eigenschaften haben Sie?
- Wer könnte für Sie ein Vorbild sein und warum?

ERFOLGSFAKTOR

**Der Kluge lernt auf Kosten anderer,
der Dumme auf eigene Kosten.**

Mein Vater gehörte zu den besten Handwerkern Deutschlands. Seine Leistungen wurden mit vielen Goldmedaillen ausgezeichnet. Trotzdem wurde er 1936 von Hitler in den Krieg eingezogen. Erst 1955 wurde er als Spätheimkehrer von Adenauer in Moskau persönlich befreit. Seine Kollegen hatten nach dem Kriege ihr Geschäft wieder aufgebaut und standen vor dem Wirtschaftswunder, er stand vor dem Nichts. Doch schon zwei Jahre später gehörte er wieder zu den besten Handwerkern Deutschlands. Wie hatte er das geschafft? Viele Jahre später erst ist mir seine Erfolgsstrategie bewusst geworden: Er war noch kein Vierteljahr wieder in Deutschland, da stellte er den Kontakt zu seinen besten Kollegen wieder her. Sie erkennen seine Strategie: Er ließ sich von den Besten nach oben ziehen. Auch Sie können in kurzer Zeit die Nummer eins sein.

Betrachten Sie die Lebensläufe Ihrer Topleute. Welche neue Erkenntnisse gewinnen Sie dabei, und was können Sie daraus lernen bzw. für sich selbst umsetzen? Stellen Sie Defizite fest, in welchem Bereich?

Sind Sie in Ihrem Element?

Spezialisierung – dieser Begriff begleitet Sie künftig immer. Spezialisierung gilt nicht nur für Wissen und Können, sondern auch für das Umfeld. Wollen Sie die Nummer eins in der Werbebranche werden, dann sind Sie bei den Bankern nicht richtig aufgehoben. Ein Eiskunstläufer von Weltrang verkehrt mit den besten Eiskunstläufern – nie würde ihm einfallen, sich mit Anfängern abzugeben oder gar mit einem Hockeyspieler oder einer Langstreckenläuferin. Die Nummer eins unter den Besten möchten Sie werden? Dann müssen Sie sich auch mit den Besten umgeben, denn dies ist jetzt Ihr Element. So wie die Pinguine auf dem Land erbarmungswürdig, langsam und plump dahinwatscheln, so elegant und pfeilschnell bewegen sie sich im Wasser. Da sind sie in ihrem Element, da können sie zeigen, was sie wirklich können. Darauf sind sie spezialisiert. Die Gesetze der Natur gelten auch für den Menschen – im Job und im Privatleben. Gleiches zieht Gleiches an. Schauen Sie sich einmal in Ihrem Betrieb um. Wer versteht sich gut mit wem? Ist Ihnen schon aufgefallen, dass die Erfolgreichen mit den Erfolgreichen zusammen sind, die Loser mit den Losern? Das überrascht nicht. Menschen, die etwas in ihrem Leben und in der Welt bewegen wollen, denken an die Zukunft, sind konstruktiv und planen. Die Verlierer bemitleiden sich selbst und freuen sich, wenn sie zusammen mit Gleichgesinnten über ihr Schicksal jammern können. Die Grundeinstellung verbindet. Auch bei meinen Seminaren sehe ich schnell, wer sich auf Erfolg programmiert hat und wer nicht. Schon nach einem halben Tag haben sich diejenigen gefunden, die in ihrer Einstellung und ihren Interessen zueinander passen, obwohl sie sich noch nie zuvor begegnet sind.

In Ihrem Element können Sie brillieren. Sprechen Sie von der neuesten Entwicklung in der Nuklearmedizin, so werden Sie höchstens angespannte Mienen bei den Mitgliedern eines Kochklubs feststellen. Suchen Sie sich Ihr Umfeld, sprechen Sie bei Fachmedizinern von den neuesten Erkenntnissen – hier haben Sie Ihre Plattform, hier können Sie lernen, aber auch sich einen Namen machen.

Sie trauen sich das nicht zu? Sie denken, Sie müssten erst noch mehr wissen, damit Sie in den erlauchten Kreisen ernst genommen werden? Wer hat Ihnen das denn eingeredet? Vielleicht rühren diese Denkstrukturen noch aus Ihrer Kindheit her, als Sie angehalten wurden, nur ja nicht etwas Falsches zu sagen, lieber den Mund zu halten. Haben Ihre Eltern Sie so niedergemacht, dass Sie sich nicht zutrauen, sich in die Elitekreise zu begeben? Learning by doing – da muss sich niemand schämen.

Sie wissen inzwischen auch, dass alles (Wissen) in uns vorhanden ist. Warum rufen Sie es nicht ab? Dann können Sie hemmungslos alle Veranstaltungen besuchen, können überall locker mitreden. Nach einiger Zeit hören Sie die anderen tuscheln: Wer ist diese Person, die bei allen Events dabei ist, die sich bestens auskennt, die überall begrüßt wird? Trainieren Sie Ihre Fähigkeit, vorhandenes Wissen abzurufen, dann brauchen Sie nicht nächtelang Bücher studieren. Erinnern Sie sich nur! Wenn es nicht funktioniert, dann geben Sie bitte nicht Ihrem Gehirn die Schuld.

Der Fehler liegt nicht in Ihrem Gehirn, sondern an Ihrem inneren Programm.

Lernen, erfolgreich zu sein

Sie können alles lernen. Sie können lernen, Ihren Partner glücklich – oder auch unglücklich – zu machen, Sie können lernen, Ihre Mitarbeiter durch Ihre charismatische Persönlichkeit zu führen. Auch Ihre Mitarbeiter, Ihre Familie und Ihre Bekannten können lernen. Am leichtesten lernt man, wenn man jemanden sieht, von dem man sagt: „So möchte ich auch werden." Werden Sie zum Vorbild, zeigen Sie den anderen, wie man lernen kann, erfolgreich zu sein. Gehen Sie voraus, und Ihre Überzeugung und Ihre Ausstrahlung ziehen Ihr Umfeld mit.

> **ERFOLGSFAKTOR**
>
> **Leben heißt lernen;**
> **wer aufhört zu lernen, hört auf zu leben.**

Lernen Sie als Erstes, Ihre Mitmenschen richtig zu beurteilen. Das ist der Schlüssel zum Erfolg. Wenn Sie wissen, wie beispielsweise Ihre Mitarbeiter, aber auch Ihr Partner gerne angesprochen und behandelt werden möchten, dann gewinnen Sie auf der ganzen Linie. Sehen wir uns um, dann bemerken wir, dass zwar mit viel Enthusiasmus verurteilt und kritisiert wird, aber eine neutrale Beurteilung, eine sachliche Einschätzung menschlichen Verhaltens sowie der individuellen Persönlichkeit, findet selten statt. Das macht ja auch Mühe, kostet Zeit und verlangt Einfühlungsvermögen. Viele Führungskräfte sehen darin eine Zeitvergeudung und bemerken gar nicht, wie sehr sie sich mit einer solchen Einstellung selbst schaden.

Der Umgang mit unseren Mitmenschen ist nicht immer ganz einfach und stellt uns immer wieder vor neue, noch nie erlebte Situationen. Daran wachsen wir aber, und daraus lernen wir. Besonders viel lernen können wir von den so genannten schwierigen Menschen, wenn wir erkennen, dass uns nicht der Kampf gegen sie weiterbringt, sondern wenn wir lernen, von ihnen zu profitieren. Wir könnten Fähigkeiten an ihnen entdecken, die wir nutzen könnten, wir könnten lernen, weich zu reagieren. Die Chinesen haben dafür einen schönen Vergleich: Biegsam wie der Bambus sollte man sein, sagen sie. Der Bambus überlebt den schlimmsten Sturm, zwar biegt er sich, aber kaum ist das Unwetter vorbei, steht er wieder stolz und gerade da. Eine Eiche hingegen – und sei sie noch so stark – bleibt aufrecht stehen, trotzt dem Wind und wird gebrochen.

Erarbeiten Sie sich Ihren ganz persönlichen Erfolgslehrplan, Ihr Studienprogramm.

Beispiel: Mein Lernprogramm

- Sensiblität stärken
- Alle Perspektiven betrachten
- Nicht sofort reagieren
- Überlegt handeln

Unternehmen ICH

Ich stelle Ihnen, liebe Leserin, lieber Leser, eine brandaktuelle, hoch gehandelte Aktie an der Job-Börse vor: die Ich-Aktie. Sehen Sie sich einmal nicht mehr als abhängiger Angestellter, sondern als selbstständiger Unternehmer in eigener Sache, werden Sie Ihr eigener Erfolgsmanager. Sie – Ihre Fähigkeiten, Ihre Kontakte, Ihr Wissen und Ihre Persönlichkeit – stellen Ihre Firma dar. Denken Sie diesen Gedanken weiter, stellen Sie Ihren Marktwert fest, die Zielgruppe, Ihr Produkt.

1. Sind Sie fachlich fit, konkurrenzfähig?
2. Welches ist Ihr Ziel?
3. Worin unterscheiden Sie sich von der Konkurrenz?
4. Was müssen Sie aufbauen, ausbauen?
5. Wo müssen Sie mit Hindernissen etc. rechnen?
6. Wie können Sie Ihren Marktwert steigern?
7. Was müssen Sie investieren?
8. Welchen Zeitplan haben Sie?

Werden Sie zum Manager Ihres Wissens und Ihrer Fähigkeiten! Handeln Sie wie ein Unternehmer, denken Sie wie ein Vorstandsvorsitzender, planen Sie wie ein Topmanager, rechnen Sie wie ein Controller, denn Sie selbst sind Ihr Kapital! Viel Erfolg!

Fehlentscheidungen – kein Ende, sondern ein Anfang

Es wird Zeit, einmal mit dem Vorurteil aufzuräumen, dass Brüche in der Karriere Ausdruck von Unentschlossenheit oder mangelnder Zielstrebigkeit sind. Die Welt verändert sich immer schneller, nur der Mensch soll sich nicht ändern dürfen. Oft sind es ja äußere Umstände, die neue Möglichkeiten schaffen bzw. Altes als nicht mehr erstrebenswert erscheinen lassen. Wenn Ihre Aufgabe Sie nicht mehr fordert, das Management in Ihrer Firma sich verändert hat durch Zusammenschlüsse etc., Sie nun plötzlich doch keine Aufstiegschancen mehr haben – warum weiter auf der Stelle treten? Dann lieber einen Strich ziehen und neu durchstarten – mit einer Superidee, neuen Zielen und mit Elan. Lassen Sie das Alte zurück, ohne zu hadern. Nehmen Sie das mit, was Sie weiterbringt, und brechen Sie auf zu neuen Ufern.

ERFOLGSFAKTOR

Fehler dürfen Sie machen – aber Sie müssen daraus lernen.

Nach dem Gesetz der großen Zahlen gehen von zehn Initiativen vier daneben. Sie kommen aber nur dann zu den sechs Erfolgen, wenn Sie auch vier Misserfolge einstecken können. Also: Nicht die Einzelaktion, sondern die Bilanz muss stimmen! Da der Mensch ein Mensch ist, macht er auch Fehler. Auch Sie dürfen sich Fehler erlauben. Lernen Sie von Sportlern: Ein Sportler kann nicht jeden Tag einen Weltrekord erreichen. Trotzdem macht er mit Freude und Begeisterung weiter. Jeder Weltmeister hat die Angst vor Misserfolgen hunderte Male überwunden.

Wenn Sie auf dem Weg zu Ihrem Ziel erkennen, dass Sie sich trotz aller Vorarbeit geirrt haben, fangen Sie noch einmal von vorn an. Lernen Sie aus den Fehlern, den Fehleinschätzungen, die Ihnen unterlaufen sind. Irren ist menschlich! Oft brauchen wir Fehlschläge, Rückschläge oder Fehlentscheidungen, um den richtigen Weg zu erkennen. Manchmal nämlich erscheint uns das Beste nicht gut genug, oder wir lassen uns von Äußerlichkeiten verleiten und finden uns in einer Sackgasse wieder.

Nicht Fakten, sondern Gefühle entscheiden

Alleine können Sie nicht erfolgreich sein. Dazu benötigen Sie Menschen, die erst einmal motiviert, dann begeistert werden müssen – Menschen, die geführt werden müssen. Das ist leichter gesagt als getan. Selbst Naturtalente müssen einiges in Sachen Menschenführung lernen. Aber es gibt sogar heute noch Manager, die glauben, Menschen führen könnte doch jeder. Ich möchte lieber nicht wissen, wie in solchen Betrieben das Arbeitsklima ist, und ich wette, dass sich hier die Leistung mit richtiger Menschenführung verdoppeln ließe. Sie können nicht von einem kleinen Angestellten erwarten, dass er sich engagiert, wenn er als Mensch nicht beachtet und geschätzt wird. Wie sehr alles vom menschlichen Faktor abhängt, können wir gut an dem Wahlkampf in den USA sehen. Nicht das Programm der Partei ist wichtig, sondern das Image des Kandidaten. Es geht nicht um einen Sieg der Fakten, sondern der Gefühle. Nach Bill Clinton, den die Süddeutsche Zeitung (19./20. 8. 2000 Nr. 190: „Die Riesenshow bleibt ohne Superstar" von Klaus Brill) als „charismatischen Betörer der Massen" bezeichnet, hat es jeder schwer. Es ist interessant zu sehen, wie Al Gore sein eigenes Image aufbaut. Seine Strategie: Nicht sich von Clinton abgrenzen, sondern die eigenen Stärken hervorheben. Er geht nicht mit dem Kopf durch die Wand; er agiert „weich". Zwar kann er die Massen nicht mit seinen Reden verzaubern wie sein Vorgänger, doch er wirft seine Vorzüge – Ehrlichkeit und Sauberkeit – ins Spiel. Erfolg hat, wer Menschen beeinflussen kann – nicht nur in der Politik. Eine der wichtigsten Fähigkeiten besteht darin, Herz und Hirn der Menschen anzusprechen. Dabei geht es nicht allein um Worte, sondern vor allem um Emotionen, und da ist der Einsatz der ganzen Persönlichkeit gefordert. Mit der Kommunikation steht und fällt jedes Projekt. Deshalb ist der erste Schritt bei unserer Erfolgsstrategie das Kommunikationstraining (s. Kapitel 4).

Die Erfolgsmethoden

Sie sollten die verschiedenen Erfolgsmethoden kennen lernen und auch einmal praktizieren, damit Sie herausfinden, welche Methode Ihnen am besten liegt bzw. welche Methode Sie bei den einzelnen Schritten anwenden möchten. Basis für alles ist ein entspannter Zustand, in dem Sie ruhig agieren und reagieren können, in dem sich Kreativität entfaltet und der Fortschritt und Veränderung möglich macht.

Das Alpha-Training

Haben Sie sich schon einmal Gedanken darüber gemacht, in welchem Zustand Sie sich die meiste Zeit befinden? Beispielsweise jetzt, in diesem Augenblick, in dem Sie diese Zeilen lesen? Ich hoffe sehr, dass Sie gerade in Alpha sind, damit Sie auch von dem profitieren können, was Sie gerade lesen. Sie können mit dieser Aussage nicht viel anfangen?

Mit dem EEG wird der Rhythmus der Hirnströme festgestellt – dafür gibt es eine Skala von 0 bis 35 Hertz und eine Einteilung von Delta bis Beta. Bei einer Wellenlänge von 0 bis 4 Hertz befindet sich der Mensch in Delta, in einer Phase der Tiefenentspannung, im traumlosen Schlaf. Der Körper kann sich richtig erholen und regenerieren.

Bei einer Wellenlänge von 4 bis 7 Hertz schläft der Mensch nicht mehr ganz so tief, aber er befindet sich immer noch in einem Zustand tiefer Entspannung, nämlich Theta. Auch durch Meditation kann dieser Zustand erreicht werden.

Erzeugt das Gehirn eine Wellenlänge von 7 bis 14 Hertz, dann sind wir im Alpha-Zustand. Dieser Zustand ist optimal. Sie erkennen das Wesentliche, können richtige Entscheidungen treffen, stehen in Kontakt zu Ihrem Unterbewusstsein. Alpha ist ideal, wenn Sie Probleme lösen möchten, neue Ideen suchen oder einfach den Dingen auf den Grund gehen wollen: entspannt mit wachem Geist. Die innere Ruhe macht frei und lässt neue Gedanken zu, öffnet den Weg zum Unterbewusstsein.

Leider jedoch befinden sich die meisten Menschen überwiegend im Beta-Zustand, einer Frequenz von 15 bis 35 Hertz. Das erklärt auch,

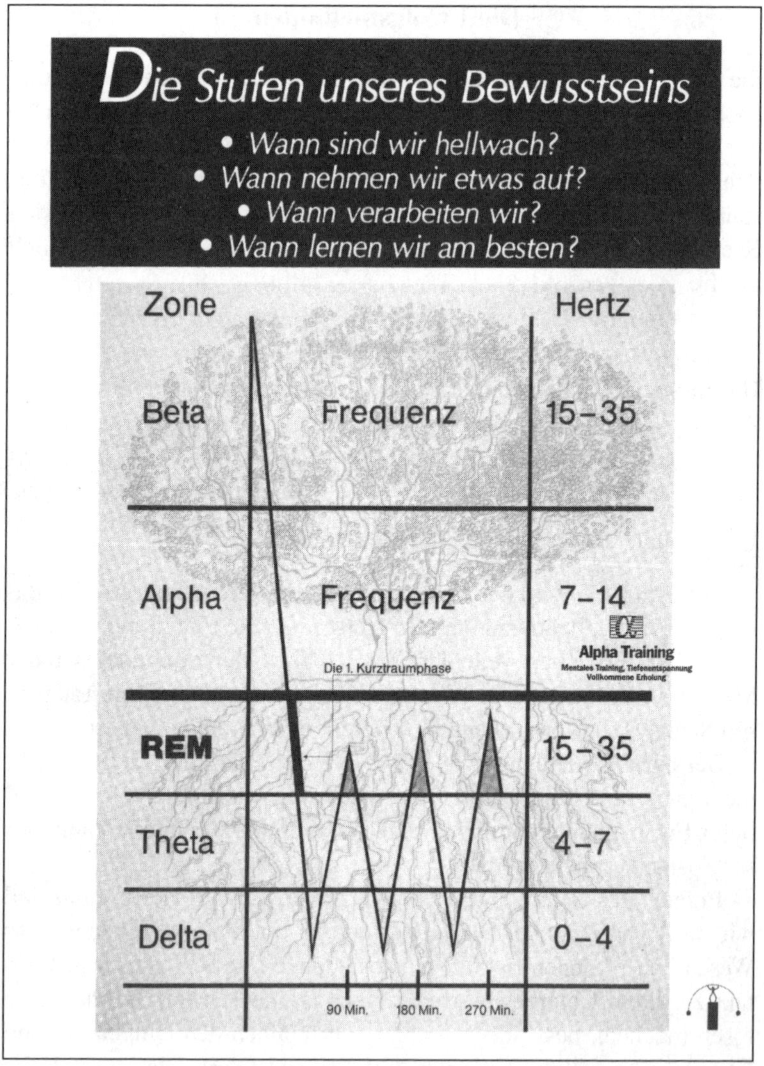

warum so viel schief läuft auf der Welt. In Beta ist der Mensch aggressiv, gereizt, nervös, fühlt sich unter Druck. In einer solchen Atmosphäre können weder konstruktive Gespräche geführt noch eine sinnvolle

Planung gemacht werden, denn die rechte Gehirnhälfte ist nur geringfügig am Geschehen beteiligt.

Was kann mit dem Alpha-Training erreicht werden?

In Alpha eröffnen sich Ihnen all Ihre Möglichkeiten, Sie entdecken Ihren Willen und spüren große Sicherheit, die Ihnen erlaubt, Ihr Leben nach Ihren Wünschen und Vorstellungen zu gestalten. Ihre inneren Kräfte werden gestärkt. Sie können besser mit Fehlschlägen umgehen, negative Emotionen schwinden, und positive Energien verstärken sich und beeinflussen Ihr Leben. Sie entfalten Ihre Persönlichkeit, entwickeln sich weiter. Alpha bewirkt:

1. Das Gewöhnen an Ruhe – ein ungewohntes, manchmal sogar befremdliches Gefühl für den modernen Menschen, für den Hektik, Stress und Lärm zum Normalzustand gehören.
2. Tiefe Ruhe und Steigerung der Konzentrationsfähigkeit.
3. Ängste, Hemmungen und negative Programmierungen werden abgebaut.
4. Aktivierung des Glaubens an den Erfolg und Verstärkung der Belastbarkeit.

Die wunderbare Wirkung von Alpha:

- In Alpha ist das Gehirn am lernfähigsten.
- In Alpha ist der Mensch am reaktionsfähigsten.
- In Alpha kann man sich am leichtesten von seinen falschen Programmen lösen und sich wertvollere Programme einprägen.
- In Alpha lernt der Mensch, sein volles Potenzial zu nutzen.
- In Alpha überwindet der Mensch seine Begrenzungen.
- Alpha aktiviert Energie und Kraft zum Handeln.
- Alpha lässt die Ängste schwinden.
- In Alpha wächst der Glaube, der Berge versetzen kann.

Wie wichtig Alpha ist, können Sie ermessen, wenn Sie sich das einmal so vorstellen: Wer sich in Beta befindet, ruht nicht in sich, kann sich nicht öffnen für Argumente und Vorschläge. Vielmehr ist er nur auf Konfrontation eingestellt, ist innerlich nicht nur „zu“, sondern sogar bereit, jederzeit jeden anzugreifen. Konträre Ansichten verschärfen sich, und immer mehr Hindernisse werden aufgebaut. Widerstände, die so hinderlich sind wie schwere Bleischuhe an den Füßen einer Ballerina. Beta-Menschen sind ständig auf Kampf eingestellt. Und was bei Kampf herauskommt, das wissen wir alle: Zerstörung statt Aufbau, Kummer statt Freude, Rückschritt statt Fortschritt. Anstatt gemeinsam ein großes Ziel anzustreben, sind Beta-Menschen ständig als Einzelkämpfer in Aktion. Mit derselben Energie, die sie in ihrem täglichen Kampf verbrauchen, könnten sie gemeinsam mit anderen Menschen Großes bewerkstelligen.

Was können Sie nun tun, wenn Sie bemerken, dass sich Ihr Gesprächspartner in Beta befindet? Sie sollten so elegant und so schnell wie möglich versuchen, das Gespräch zu beenden, und lieber später einen neuen Versuch starten. An einem Kunden im Beta-Zustand beißt sich der beste Verkäufer die Zähne aus. Sorgen Sie lieber dafür, dass Ihr Gegenüber in Alpha kommt, dann haben Sie die besten Karten.

Wollen Sie mehr aus Ihrem Leben machen, wollen Sie Ihre Ideen nicht nur vortragen, sondern auch umsetzen, dann sollten Sie Sensibilität für die Stimmung Ihrer Mitmenschen entwickeln. Merken Sie, dass Ihr Chef im Beta-Zustand ist, dann machen Sie Ihren Vorschlag – und sei er noch so genial – lieber zu einem anderen Zeitpunkt. Bringen Sie Ihre Mitarbeiter, Ihre Kunden in Alpha – und Sie gewinnen! Wie das geht, lesen Sie weiter unten.

Doch was für andere gilt, ist auch für Sie wichtig. Achten Sie auf Ihren „Zustand“. Wenn Sie verärgert sind, dann befinden Sie sich garantiert in Beta – und dann fallen Ihnen keine optimalen Lösungen ein. Nur in Alpha ruhen Sie in sich selbst, das bedeutet, dass Sie entspannt sind und Zugang zu Ihrem sowie zum kollektiven Unterbewussten haben. Zudem ist dann Ihre rechte Hirnhälfte – Sitz von Kreativität, Intuition, Phantasie und Vision – aktiv. Im harmonischen Zusammenspiel mit der linken Gehirnhälfte – also Intellekt und Logik – „fallen Ihnen“ im wahrsten Sinn des Wortes ganzheitliche Lösungen ein. Sie sind nicht nur auf einen einzigen Aspekt beschränkt, sondern sehen die unterschiedlichen Perspektiven auf einen Blick. Sie können völlig neue Wege erkennen, Ideen entwickeln, die genial sind – Sie können voll aus sich selbst schöpfen, weil Sie sich in einem Idealzustand befinden.

Sie ruhen in sich, sind offen und frei. Auf dieser Basis ist ein sensibler Umgang mit anderen Menschen leicht, Ihre inneren Antennen nehmen kleinste Veränderungen wahr, Sie spüren Ihre Wurzeln im kollektiven Unterbewusstsein, sind eins mit sich und dem Rest der Welt. In diesem Zustand können Sie auch am besten mit Ihrem Unterbewusstsein kommunizieren. Und Sie wissen ja, Ihr Unterbewusstsein ist Ihr bester und zuverlässigster Mitarbeiter. Sie brauchen ihm nur genau zu sagen, was Sie wollen, und er wird alles tun, um Ihren Wunsch umzusetzen.

Im Alpha-Zustand sind Sie ganz in Ihrer Mitte, alles Äußere ist unwichtig, kann sich nicht störend auswirken. Sie sind voll auf das konzentriert, was Ihnen wichtig ist. Sie können alle Informationen in Ruhe aufnehmen und richtig einordnen, in Ruhe und Gelassenheit Situationen durchdenken und Lösungen finden. Aber Sie können auch noch etwas ganz besonders Gutes für sich selbst tun in diesem Zustand: Ihr Unterbewusstsein aufräumen, reinigen und neu programmieren. Sie erinnern sich, dass dort alles gespeichert wird, was Sie wahrnehmen – ob Sie das wollen oder nicht. Aber jetzt ist es möglich, negative Einflüsse aufzulösen, negative Programmierungen einfach zu überspielen, alles Aufbauende zu verstärken.

Im Alpha-Zustand wirken Suggestionen bzw. Autosuggestionen am besten und nachhaltigsten, denn sie gelangen auf direktem Weg in Ihr Unterbewusstsein. Sie entscheiden, womit Sie Ihren inneren Speicher füllen. Tun Sie das gezielt und bewusst! In Alpha haben Sie die beste Gelegenheit, Ihr Leben auf Erfolg zu programmieren.

Alpha ist ein Verstärker – nutzen Sie ihn für die Erreichung Ihrer Ziele. Neue konstruktive Ideen und Gedanken entstehen ganz von selbst, denn sie steigen aus den unendlichen Tiefen Ihres Seins empor. Je öfters Sie sich in den Alpha-Zustand begeben, desto besser bekommen Sie Ihr Leben in den Griff, denn Sie können sich richtig konzentrieren, können klar denken und richtig entscheiden. Ihr Glaube an sich und Ihre Ziele, Ihr Vertrauen zu sich und Ihren Fähigkeiten wächst und beeinflusst immer mehr Ihr Handeln. Das strahlen Sie dann auch aus. Und so ergibt sich eine Wechselwirkung: Ihre innere Kraft – Ihre Ausstrahlung – die Resonanz aus Ihrem Umfeld. Wenn Sie an die Spitze kommen wollen, dann ist der Alpha-Zustand eine unerlässliche Voraussetzung, denn Alpha macht alles möglich.

Sie wissen nun, wie wichtig Alpha ist. Wie aber können Sie diesen optimalen Zustand erreichen? Das ist ganz einfach. Ich bin sicher, Sie haben sich schon öfters in Alpha befunden – nur wussten Sie das nicht. Wenn Sie beispielsweise schöne Musik hören, dann gelangen Sie ganz von selbst in diesen Zustand. Dann entspannen Sie sich, werden innerlich frei und durchlässig. Sie fühlen sich ganz wohl, sind gelöst, und dennoch ist Ihr Geist wach. Es ist kein Zufall, dass viele Manager sehr gern ins Konzert gehen – natürlich, weil ihnen die Musik gefällt, aber bestimmt auch, weil sie (oft unbewusst) die wunderbare Tiefenentspannung suchen. Die Gedanken sind auf die Musik konzentriert, alles andere wird unwichtig, spielt in dieser Zeit keine Rolle, wird losgelassen. Das Loslassen ist untrennbar mit Alpha verbunden. Ein erfolgreicher Mensch unterscheidet sich von der Masse, weil er Belastendes loslässt und sich so in die Lage versetzt, seine Kräfte zu speichern und zu bündeln wie einen Laserstrahl. Oder anders ausgedrückt: Er sammelt sich immer wieder und konzentriert sich auf sein Ziel.

In Alpha kommen Sie durch gezieltes Atmen, über Meditation, über autogenes Training, über Muskelentspannungsübungen, Zen-Übungen, über besprochene Kassetten oder auch über meditative Musik. Entscheiden Sie, welche Methode Ihnen am meisten liegt bzw. am besten für Sie durchzuführen ist. Wichtiger als die Methode ist die Häufigkeit, in der Sie sich in diesen Entspannungszustand versetzen. Sie sollten sich nicht nur kurzfristig zu bestimmten Zeiten in den Alpha-Zustand versetzen, sondern Sie sollten versuchen, Alpha als Dauerzustand zu erreichen, in Alpha zu leben.

Ich möchte Ihnen hier eine *Konzentrationssuggestion* vorstellen: Bevor Sie den folgenden Text laut, deutlich und mit Betonung sprechen, sollten Sie mit Ihren Augen einen bestimmten Punkt fixieren. Ruhige Augen bewirken ruhiges Denken. Sie werden schnell spüren, wie Sie innerlich zur Ruhe finden, wie Sie in den Alpha-Zustand gleiten.

Werde der, der du in Wirklichkeit bist.
Höre auf, dich wie ein Wirbelwind herumtreiben zu lassen.
Festige die Ruhe, verankere dich in dir selbst.
Die Arbeit an dir ist Freude und Pflicht.
Lass dich durch nichts und niemanden aus dem Gleichgewicht,
aus Deinem Mittelpunkt werfen.
Ruhe und Geduld sind dir Wegweiser zum Glück
und zum Erfolg.
Zur Meisterung des Schicksals gehört Konzentration.
Konzentration – und immer wieder – Konzentration.

Jetzt schließen Sie die Augen, atmen aus und dann langsam und tief wieder ein. Halten Sie die Luft an, ballen Sie die Hände zu Fäusten und spannen Sie alle Muskeln in Ihrem Körper 15 bis 20 Sekunden an. Und dann atmen Sie wieder aus.

Wie fühlen Sie sich jetzt? Ruhig und energiegeladen?

Diese Übung sollten Sie in Ihr Pflichtprogramm aufnehmen, und zwar dreimal am Tag, unabhängig davon, ob Sie glauben, Sie brauchen Energie und Ruhe, oder nicht.

ERFOLGSFAKTOR

Selbstdisziplin ist auf dem Weg nach oben unerlässlich!

Atemtraining

Atem ist Lebensenergie. Wer nicht richtig atmet, hat nicht genügend Energie, denn der Körper wird nicht ausreichend versorgt. Das wiederum wirkt sich auf die Leistungsfähigkeit, ja sogar auf die Gesundheit aus. Mit jedem Atemzug nehmen wir Sauerstoff auf. Je mehr Sauerstoff, desto besser arbeitet auch unser Gehirn! Gute Denker sind gute Atmer! Meist atmen wir unbewusst, sitzen mit hängenden Schultern und krummem Rücken – und schnell sind wir müde. Das ist auch kein Wunder, denn woher soll die Energie kommen?

Atmen ist eng mit unserem Seelenzustand verbunden. Ist Ihnen schon einmal aufgefallen, dass ein aufgeregter Mensch viel schneller atmet als jemand, der ruhig und gelassen ist? Die Verbindung zwischen Atem und psychischem Befinden wird schon seit Jahrhunderten in verschiedenen Kulturen genutzt, beispielsweise in Indien. Durch bewusste, gezielte Atemübungen können andere Bewusstseinszustände erreicht werden, in denen schier Unmögliches möglich wird. Beispielsweise werden bei dem Thaipusam-Fest in Nordindien und Singapore den Teilnehmern in Trancezuständen spitze Pfeile durch Zunge, Wangen etc. gestochen, ohne dass Schmerz empfunden wird bzw. ein Tropfen Blut zu sehen ist. So weit wollen wir aber nicht gehen. Wir begnügen uns mit einfachen Entspannungsatemübungen.

Machen Sie sich erst einmal bewusst, wie Sie atmen. Vermutlich geht es Ihnen wie der Mehrheit in den Industrieländern: Sie atmen flach und schnell, nehmen wahrscheinlich kaum mehr als einen halben Liter Luft pro Atemzug auf. Wissen Sie, dass bei richtiger Bauchatmung Sie schon einen ganzen Liter einatmen könnten? Und bei der Ganzkörperatmung können es sogar drei bis vier Liter Luft werden. Legen Sie jetzt einmal Ihre Hand auf den Bauch. Spüren Sie, wie Ihre Bauchdecke sich mit dem Ein- und Ausatmen wölbt bzw. senkt? Zählen Sie einmal die Atemzüge pro Minute. Wenn Sie es auf sechs oder sieben bringen, dann gratuliere ich Ihnen – dann sind Sie schon recht nahe am Alpha-Zustand!

Übung mit Sofortwirkung

Sie werden zum Boss gerufen, das Meeting steht bevor, bei dem Ihr Etat gekürzt werden soll; oder aber Sie müssen Verkaufszahlen vorlegen, die weit unter den Erwartungen liegen; Sie werden zum fünften Mal von der Sekretärin abgewimmelt … Ärger, Unsicherheit, Wut – all diese negativen Gefühle können Sie einfach wegatmen.

Am besten stellen Sie sich hin, atmen tief ein, und dann atmen Sie richtig fest aus. Dabei stellen Sie sich vor, wie mit dem Atem der Ärger, die Unsicherheit, der Zweifel aus Ihnen fließt. Das können Sie auch noch verbal unterstützen, indem Sie entsprechende Worte laut sagen. Wenn Sie allein sind, dürfen Sie ruhig auch schreien. Atmen Sie mit Elan den Ärger auf den Kollegen aus und rufen dabei:

„Du Mistkerl!“ Sie können das noch mehr verstärken, indem Sie ihn mit der Hand regelrecht wegwerfen!
Machen Sie solche Anti-Ärger-Atemzüge zehn- bis zwanzigmal. Auf diese Weise können Sie die negativen Gefühle aus Ihrem System entfernen. Machen Sie diese Übung, bevor Sie in die unangenehme Situation gehen. Sie werden sehen, dass Sie ruhig und gelassen werden – damit sind Sie wieder im Vorteil.
Sie atmen zunächst langsam aus. Dann langsam ein, vier Sekunden anhalten. Dann langsam aus, langsam ein, vier Sekunden anhalten. Das Ganze wiederholen Sie sechs- bis siebenmal. Und Ihr Herz schlägt 20 Schläge langsamer.

Sie können Ihren Herzrhythmus nicht gedanklich beeinflussen, denn Ihr Herz ist ein Vollautomat. Ihre Atmung dagegen ist ein Halbautomat. Im Gehirn aber ist das Atemzentrum mit dem Herzzentrum vernetzt. Verlangsamen Sie die Atmung, verlangsamt sich das Herz. Auf diesem Umweg haben Sie einen Einfluss auf Ihr gesamtes vegetatives Nervensystem. Diese Technik wendet der Igel an, um in den Winterschlaf zu gehen, diese Technik wendet der Fakir an, um in den Scheintod zu gehen.

Basisprogramm

Sie sollten aber nicht nur in akuten Fällen obige Übung machen, sondern Sie sollten lernen, besser – also tiefer – zu atmen. Um das zu erreichen, helfen Ihnen Übungen wie folgende:

Nehmen Sie sich eine gute halbe Stunde Zeit, ziehen Sie sich zurück an einen Ort, an dem niemand Sie stört, und legen Sie sich bequem hin. Alles, was Sie einengt oder beengt, sollten Sie ablegen oder lösen. Wichtig: Sie sollten sich richtig wohl fühlen.
Achten Sie jetzt auf Ihren Atem. Wie atmen Sie? Gleichmäßig in ruhigen Zügen, tief oder flach? Werden Sie sich ganz bewusst über Ihre Atmung. Was spüren Sie, wenn Sie sich auf Ihre Atemzüge konzentrieren? Bleiben Sie einige Minuten in diesem Zustand, in dem Sie nur wahrnehmen. Greifen Sie nicht ein, versuchen Sie

nicht, irgendetwas an Ihrem Atem zu verändern. Es ist nicht ungewöhnlich, dass Sie ein wenig nervös oder unsicher werden, zuerst vielleicht hektisch atmen. Warten Sie ruhig ab, lassen Sie es geschehen. Legen Sie Ihre Hände auf den Bauch und spüren Sie, wie die Bauchdecke sich senkt und hebt. Spüren Sie bewusst, wie Ihr Atem durch die Lunge in den Bauchraum eintritt und ihn ausfüllt. Beim Ausatmen stellen Sie sich vor, wie Anspannung, Ärger, Frust oder auch Angst mit jedem Atemzug weniger werden. Alles, was Sie belastet, einengt oder behindert, stoßen Sie mit der Luft aus. Mit jedem Einatmen nehmen Sie Energie, Licht und Wärme auf. Sie fühlen sich immer besser, werden ganz ruhig und ruhen in sich.

Und schon haben Sie den Alpha-Zustand erreicht. In diesem angenehmen Zustand können Sie bleiben – einfach nur, um sich zu entspannen und Kraft zu tanken, aber auch, um neue Ideen zu entwickeln oder Lösungen zu finden.

Diese Übung versetzt Sie nicht nur in den Alpha-Zustand, sondern sie trägt dazu bei, dass Ihre Atmung mit der Zeit tiefer und ruhiger wird. Die Folgen: Sie befinden sich immer häufiger in Alpha – und somit in der besten Position, um weiterzukommen.

Überfällt Sie dann doch plötzlich mal Hektik, Panik oder massiver Stress, dann wissen Sie, dass Sie sich innerhalb von wenigen Minuten zur Ruhe rufen, sich bewusst wieder in Alpha versetzen können. Einige gezielte Atemzüge, und Sie sind ruhig und gelassen, haben alles im Griff und können jede Situation gelassen meistern.

Autosuggestion – mit und ohne Kassette

Sie selbst entscheiden, von was und von wem Sie sich beeinflussen lassen, was Sie sich suggerieren (oder sich suggerieren lassen). Viele Menschen machen sich keine Gedanken darüber, was auf sie einwirkt und somit Auswirkungen auf ihr Leben hat. Sie leben vor sich hin, folgen mal der einen, mal einer anderen Idee, oft sogar der von anderen. Wahllos „schlucken" sie mental, was gerade auf ihrem (Lebens-)Weg liegt. Das Resultat sehen wir überall: Unzufriedenheit, Null-Bock-Einstellung, Resignation.

Wer jedoch den Mechanismus kennt, hat die besseren Karten. Ziele festlegen, Konzentration auf das Ziel und konsequentes Arbeiten an sich selbst – das gibt Ihrem Leben Sinn. Alles beginnt mit bewusstem Denken und einer entsprechenden Selbstbeeinflussung. Es ist Ihnen ja bekannt, dass wir ständig einer Informationsflut ausgesetzt sind und unser Unterbewusstsein alles aufnimmt, was um uns herum vor sich geht. Auch wenn Sie nur im Hintergrund das Radio laufen lassen, registriert Ihr Unterbewusstsein jedes Wort der Sendung, selbst wenn Sie sich konzentriert mit Ihrem Gesprächspartner unterhalten. Die Werbung im Fernsehen beachten Sie nicht, lesen lieber während dieser Zeit ein Magazin. Aber Ihr Unterbewusstsein nimmt trotzdem den Spot auf. So sammelt sich im Unterbewusstsein ein riesiges Informationsdepot an, viele neutrale Informationen, viel Positives, aber noch mehr Negatives. Sie wissen auch, dass Sie diese Informationen nicht einfach löschen können, aber Sie wissen, dass Sie nicht erwünschte Programme überspielen können. Die beste Methode ist die Suggestion, also die bewusste Beeinflussung, bzw. die Autosuggestion, die Selbstbeeinflussung.

Die Suggestion ist ein hochwirksames Psychoserum, vergleichbar mit einem Medikament, jedoch ohne dessen Nebenwirkungen. Hier brauchen Sie nicht Ihren Apotheker zu fragen. Sie sind nicht überzeugt? Dann probieren Sie es einfach selbst aus: Sagen Sie sich, dass Ihr Gespräch mit XY gut laufen wird. Sagen Sie sich das öfters laut, und glauben Sie daran. Vielleicht überzeugt Sie das klassische Beispiel mit dem Parkplatz: Menschen, die fest davon überzeugt sind, dass sie selbst mitten in der City einen Parkplatz finden, werden ihn bekommen. Hingegen suchen die Zweifler lange, um dann entnervt im Vorort zu parken. Überlegen Sie einmal, in welchen Situationen das eingetreten ist, was Sie erhofft bzw. befürchtet haben. Anhand der Resultate werden Sie die Macht des Unterbewusstseins bzw. die Wirksamkeit des Psychoserums Suggestion erkennen.

Wir werden also ständig beeinflusst, können dabei nicht jede negative Bemerkung ausfiltern und stoppen. Dennoch ist es möglich, sich von negativem Ballast zu befreien, indem wir unerwünschte Programmierungen durch aufbauende Suggestionen überspielen. Es geht also nicht darum, bestehende Programme zu verändern, sondern neue Programme zu installieren, Programme, die uns weiterbringen, die konstruktiv und aufbauend sind. Wir können unser Unterbewusstsein für unsere Ziele einsetzen, und wir könnten keinen besseren Verbündeten finden. Das Unterbewusstsein führt jeden Befehl aus, den es erhält. Aber oft geben wir gar keine Befehle, sondern rackern uns lieber ab, sind fleißig bis zum Umfallen. Dabei können wir es leichter haben und sogar noch viel erfolgreicher sein. Auch bei Gesprächen mit anderen Menschen können Sie die Kraft der Suggestion nutzen, indem Sie posthypnotische Befehle geben, also Anordnungen, die direkt ins Unterbewusstsein Ihres Gesprächspartners fließen.

ERFOLGSFAKTOR

Erfolgsprogramm im Unterbewusstsein installieren.

Wie funktioniert das? Lassen Sie mich mit der Autosuggestion, der Selbstbeeinflussung, beginnen. Die Autosuggestion kann nur dann wirken, wenn die Worte gesprochen werden. Das ist auch der Grund, warum die von vielen Religionen und Philosophien praktizierte Methode des lautlosen Denkens nicht sonderlich erfolgreich ist. Das Unterbewusstsein nimmt das auf, was es hört, und deshalb müssen Sie Ihre Gedanken, Ihre Ziele und Wünsche laut aussprechen. Mit der Stimme erreichen Sie das Unterbewusstsein am nachhaltigsten, Denken allein hat nicht annähernd die gleiche Wirkung. Ihre Worte dürfen Sie nicht einfach herunterleiern, Ihre Worte brauchen Leben, Glauben und Energie. Sprechen Sie also Ihre Autosuggestion immer mit Betonung, legen Sie Ihr Herz, Ihre Gefühle in Ihre Worte.

Steter Tropfen höhlt den Stein – das gilt auch für die Autosuggestion. Je öfter Sie Ihrem Unterbewusstsein mitteilen, was es tun soll, desto aktiver wird es natürlich tätig sein. Dabei sollten Sie möglichst immer die gleichen Worte verwenden (denken Sie an die Datenautobahn), das prägt sich am besten ein.

Sie können sich Ihre Texte individuell zusammenstellen, dabei müssen Sie folgende Punkte beachten:

- Keine negativen Formulierungen (Ich bin ruhig und gelassen. Meine Kollegen stimmen begeistert meinem Vorschlag zu. Nicht:

Ich bin nicht mehr nervös. Meine Kollegen stimmen nicht gegen meinen Vorschlag.)

- Nicht mehr als fünf Kernsuggestionen sollte eine Autosuggestion enthalten.
- Mindestens zwei Monate die gleiche Autosuggestion (möglichst immer dieselben Formulierungen) verwenden, erst dann neue Themen angehen.
- Anwendung so oft wie möglich, mindestens aber zweimal täglich.

Welche Inhalte sollten Ihre Autosuggestionen haben?

1. Zielvorgabe:
   Nummer 1 sein in Ihrem Bereich
2. Der Weg:
   Konzentration, damit Sie sich nicht ablenken lassen von Ihrem Ziel. Konzentration macht Sie frei, entlastet Ihren Geist und stärkt Ihre zielgerichtete Energie.
3. Die Methoden:
   Entfaltung der Persönlichkeit
   mit all ihren Fähigkeiten und Stärken. Damit intensiviert sich Ihre Ausstrahlung, und Sie können andere Menschen motivieren und in Ihren Bann ziehen. Ihr Charisma entwickelt sich.
4. *Entwicklung der emotionalen, sozialen und spirituellen Beziehungsintelligenz,*
   damit Sie Menschen richtig ansprechen und führen können.
5. *Sinn des Lebens*
   Ohne Sinn macht alles keinen Sinn. Deshalb sollten Sie diesen Punkt in Ihre Autosuggestion mit aufnehmen. Ein sinnvolles Leben macht Freude – und ohne Freude wäre doch das Leben nicht lebenswert, oder?

Sehr bewährt haben sich meine Kassetten mit unterschiedlichen Themen. Jedes Wort ist sorgfältig ausgewählt, die entspannende Musik bringt Sie leicht in den Alpha-Zustand, so dass die Wirkung schneller eintreten kann. Es genügt, wenn Sie meine Kassette morgens und abends vor dem Einschlafen hören. Zudem habe ich zu 30 verschiedenen Themen Suggestionen erarbeitet. Gerne schicke ich sie Ihnen zu.

Übrigens: Wenn Sie mit besprochenen Kassetten arbeiten, dann sollten Sie unbedingt darauf achten, dass Ihnen die Stimme des/r Sprechers/in sympathisch ist.

Ich mache Ihnen hier aber auch einen Textvorschlag, den Sie übernehmen können:

Die Diamanten-Suggestion
So wie ein Diamant
durch Schliff immer brillianter wird,
so kann auch ich lernen, immer brillanter zu werden.
Ich werde trainieren,
bis ich meine Meisterschaft erreicht habe.
So werden Spitzenleistungen möglich!
Täglich kann ich beweisen, dass ich ein Könner bin.
So wachse ich und meine Freunde.
Ich bin dankbar,
dass sich gelernt habe, mir und anderen zu helfen.
Das Faszinierende an meiner Persönlichkeit ist,
dass ich bei all meinen Erfolgen
eine disziplinierte und anziehende Persönlichkeit
geblieben bin.

Hier möchte ich Ihnen auch noch ein Autosuggestions-Kurzprogramm vorstellen:

So wie andere Menschen sich ab und zu mal eine Vitamintablette einwerfen, können Sie Ihr Psychoserum Autosuggestion während des Tages ab und zu anwenden. Sie werden bemerken, wie gut Ihnen das tut, wie Ihre Energien aufgeladen werden und sich das auf Ihre Konzentrationsfähigkeit und Ihre Ausstrahlung auswirkt. Für solche Fälle gibt es die Kurzsuggestion. Die bekannteste Version stammt von Emil Coué, dem Vater der Autosuggestion: „Es geht mir von Tag zu Tag und in jeder Beziehung immer besser und besser."

Diesen Satz sollten Sie 25-mal sprechen, und zwar dreimal am Tag. Sie können diesen Satz natürlich abwandeln, beispielsweise in: „Ich fühle mich jeden Tag und in jeder Beziehung immer besser und besser."

Natürlich können Sie auch einen Satz wählen, der auf Ihre augenblickliche Situation zugeschnitten ist, beispielsweise:

- „Meine Ausstrahlung zieht Menschen an, die ich für meine Ziele begeistern kann."
- „Meine Worte erreichen meine Gesprächspartner."
- „Meine charismatische Ausstrahlung verstärkt sich von Tag zu Tag."
- „Ich komme meinem Ziel jeden Tag einen Schritt näher."

Sonnenenergie tanken

Zwischen Himmel und Erde gibt es vieles, das wir nicht begreifen können, das aber dennoch eine Rolle in unserem Leben spielt. Ich spreche hier von der universellen Lebensenergie, die die Inder als Prana bezeichnen und die wir mit jedem Atemzug aufnehmen. Doch wie soll ein verstandesorientierter Europäer sich auf etwas konzentrieren, das er nicht fühlen, sehen oder be-greifen kann? So gelangte ich nach vielen Jahren des Überlegens zu der Erkenntnis, dass nur die Sonne als Symbol für Prana in Frage kommt. Die Sonne, die in allen Kulturen verehrt wird als ein Symbol der Erneuerung, der Reinigung, des Neubeginns, ja, des Lebens überhaupt. Ihre hellen Strahlen vertreiben die Dunkelheit, sie leuchtet und spendet Wärme.

Wollen Sie diese Kraft für sich nutzen, wollen Sie Ihre Fähigkeit, zu geben und zu nehmen, verstärken? Dann sprechen Sie:

„Ich atme Sonnenkraft und strahle wie die Sonne."

Eine verstärkte Wirkung erreichen Sie, wenn Sie, während Sie diesen Satz sprechen, mit beiden Armen einen großen Kreis in die Luft zeichnen und dabei tief einatmen.

Spüren Sie bewusst, wie die Sonnenenergie in Ihren Körper gelangt, wie Sie Kraft tanken, wie Wärme und Energie Sie durchströmen. Machen Sie diese Übung jeden Tag, und bald werden Sie strahlen wie die Sonne, werden die Herzen Ihrer Mitmenschen ansprechen und öffnen.

Nicht die Fakten, sondern die Gefühle entscheiden. Wenn Sie erfolgreich sein möchten, dann müssen Sie Ihre Mitmenschen auf der emotionalen Ebene berühren. So können Ihre Visionen „ankommen", so können Sie motivieren und zu Leistung anregen, so können Sie andere überzeugen und begeistern. Als Erstes wirken Ihre Einstellung und Ihre Ausstrahlung. Man hört Ihnen zu, man ist Ihnen wohlgesinnt, und damit haben Sie die ersten Pluspunkte, ohne dass Sie überhaupt aktiv etwas getan haben. Wenn Sie in sich ruhen, aus Ihrer Mitte heraus leben, dann werden Sie automatisch zum Mittelpunkt für andere.

Und das können Sie nutzen, um sich und Ihre Mitmenschen zum Erfolg zu führen. Programmieren Sie Ihre Mitmenschen, sagen Sie ihnen, was Sie von ihnen möchten, und sie werden es tun. Dabei brauchen Sie kein schlechtes Gewissen zu haben, dass Sie damit andere Menschen benutzen oder gar ausnutzen. Jeder entscheidet, was er tut. Das wissen Sie von sich selbst. Sie lassen sich nicht zu Taten verleiten, wenn Sie das nicht wollen. Oftmals ist es nur ein kleines, flüchtiges Gefühl des Unbehagens, aber die Wirkung ist groß: Wir sagen ein äußerst verlockendes Angebot ab, weil wir intuitiv wissen, dass es nicht gut für uns ist. Dieser Mechanismus wirkt in jedem Menschen. Wer etwas nicht will, tut es nicht. Vergessen Sie aber nicht, dass viele Menschen geführt werden wollen, weil sie selbst nicht wissen, was das Beste für sie ist.

Wie aber funktioniert das?

Formulieren Sie Ihre Wünsche suggestiv und geben Sie posthypnotische Befehle. Ihr Assistent soll Ihnen ein bestimmtes Wirtschaftsmagazin mitbringen, das er privat abonniert hat. Sagen Sie zu ihm: „Also, wenn Sie heute Abend nach Hause fahren, dann denken Sie daran, das Magazin einzupacken." Was geschieht? Auf der Heimfahrt im Auto fällt dem jungen Mann Ihr Wunsch ein, und er legt das Heft, kaum zu Hause angekommen, in seine Aktentasche. Er hat aber nicht das Gefühl, dass er etwas tut, was Sie wollen, sondern dass es sein eigener Wunsch ist. Das ist das Geheimnis. So funktioniert das auch mit der Werbung. Erinnern Sie sich, dass Sie im Fernsehen einen attraktiven Spot für Sekt gesehen und genau diese Marke ein paar Tage später gekauft haben – aus Ihrem eigenen Wunsch heraus, so glauben Sie jedenfalls. Tatsächlich aber hat die Werbeagentur Ihr Unterbewusstsein beeinflusst, um ihr Ziel – Kunden gewinnen – zu erreichen.

ZWEI GRUNDGESETZE DER LEBENSENTFALTUNG

Im Streit zwischen Gefühl und Intellekt, siegt immer das Gefühl.

Gefühle lenken und verstärken unsere Konzentration unbewusst aber nachdrücklich.

Das Gefühl spielt die wichtigste Rolle. Sprechen Sie die Gefühle Ihrer Mitarbeiter an, verbinden Sie damit Ihre Wünsche und Ziele, und Sie werden ein unschlagbares Team – mit Ihnen an der Spitze! Wie aber können Sie die emotionale Ebene erreichen? Das ist nicht schwer, wenn Sie vermitteln:

- Ich bin wie Sie.
- Sie können mir Ihr Vertrauen schenken.
- Wir liegen auf einer Wellenlänge.

Diese Kriterien in markante Sätze – posthypnotische Befehle – verpackt verfehlen nicht ihre Wirkung. Ich nenne sie gern auch „magische Sätze", denn die Worte haben eine wundersame Kraft. Ich gebe Ihnen hier einige Beispiele, die Sie für Ihren persönlichen Bereich ergänzen sollten:

- Sie werden sehen, dass Sie bald … erreichen.
- Tun Sie etwas Gutes für sich selbst, entscheiden Sie sich für …
- Was kann Sie überzeugen?
- In kurzer Zeit wird sich das Gefühl einstellen, dass Sie die richtige Entscheidung getroffen haben.
- Sie handeln so entschlossen wie kaum jemand.
- Sie können sich heute erlauben, an eine erfolgreiche Zukunft zu denken.

Sprechen Sie solche oder ähnliche Sätze mit einer tiefen Stimme, damit sie sich fest im Unterbewusstsein Ihres Gesprächspartners einprägen können.

Aufbauendes Denken

„Der Mensch ist, was er denkt“ – so Christian Friedrich Hebbel. Gedanken sind zwar frei – aber nicht folgenlos! Alles, was geschieht, wird zuerst gedacht, egal ob es sich um die Welt verändernde Entwicklungen handelt oder um Banalitäten. Ob Sie gerade den Fernseher einschalten oder Ihrem Kunden ein Angebot vorlegen, ein neues Auto kaufen oder Ihrer Herzallerliebsten einen Heiratsantrag machen – alles haben Sie erst einmal gedacht. Ob Sie den Hausschlüssel im Auto suchen, die Verkaufszahlen für Ihr Unternehmen für das nächste Jahr festlegen – jede Tat wurde in einem (oder vielen) Gedanken geboren!

ERFOLGSFAKTOR

Sie wollen ein Gewinner werden.
Ändern Sie als Erstes Ihr Denkmuster:
Denken Sie wie ein Gewinner!

Wie also denken Sie? Ziehen Ihre Gedanken Sie runter, sind sie destruktiv? Machen Sie erst einmal alles nieder, sehen Sie immer nur die Nachteile, kritisieren Sie gern und erwarten Sie von vornherein, dass es sowieso schief geht? Wissen Sie immer sofort, was nicht machbar, nicht durchführbar, nicht erreichbar ist? Sehen Sie nur Fehler bei anderen Menschen?

Oder sind Ihre Gedanken konstruktiv, versuchen Sie positive Aspekte zu erkennen, denken Sie voraus, denken Sie in Lösungen? Sehen Sie Chancen und Möglichkeiten? Sprechen Sie über Erfolge?

GRUNDGESETZ DER LEBENSENTFALTUNG

Am Anfang jeder Tat steht die Idee.
Nur was gedacht wurde, existiert.

Hören Sie einmal bewusst zu, was in Ihrem Umfeld gesprochen wird. Sie werden erschrecken: Sie hören fast nur von Problemen, Missgeschicken, Ärger und Unglücksfällen. Über nichts wird mehr geredet als über Probleme. Wenn Sie nach Ihren Mitarbeitern gefragt werden, zählen Sie dann nur auf, was diese nicht können, oder sprechen Sie von den Fähigkeiten und Leistungen Ihrer Mitarbeiter? Wenn Sie nach Ihrem Urlaub gefragt werden, sprechen Sie dann von all den kleinen und großen Katastrophen, die diesmal wieder passiert sind, oder schwelgen Sie in Schilderungen über die wundervollen Sonnenuntergänge, den traumhaften Strand und die exotischen Drinks?

Das Fatale an der Fixierung auf die Konflikte, Mängel und Fehler ist, dass damit die Probleme leider nicht weniger bzw. nicht einmal gelöst werden, ja, sie vergrößern sich noch, werden immer mehr. Wer in Problemen denkt, spricht von Problemen und hat Probleme. Wer in Lösungen denkt, denkt konstruktiv und löst Probleme. Oder anders ausgedrückt: Wer negativ denkt, schafft sich ein negatives Umfeld, ein dunkles Bild der Wirklichkeit. Wer aufbauend denkt, sieht die hellen Seiten des Lebens und sieht Wege und Chancen. Natürlich können Sie jetzt nicht erwarten, dass Sie von heute auf morgen Topmanager, Millionär oder Superstar werden, nur weil Sie sich einreden, alles wäre rosig.

Es geht hier nicht um einfaches Nachplappern von Sätzen, die andere Menschen geschaffen haben. Es geht um eine grundlegende Veränderung der Denkstruktur. Wer in Lösungen denkt, handelt anders als ein Mensch, der destruktiv denkt. Wer an eine gute Entwicklung glaubt, zieht entsprechende Energien an, weil er positive Signale aussendet. Das ist eine Wechselwirkung. Wenn Sie in Ihrem Kopf den Hebel von negativ auf positiv stellen, dann werden Sie wahre Wunder erleben können. Den meisten Menschen gelingt dies nicht auf Anhieb, aber mit konsequenter Arbeit an sich selbst und mit Gedankendisziplin werden Sie bald Veränderungen in sich selbst und – als logische Folge – in Ihrem Umfeld bemerken. Wenn Sie mir nicht glauben, dann machen Sie doch wenigstens einen Versuch mit mir. Sie verlieren nichts, wenn Sie dieses Buch wirklich durcharbeiten, wenn Sie meine Vorschläge in die Tat umsetzen und sich einen gewissen Zeitrahmen für die Umsetzung nehmen. Lassen Sie mich das Ergebnis wissen – ich freue mich darauf, von Ihnen zu hören.

ERFOLGSFAKTOR

Verändertes Denken ermöglicht ein anderes Verhalten; Veränderung im Verhalten ist an den Resultaten sichtbar!

Disziplin ist etwas, das heute nicht mehr „in" ist. Deshalb ist in unserer Welt auch sehr viel außer Kontrolle geraten – nicht zu unserem Vorteil. Disziplin beginnt beim Denken. Selbst in schwierigsten Situationen noch nach Chancen und Wegen zu suchen, muss erlernt werden. Das gilt auch für die Selbstmotivation. Nicht aufgeben bei Misserfolgen, sich nicht hängen lassen, sich nicht runterziehen lassen von den lieben Mitmenschen, die ja schon lange wissen, dass dies schief gehen musste … Rückschläge, Fehlentscheidungen, Irrtümer – niemand steckt das so leicht weg. Frust, Ärger, Selbstmitleid – keiner ist davor gefeit. Höhen und Tiefen gehören zum Leben. Entscheidend ist, nicht lange in einer Tiefphase zu verweilen, sondern aus Erfolgserlebnissen viel Kraft zu schöpfen, um Krisenzeiten unbeschadet überstehen, sich wieder selbst motivieren zu können. Ein großes Ziel hilft dabei – und das Wissen, dass Sie sich selbst aus dem Sumpf ziehen müssen. Erwarten Sie nicht von anderen Menschen, dass diese Sie motivieren – das muss von und aus Ihnen selbst kommen. Auch dazu gehört Disziplin – Selbstdisziplin!

Do you think pink?

Sie glauben, dass Sie aufbauend denken? Schreiben Sie jeden Tag die wichtigsten Dinge auf, die Sie denken. Machen Sie alle konstruktiven Gedanken mit einem leuchtenden Marker deutlich sichtbar. Ich weiß, dass diese Aufgabe etwas zeitaufwändig ist, aber sie lohnt sich. Die meisten Menschen, mit denen ich diese Übung mache, sind entsetzt. Sie hielten sich für konstruktiv denkende Menschen und müssen entgeistert feststellen, dass es nicht sehr weit her ist mit ihren positiven Gedanken.

Prüfen Sie Ihren Sprachschatz (und damit Ihre Einstellung):	
halb leer	halb voll
Tricks	Methoden
nicht geschafft	nicht beendet
schlecht	nicht gut
faul	nicht fleißig
wolkig	regnet nicht
zu spät	nicht pünktlich
schwierig	nicht leicht

Eine nicht enden wollende Flut von Gedanken überschwemmt uns, angefangen in dem Augenblick, in dem wir aufwachen, bis zu dem Moment, in dem wir einschlafen. Wir sind uns ja meist gar nicht bewusst, was wir alles denken – den ganzen lieben langen Tag über: „Schon wieder ist die S-Bahn verspätet, welch fürchterlichen Anzug trägt der Assistent heute, die Sekretärin wird immer langsamer, der Kunde Müller kann wohl nie freundlicher sein, Schrötter wird sicher wieder zu spät kommen, der Kaffee könnte stärker sein, meine Frau will schon wieder ein Paar Schuhe …"

Am Anfang steht der Gedanke: Sie wollen an die Spitze, wollen die Nummer eins werden. Wo und wie anfangen? Ganz einfach, im Kopf beginnt es: „Durch-schauen" Sie das Heer Ihrer Gedanken! Erkennen Sie, dass die Gedanken nicht einfach ganz von selbst kommen, sondern dass Sie der aktive Part, der Denker, sind. Sie sind der Schöpfer Ihrer Gedanken und kein anderer. Stellen Sie sich doch einmal ein Fließband in einer Fabrik vor. Jahrelang werden Ersatzteile für Baumaschinen hergestellt. Dann die große Veränderung. Die Ersatzteile werden nicht mehr benötigt. Jetzt braucht man Kleinteile für PKWs. Die Produktion wird umgestellt, die Fließbänder laufen wieder – aber diesmal werden andere Teile produziert. So können Sie auch Ihre Gedankenproduktion ändern – von destruktiv in konstruktiv, von problembeladen in lösungsorientiert.

Der Denkvorgang ist ein individueller, persönlicher Prozess, für den jeder die Verantwortung übernehmen muss. Ich halte es hier mit Antoine de Saint-Exupéry: „Mensch sein heißt verantwortlich sein."

Niemand kann sich aus dieser Verantwortung stehlen und sagen: „Ich lasse bei Herrn Meier, Frau Müller, der Firma Denksport denken.“ Doch manche Menschen tun so, als hätten sie nichts mit ihren eigenen Gedanken zu tun. So höre ich oft: „Ich kann meine Gedanken nicht abstellen; diese oder jene Gedanken belasten mich, meine Gedanken machen mich lustlos, traurig ...“ Wer das sagt, weiß offenbar (noch) nicht, dass Gedanken nur dann trübsinnig sind, sich nur dann verselbstständigen können, wenn der Betroffene dies auch zulässt. Viele Menschen stehen mit beiden Beinen im Leben, sind aktiv und leisten viel und dennoch sind sie Opfer ihrer eigenen Gedanken. Sie lassen einfach zu, dass sie von ihren eigenen Gedanken terrorisiert werden. Das erscheint unglaublich – aber es entspricht den Tatsachen.

Denken ist eine aktive Handlung. So wie Sie Ihr Auto in die richtige Richtung lenken, um an Ihr Ziel zu kommen, können Sie auch Ihre Gedanken lenken. Sie können das recht gut mit dem Autofahren vergleichen: An der roten Ampel stoppen Sie – auch negative Gedanken können Sie stoppen. Haben Sie grünes Licht, dann fahren Sie weiter – denken Sie aufbauend, dann sind Sie auf dem richtigen Weg, können in dieser Richtung weiterdenken. Aus solchen Gedanken entstehen dann automatisch auch sinnvolle und gute Taten. Die meisten Menschen grübeln nach über verpasste Gelegenheiten, ringen tagelang um die passenden Worte, die ihnen im richtigen Moment nicht eingefallen sind. Welch eine Zeitverschwendung! Als ob das noch irgendetwas verändern könnte. Nicht umsonst gehört das Wort „nachdenken“ zu unseren beliebtesten Worten. Aber was bringt uns das „Zurückdenken“?

Nachdenken bedeutet nichts anderes, als sich mit der Vergangenheit zu befassen. Doch wer ständig nur zurückblickt, hat kaum Zeit, sich mit dem zu befassen, was vor ihm liegt – die Zukunft. Die Vergangenheit ist passé, unwiderruflich vorbei. Warum also ständig darüber nach-denken? Erfolgreiche Manager unterscheiden sich von der Masse: Sie schauen voraus, denken voraus.

Vielleicht darf ich Sie zu einem kleinen Experiment motivieren. Schreiben Sie einmal auf einen Bogen Papier das Wort „Nachdenken“ auf. Dann streichen Sie das Wort „Nachdenken“ aus. Es wird gelöscht. Darunter schreiben Sie umso größer das Wort „Vorausdenken“. Sie erkennen das Ziel dieser Übung: Sie programmieren sich jetzt auf die Kunst, fünf bis zehn Jahre vorauszudenken. Von den besten Schachspielern habe ich gelernt, dass sie Meister sind in der Kunst, zehn bis zwölf Züge vorauszudenken.

Die Zukunft liegt vor Ihnen. Was Sie daraus machen, beginnt im Kopf durch Ihre Denkweise: Mit kreativen Gedanken bauen Sie etwas auf, schaffen Sie etwas, formen und gestalten Sie Ihre Zukunft. Sie werden überrascht sein, wenn Sie die Kraft der Gedanken zu spüren bekommen.

GRUNDGESETZ DER LEBENSENTFALTUNG

Aus dem kleinsten Gedankenfunken kann ein leuchtendes Feuer werden.

Für die Macht der Gedanken hier ein überzeugendes Beispiel: Sogar schwerste Krankheiten können damit überwunden werden. Denken Sie nur an den Radsportler Armstrong, der Krebs mit der Kraft seiner Gedanken und durch seine lebensbejahende Einstellung – und natürlich auch mit Unterstützung seiner Ärzte – besiegte. 1999 und 2000 gewann er die Tour de France! Umgekehrt ist bewiesen, dass die beste Medizin nicht helfen kann bei Patienten, die ständig an Krankheiten denken. Ist Ihnen schon aufgefallen, dass oft Ärzte und Wissenschaftler, die sich jahrelang intensiv mit bestimmten Erkrankungen befasst haben, ausgerechnet an derartigen Krankheiten gestorben sind?

Achten Sie auf Ihre Gedanken wie auf einen wertvollen Schatz, denn Ihre Gedanken bestimmen Ihr Leben. Lassen Sie Destruktives nicht zu, überspielen Sie alte Programmierungen, die nicht mehr in das neue Erfolgsprogramm passen! Stellen Sie ein inneres Stoppschild auf, wenn unerwünschte Gedanken versuchen, sich zu verselbständigen. Autosuggestionen helfen Ihnen dabei:

Ich konzentriere mich auf konstruktive Gedanken.
Ich glaube an eine erfolgreiche Zukunft.
Ich kann, was ich will.
Alles ist möglich.

Bildhafte Vorstellung und mentales Training

Von der Vision zur Visualisierung ist es nur noch ein kleiner Schritt. Sind Sie ein visueller Typ, dann ist die bildhafte Vorstellung, die Visualisierung, für Sie ein optimaler Weg, Ihre Ziele in sich zu verankern. Sie verstärken damit Ihre Gedanken, Ihre Ziele bekommen eine sichtbare Gestalt, Ihre Visionen werden zu Bildern.

Sie wollen die Nummer eins in Ihrem Bereich werden. Setzen Sie sich in Ruhe hin, schließen Sie die Augen und entspannen Sie sich. Jetzt konzentrieren Sie sich auf Ihr Ziel, beispielsweise die Position als Verkaufsdirektor in Ihrer Firma. Stellen Sie sich vor, wie Ihre Vorschläge bei den Besprechungen mit Anerkennung aufgenommen werden, wie der Vorstand Sie lobt. Genießen Sie dieses angenehme Gefühl. Sehen Sie sich dann, wie Sie zu Ihrem Vorgesetzten gerufen werden, wie er Ihnen mitteilt, dass Sie die angestrebte Position erhalten. Fühlen Sie die Freude, die in Ihnen aufsteigt. Sie bedanken sich und hören sich sagen: „Ich freue mich sehr und werde das in mich gesetzte Vertrauen nicht enttäuschen." Ihre Kollegen beglückwünschen Sie, Ihre Mitarbeiter freuen sich mit Ihnen. Sie sind stolz auf sich und Ihre Leistung, sind glücklich, Ihr Ziel erreicht zu haben. Nun ist es Zeit, sich ein neues großes Ziel zu setzen.

Dieses Bild sollten Sie sich immer wieder in Erinnerung rufen. Stellen Sie sich alles so realistisch wie möglich vor, hören Sie die Stimme Ihres Chefs, hören Sie sich selbst sprechen, spüren Sie den Händedruck – und fühlen Sie!

Dieses Bild prägt sich in Ihrem Unterbewusstsein ein, und Ihr treuer Gefährte wird alles tun, um Ihr Wunschbild in die Realität umzusetzen. Vertrauen Sie und verlassen Sie sich darauf. Auch bei der Visualisierung gilt: Je häufiger, desto besser.

Die Grenzen, in denen wir uns bewegen, haben wir selbst gesetzt. Die Visualisierung ist eine hervorragende Möglichkeit, sich aus dem eigenen (Gedanken-)Gefängnis zu befreien. Alles, was Sie sich vorstellen, können Sie auch realisieren.

Das Mentaltraining (Training des Geistes), kurz MT, ist eine Kombination aus aufbauendem Denken, Autosuggestion und Visualisierung. Geistige Bilder setzen sich in automatische Bewegungen um.

Ein gutes Beispiel sind unsere Spitzensportler, deren Erfolge ohne mentales Training nicht möglich wären. Es geht darum, in den entscheidenden Momenten richtig zu agieren und zu reagieren. Das MT lässt uns alle erdenklichen Situationen erleben, ohne dass wir sie tatsächlich erfahren haben. So wird der Mensch in die Lage versetzt, intuitiv richtig zu handeln, um sein Ziel zu erreichen. Voraussetzung für mentale Hochleistung ist das Alpha-Training.

Stellen Sie sich einmal vor, ich würde Ihnen einen Film zeigen, und dieser Film wäre der Film Ihres Lebens, Ihre persönliche Biografie. Wollten Sie den Film überhaupt sehen? Was würden Sie sehen? Den Film eines Eroberers, den Film eines Siegers, den Film eines Bettlers, den Film eines gescheiterten Menschen? Was würden Sie sehen? Eine Tragödie oder einen Komödienstadel?

Es stellt sich die Frage: Muss der Mensch nur Betrachter seiner eigenen Szenerie sein, oder kann er eine neue Filmrolle einlegen? Sie können der Autor und der Hauptdarsteller in Ihrem eigenen Leben werden. Sie können, Sie sollten das Steuer Ihres Lebens voller Optimismus in die Hand nehmen. Sie werden der Steuermann!

Sie können sich auch nur einzelne Sequenzen aus Ihrem Erfolgsfilm vorstellen. Beispielsweise wie Sie die Nachricht über die Beförderung erhalten. Legen Sie so viel Gefühl und Leben in Ihr Bild, wie es Ihnen nur möglich ist.

GRUNDGESETZ DER LEBENSENTFALTUNG

Glaube führt zur Tat.
Konzentration führt zum Erfolg.
Wiederholung führt zur Meisterschaft.

Ich will die Nummer eins werden in dem Bereich …

- *Meine Etappenziele sehen aus wie folgt:*
  Standort heute:
  in 6 Monaten, das ist (Datum):
  in 12 Monaten, das ist (Datum):
  in 2 Jahren:
  in 3 Jahren:
  in 4 Jahren:
  in 5 Jahren:
- *Ich muss an mir arbeiten auf folgenden Gebieten:*
  Unterbewusstsein aktivieren, meinen Wunsch installieren, öfter in Alpha sein
  folgende Stärken verstärken durch … (Seminare, Selbstdisziplin etc.)
- *Ich entscheide mich für Folgendes:*
  Arbeit mit Suggestionen 3 x täglich
  Psychodynamisches Atemtraining 1 x täglich
  Versetzen in Alpha 5 x täglich
  Anmeldung zum Seminar „Der erfolgreiche Weg“
- *Ich überprüfe Veränderungen bzw. kontrolliere monatlich in Bezug auf:*
  Verbesserung meiner Wahrnehmungsfähigkeit
  Sensibilisierung gegenüber meinen Mitmenschen
  Fähigkeit zur Konfliktlösung
  Wahrnehmung meiner eigenen Gefühle und deren Umsetzung
  Veränderung der Kommunikation mit Mitarbeitern
  Selbstdisziplin (habe ich meine Vorsätze durchgeführt?)
- *Habe ich das Etappenziel erreicht?*
- *Steht mein Wunsch, die Nummer eins zu werden, noch an oberster Stelle, ist er mit Leben beseelt?*
  Welche Probleme habe ich schon gelöst?

ERFOLGSFAKTOR

Eine optimistische Grundeinstellung, einen Lösungs- und keinen Problemblick, Selbstbewusstsein, Mut und das Wissen um die Ursache von Problemen.

Wissen Sie, dass – wenn Sie noch 20 Jahre leben – Sie 7.300 Tage haben, um das Beste daraus zu machen? Sind Sie heute 35 Jahre alt, dann haben Sie 12.775 Tage gelebt. Was haben Sie damit gemacht? Jeder Tag zählt! Warten Sie nicht noch länger, werden Sie aktiv – heute, jetzt in diesem Augenblick!

Liebe Leserin, lieber Leser, vergessen Sie nie: Wenn Sie Ihr größtes Ziel erreichen, erfüllen sich tausend Wünsche automatisch. Man konzentriert sich nicht auf Kleinigkeiten. Verzetteln Sie sich nicht.

Bitte sagen Sie nicht, dass ich jetzt Blasphemie betreibe, wenn ich einen Satz der Bibel in die Sprache des neuen Jahrhunderts übersetze. In der Bibel steht: „Denkt zuerst an das Reich Gottes, und alles andere wird euch hinzugegeben werden.“ Das heißt: Versuchen Sie, auf einem Gebiet der Beste zu werden, und alles andere stellt sich vollautomatisch ein.

Kapitel 4
DIE SCHRITTE ZUM ERFOLG

Entsprechend dem japanischen Sprichwort „Selbst ein Weg von tausend Meilen beginnt mit einem Schritt“ streben wir unser Ziel in Etappen an. Das hat verschiedene Vorteile:

1. Sie schaffen sich eine fundierte Basis – nur so kann ein Haus wie auch eine Karriere Stabilität erhalten.
2. Sie können sich auf einen Bereich konzentrieren, erzielen dadurch optimale Ergebnisse.
3. Kleine Ziele lassen sich leichter erreichen. Diese Erfolgserlebnisse beflügeln und bestärken Sie.

Verbale Kommunikation

Erfolg beginnt mit der Fähigkeit, erfolgreich zu sprechen

Sprechen und reden – das sind unterschiedliche Dinge. Reden können viele. Viel reden, ohne etwas zu sagen, das können noch mehr. Ein Schwätzer kann manchmal sogar kurzzeitig blenden. Lange funktioniert dies jedoch nicht. Früher oder später kommt ihm jeder auf die Schliche.

Sprechen können, mit Worten den Zuhörer erreichen, Botschaften vermitteln, Informationen mit Leben erfüllen – dieses und vieles mehr gehört zum richtigen Sprechen. Passt die Stimme zur Aussage, stimmt die Sprache des Körpers mit den Worten überein? Versteht der Zuhörer überhaupt die Sprache? Fragen über Fragen stellen sich, wenn es um Rhetorik, die Kunst des Redens, geht. Für mich ist die Redekunst jedoch noch mehr, nämlich die Lehre von der Wirkung des Menschen. Es kommt nicht nur auf die Worte an, sondern auf die Gesamtwirkung des Redners, wie er sich und seine Meinung darstellt – und wie das beim Zuhörer ankommt.

Haben Sie sich überhaupt schon einmal Gedanken über unsere Sprache gemacht? Die Sprache ist Ausdruck der Mentalität. So wie wir Gefühle, Gedanken und Situationen beschreiben, würde dies nie ein Franzose, ein Norweger, ein Asiate oder ein Afrikaner tun. Die Sprache sagt sehr viel über Lebenseinstellung, über die Werte, ja, sogar über das Klima aus. Wir Deutsche sind sachlich, nüchtern, nicht mit überschwänglichen Gefühlen ausgestattet – wenn Sie mir eine Verallgemeinerung erlauben. Genauso ist auch die deutsche Sprache. Innerhalb der Sprache gibt es ein riesiges Spektrum, sich auszudrücken. An der Sprache können Sie beispielsweise die soziale Stellung und das Niveau des Sprechers erkennen. Ein eleganter Abendanzug macht noch lange keinen Gentleman. Zwar kann das Äußere eine Weile über die Realität hinwegtäuschen. Doch spätestens in dem Moment, in dem wir uns mit einem Menschen unterhalten, wissen wir, mit wem wir es zu tun haben.

Ein temperamentvoller, gefühlsbetonter Mensch hat einen anderen Wortschatz, ein anderes Sprechtempo und eine andere Stimmlage als ein kühler Kopfmensch. Tag für Tag haben wir es mit den unterschiedlichsten Typen zu tun, wollen, dass sie uns verstehen, wollen ihnen etwas vermitteln, wollen sie überzeugen. Unsere Stimme ist das Transportmittel für unsere Worte bzw. unsere Gedanken, Ideen und Visionen.

ERFOLGSFAKTOR

Auf die richtige Selbstdarstellung kommt es an.

Ihr Erfolg – beruflich wie auch privater Art – hängt damit zusammen, wie Sie sich präsentieren, wie Sie ankommen. Das Ziel ist nicht, aus Ihnen einen anderen Menschen zu machen, sondern Ihre Stärken hervorzuheben und zu verstärken. Dazu gehört zweifelsohne die Rhetorik, die Kunst des Redens. Für mich bezieht sich Rhetorik nicht nur auf die Sprache, sondern auf den gesamten Menschen: Sprache, Stimme, Wortwahl, Körpersprache, Kleidung und Auftreten. Lassen Sie uns Schritt für Schritt vorgehen:

Die Stimme muss stimmen

Mit Worten kann man lügen, mit der Stimme nicht. Ist Ihnen das schon aufgefallen? Der Kunde ist ausgesprochen freundlich, äußert sich begeistert über Ihr Produkt und verspricht, den Großauftrag morgen abzuschicken. Sie können sich nicht so richtig freuen, wissen aber gar nicht, warum. Schließlich hat sich der Kunde doch endlich entschieden. Sie denken nicht länger über Ihr Gefühl nach. Eine Woche später ist der Auftrag noch nicht eingegangen. Auf Nachfrage erfahren Sie dann von der Sekretärin, dass eine andere Firma den Zuschlag erhalten hat. Die Stimme Ihres Gesprächspartners hat Sie nicht getäuscht, hat Ihr Unterbewusstsein alarmiert.

Ihr Kunde hat Sie belogen, seine Stimme war eine Nuance anders. Bewusst haben Sie das nicht wahrgenommen, aber Ihr Unterbewusstsein hat dieses Signal sehr deutlich empfangen. Genau das war es, was Ihre Freude reduzierte, ohne dass Sie zu diesem Zeitpunkt den wahren Grund wussten.

Einmal sensibilisiert auf die Stimme, werden Sie immer mehr hören, was in anderen Menschen vorgeht, werden heraushören, was wirklich Sache ist. Die Stimme kann nichts vertuschen. Ist jemand aufgeregt oder nervös, wird er kurzatmig, spricht zu schnell oder zu laut. Die Tonlage verändert sich – entsprechend den Gefühlen. Achten Sie auf die Stimme, und Sie wissen oft schon, was kommen wird, bevor Ihr Gegenüber überhaupt die passenden Argumente gefunden hat.

Aber auch Ihre Stimme ist verräterisch, zeigt Ihre wahren Gefühle, vielleicht manchmal mehr, als Ihnen lieb ist. Aus diesem Grund kann niemand etwas verkaufen – egal ob es sich um Fähigkeiten, ein Produkt oder eine Dienstleistung handelt –, wenn er nicht im Innersten davon überzeugt ist. Wenn Sie nicht aus voller Brust behaupten können, der Beste in Ihrem Bereich zu sein, dann können Sie auch niemand anderen davon überzeugen. Und das ist durchaus logisch. Wer sollte denn auf Sie bauen, wenn Sie selbst nicht sicher sind?

ERFOLGSFAKTOR

Im Inneren muss es stimmen, dann stimmt auch die Stimme.

Die Stimme ist nicht etwa abhängig von der Körpergröße. Wie viel große, stattliche Menschen sprechen mit einer leisen Piepsstimme und umgekehrt: Kleine, zierliche Menschen haben oft eine extrem laute Stimme – als wollten sie damit die körperliche Unscheinbarkeit kompensieren. Manche Menschen haben durchaus überzeugende Argumente, trotzdem werden sie immer abgeschmettert. Woran mag das liegen? Es kann die Stimme, die Stimmlage sein. Eine hohe, helle Stimme – vielleicht sogar noch mit Quietschtönen, wie wir sie leider oft bei Frauen hören – ruft instinktiv ein Abwehrgefühl hervor. Hohe Stimmen vermitteln Unsicherheit, ja sogar Angst. Niemand kann sich auf den Inhalt einer Rede konzentrieren, wenn die Stimme an den Nerven sägt. Nach einiger Zeit macht der Zuhörer innerlich zu; die Worte erreichen ihn nicht mehr. Eine dunkle Stimme hingegen wird von allen Menschen als angenehm empfunden, sie vermittelt Kraft, Ruhe und Kompetenz: Sie dringt ins Unterbewusstsein. Hier hören wir zu, obwohl uns manchmal das Thema nicht einmal interessiert. Doch die Stimme nimmt die Aufmerksamkeit gefangen. Flache Stimmen, ohne Höhen und Tiefen, ohne Gefühle, kommen nicht an. Langeweile macht sich breit. Beobachten Sie einmal Diskussionen im Bundestag. Wessen Worten hören die Abgeordneten konzentriert zu, bei wem unterhalten sie sich, beschäftigen sich mit ihren Akten?

Wie klingt Ihre Stimme?

Es ist nicht einfach, die eigene Stimme richtig einzuordnen. Nehmen Sie sich selbst einmal auf Band auf, am besten während eines Gesprächs oder Telefonats, mal geschäftlich, mal privat; natürlich nach Rücksprache mit Ihrem Gesprächspartner. In solchen Situationen sprechen Sie ganz normal, achten nicht besonders auf Ihre Stimme. Sind Sie angenehm überrascht, wenn Sie das Band abhören, oder sind Sie entsetzt? Wie ist das Timbre Ihrer Stimme, das Volumen, die Tonlage? Merken Sie auch, wie Ihre Stimme sich verändert, ohne dass Ihnen das beim Gespräch überhaupt bewusst wurde? Mit Ihrer/m Herzallerliebsten sprechen Sie mit weicher Stimme, in der Gefühl, Zärtlichkeit, Verständnis liegt. Beim Kunden klingt Ihre Stimme ganz anders: freundlich, aber sachlich; wenn Sie einen Mitarbeiter wegen seines ständigen Zuspätkommens ansprechen, hat Ihre Stimme wieder einen anderen Klang. Über die Stimme können Sie mehr wahrnehmen, als Ihre Ohren hören und Ihre Augen sehen können. Und vor allem kann die Stimme weniger vertuschen, kann weniger täuschen.

Stimmtraining = Persönlichkeitstraining

Untersuchungen haben übrigens ergeben, dass die Stimme einen größeren Einfluss hat als Worte: Knapp 40 % fallen auf die Stimme und nicht einmal 10 % auf die Aussage. Es liegt auf der Hand, dass überzeugende Argumente nicht ankommen, wenn sie mit einer zu hohen, einer hektischen oder unsympathischen Stimme vorgetragen werden.

Daran sehen Sie, wie wichtig es ist, die Stimme zu pflegen, zu trainieren und, falls erforderlich, zu verbessern. Stimmtraining ist automatisch auch Training der Persönlichkeit. So wie Sie Ihre Muskeln trainieren, um sich den viel gepriesenen Waschbrettbauch zu erarbeiten bzw. zu erhalten, können Sie auch Ihre Stimme bzw. Ihre Persönlichkeit trainieren. Über die Stimme nämlich verbessern Sie Ihre Konzentrationsfähigkeit, Sie werden ruhiger und belastbarer, Ihre Ausstrahlung wird intensiver. Arbeiten Sie an Ihrer Stimme und Sie

- vertiefen Ihr Selbstbewusstsein,
- kräftigen Ihren Willen,
- verstärken das Bewusstsein für Ihr Ziel,
- stärken Ihre Nerven,
- gewinnen an Ausstrahlung.

Analysieren Sie Ihre Stimme:

- Höhe
- Sprechgeschwindigkeit
- Timbre
- Tonfall
- Finden Sie Ihre Stimme überzeugend?
- Finden das auch andere Menschen (Familie, Partner, Kollegen, Freunde)?
- Klingt Ihre Stimme noch gut, wenn Sie sich ärgern oder sich aufregen?

- Hört man Ihnen die Nervosität an?
- Wie atmen Sie beim Sprechen?
- Sind Sie und Ihre Stimme eine Einheit?
- Mögen Sie Ihre Stimme?
- Können Sie sich mit ihr identifizieren?
- Wie hört sich Ihr Lachen an?

Atmen = Lebensenergie

Auf die richtige Atmung kommt es an (s. auch Kapitel 3). Doch wer atmet heute noch richtig? Jedes Baby atmet richtig, wenn es auf die Welt kommt, nämlich mit dem Bauch. Die meisten Jugendlichen und Erwachsenen atmen jedoch flach, neigen zu Kurzatmigkeit, sind schnell atemlos. Anstatt einen Liter Luft aufzunehmen, begnügen sich die meisten mit der Hälfte. Damit bekommen sie natürlich auch nur halb so viel Energie wie jemand, der tief atmet. Nehmen Sie sich Sportler und Sänger als Vorbild, sie können bis zu vier Liter Luft aufnehmen. Atem ist Leben und Nahrung für das Gehirn. Je mehr Sauerstoff Sie Ihrem Gehirn gönnen, desto leistungsfähiger ist es. Sie können Belastendes ausatmen, innerlich wieder frei werden für die wesentlichen Fragen. Aber auch Ihre Nerven profitieren von der richtigen Atmung. Atmen Sie nämlich tief und ruhig, werden Sie ruhig und gelassen – körperlich, geistig und seelisch! Wer an die Spitze will, braucht einen langen Atem! Deshalb lernen wir wieder, was die *Bauchatmung* ist:

Am besten legen Sie sich einmal hin, legen die Hände auf Ihren Bauch und atmen nun ganz bewusst tief ein und aus. Ihre Bauchdecke sollte sich beim Einatmen wölben, beim Ausatmen senkt sie sich. Sie spüren das nicht? Dann bleibt die Luft im Brustkorb stecken. Versuchen Sie es so lange, bis die Luft auch Ihren Bauchraum ausfüllt. Wenn Sie nervös sind, dann stellen Sie sich vor, wie Sie bei jedem Ausatmen die Probleme und den Ärger mit ausatmen. Beim Einatmen stellen Sie sich vor, wie Sie Energie aufnehmen. Spüren Sie, wie Sie sich entspannen, sich besser fühlen, wie Sie wieder zu Kräften kommen?

Diese Übung sollten Sie immer wieder machen – so lange, bis Sie ganz von selbst wieder in und aus dem Bauch atmen. Sie können diese Übung natürlich auch im Sitzen oder Stehen machen. Doch für den Anfang ist es besser, sich in Ruhe hinzulegen und sich selbst bewusst zu spüren.

Zählen Sie auch einmal, wie viele Atemzüge Sie in der Minute machen. Wenn Sie tiefer atmen, brauchen Sie weniger Atemzüge. Ideal wäre es, wenn Sie mit sieben Atemzügen in der Minute zurechtkämen. Ruhiges Atmen macht ruhig, stärkt die Nerven und das Wohlbefinden (Alpha!).

Das psychodynamische Stimmtraining

Jetzt ist Ihre Stimme dran. Sie soll stimmen, soll Ausdruck Ihrer Persönlichkeit sein. Aber selbst wenn Sie zufrieden sind mit Ihrer Stimme, so ist ein Stimmtraining nicht fehl am Platz. Wer viel sprechen muss, strapaziert schnell seine Stimme, wenn er falsch spricht. Probleme mit den Stimmbändern, chronische Heiserkeit, kratzige Stimme, Räuspern sind die Folgen.

Wirkungsvoll ist mein psychodynamisches Atemtraining. Hier wird nicht nur die Stimme gestärkt und verbessert, sondern auch die Tonlage optimiert – und das Besondere: Die Psyche bekommt einen Kick! Am besten machen Sie die Übungen jeden Tag, und zwar morgens. Üben Sie abends, so kann ich nicht für einen ruhigen Schlaf garantieren. Sie sind nach der Übung topfit und frisch. Meine Kassette „Ein positiver Tag beginnt“ unterstützt Sie.

1. Stellen Sie sich am besten vor einen großen Spiegel, fixieren Sie Ihren Blick auf einen Punkt und atmen tief ein, dann atmen Sie aus und wieder ein. Nun sprechen Sie die folgenden Buchstaben einzeln mit lauter Stimme, und zwar so lange, bis Ihnen der Atem ausgeht:

   I E A O U

   Halten Sie sich unbedingt an diese Reihenfolge, denn sie ist nicht willkürlich gewählt. Jeder Buchstabe aktiviert einen bestimmten Bereich im Körper. „I“ hat die höchste Frequenz, die besonders den Kopfbereich aktiviert, besser durchblutet und mit mehr Energie versorgt. Sprechen Sie das „I“ laut und legen Sie die Hand dabei auf den Kopf. Sie spüren ein leichtes Vibrieren. Das „E“ ist für den Halsbereich, das „A“ für den Brustbereich, das „O“ für den oberen Bauchbereich und das tiefe „U“ für den unteren Bauchbereich zuständig. Auf diese Weise aktivieren Sie Ihren Körper.

Das „A“ sollten Sie mit weit geöffnetem Mund sprechen, denn Sie haben doch etwas zu sagen, oder? Wollen Sie Ihre Stimme etwas „tiefer legen“, dann sprechen Sie das „U“ öfters – ruhig auch zwischendurch während des Tages.

2. Jetzt widmen wir uns dem Brust- und Bauchbereich. Atmen Sie aus und dann tief ein. Summen Sie mit geschlossenen Lippen leise, bis der Atmen nicht mehr reicht:

   MMMMM

   Atmen Sie ein, summen Sie wieder MMMM – diesmal mit Kraft.

   Als Nächstes atmen Sie ein und summen MMMM – aber jetzt mit so viel Kraft, wie Sie haben. Wenn Brust- und Bauchraum stark vibrieren, dann machen Sie es richtig. Fühlen Sie sich fit und stark?

3. Jede wirkungsvolle (Aus-)Sprache hat ein starkes „R“. Ist Ihnen das schon aufgefallen? Hören Sie den Spaniern zu, aber auch die Bayern können es ganz gut: das Zungen-R. Atmen Sie aus, dann tief ein, und los gehts: Schnarren Sie ein Zungen-R, solange der Atem reicht!

   Die Zunge wird hinter den Schneidezähnen leicht gerollt. Übung macht auch hier den Meister. Machen Sie das dreimal nacheinander, dann geht es weiter, schnarren Sie mit Begeisterung:

   rrr-iii rrr-eee rrr-aaa rrr-ooo rrr-uuu.

   Mit lauter Stimme, mit Elan und Begeisterung und total überzogenem R sprechen Sie Worte wie

Rollen	Reger	schnurren
Riechen	Träger	verwirren
Rasen	Pflaster	
Reifen	murren	

Suchen Sie sich ruhig Ihre eigenen R-Worte und wechseln Sie immer einmal ab.

4. Zum Abschluss kommt die Tarzan-Übung. Übrigens die beste Prophylaxe gegen Herzinfarkt und Erkältungskrankheiten – ganz besonders empfehlenswert für Raucher!
   Sie atmen aus und tief ein. Machen Sie Fäuste. Sprechen Sie jetzt langsam „I“, währenddessen schlagen Sie sich auf den oberen Brustansatz – wie eben Tarzan. (Achtung: nicht zu nahe am Hals, nicht zu nahe am Bauch, nicht in Schulterhöhe!). Sie schlagen, solange Ihr Atem reicht. Nun kommt der nächste Buchstabe – entsprechend der ersten Übung, also „E“, dann „A“ mit weit offenem Mund, dann „O“ und schließlich „U“.
   Nach jedem Buchstaben räuspern Sie sich gründlich. Wahrscheinlich müssen Sie sowieso anfangs husten. Diese Übung macht Ihre Atemwege wirklich frei, die Bronchien werden vom Schleim gereinigt. Ihre Stimme wird klar und strahlend.
   Fühlen Sie, wie Sie frei werden und wie Ihre Batterien sich aufladen? Nun verstehen Sie auch, warum Sie diese Übung besser morgens und nicht am Abend machen sollen.

Erfolgskontrolle

1. Sprechen Sie unsere Autosuggestion auf Kassette, bevor Sie mit dem psychodynamischen Atemtraining beginnen. Nach drei Monaten sprechen Sie wieder auf Band. Ich kenne niemanden, dessen Stimme sich nicht positiv verändert hätte.
2. Können Sie sich jetzt besser mit Ihrer Stimme identifizieren? Gefällt Ihnen Ihre Stimme nach drei Monaten Training besser?
3. Welche Erfolgserlebnisse hatten Sie auf Grund Ihrer „veränderten“ Stimme? Haben Sie bemerkt, dass man Ihnen konzentrierter zuhört, Sie Ihre Vorschläge besser durchbringen?
4. Wer sprechen kann, wird vorgeschickt. Wie ist das mit Ihnen? Haben Sie eine solche Erfahrung machen können?

Sprechen, Gespräche, Reden & Co.

Viele Menschen behandeln die Sprache mit großer Gleichgültigkeit, sind aber erstaunt, wenn die Mitmenschen sich zurückziehen, einschnappen oder zum Gegenschlag ausholen. Dann ist ihr Lieblingssatz: „Ich habe das nicht so gemeint." Warum aber reden wir, wenn wir es nicht so meinen? Warum machen wir uns so wenig Mühe, die richtigen Worte zu finden? Wenn etwas gelingen soll, dann muss man sich Mühe geben, ob das die Ausarbeitung eines Vertrages, die Einarbeitung eines Mitarbeiters oder die Planung des Urlaubs ist. Selbst so banale Dinge wie Autowaschen oder Kuchenbacken erfordern ein gewisses Maß an Mühe, wenn wir mit dem Resultat zufrieden sein wollen.

Nun gibt es sogar ganze Berufsgruppen, die davon leben, dass Worte dehnbar sind, dass keine konkrete Aussage gemacht wird. So versuchen beispielsweise Politiker, so viele Anhänger wie möglich zu gewinnen, indem sie viel reden, wenig sagen und in Andeutungen sprechen, die je nach Situation entsprechend ausgelegt werden können. Die Politikverdrossenheit zeigt deutlich, dass dies nicht der richtige Weg ist.

Schon Konfuzius sagte: „Wer viel schießt, ist noch kein Schütze. Wer viel spricht, ist noch kein Redner."

Und die Sprache des Erfolgs ist dies sowieso nicht. Weder im Geschäfts- noch im Privatleben kommen wir mit schwammigen Bemerkungen weiter. Ja, wir schaden uns sogar selbst, denn bald nimmt uns niemand mehr ernst.

Kommunikation ist eine schwierige Sache, es gibt viele Fallstricke. Das beginnt schon mit der Wortwahl. Auch wenn wir alle in unserer Muttersprache sprechen, verstehen wir uns oft nicht. Das liegt daran, dass Worte mit Gefühlen verbunden sind. Wir haben unsere Sprache in der Kindheit gelernt – entsprechend dem Umfeld, in dem wir aufgewachsen sind. In manchen Familien sind Schimpfworte gang und gäbe, in anderen sind dies Tabu-Worte. Auch was den Umgangston betrifft, sind wir stark von der Kindheit geprägt. Worte können sehr verletzen, können ebenso tödlich sein wie Waffen. Vielleicht haben Sie manchmal bemerkt, dass Ihr Gegenüber – für Sie ohne ersichtlichen

Grund – massiv reagiert, das Gespräch abrupt abbricht oder sich zurückzieht. Möglicherweise haben Sie ein Wort verwendet, das für Sie zum normalen Sprachgebrauch zählt, Ihren Gesprächspartner (vielleicht sogar unbewusst) jedoch zutiefst trifft. Wissen konnten Sie das nicht, aber Sie haben bemerkt, dass er etwas „falsch“ verstanden hat – nämlich nicht so, wie Sie es gemeint haben. Solche Missverständnisse können schnell entstehen. Bewusster Umgang mit der Sprache und Sensibilität helfen zum besseren Verstehen.

ERFOLGSFAKTOR

Worte mit Sorgfalt wählen.

Lassen Sie uns Punkt für Punkt durchgehen, wie Sie erfolgreich sprechen lernen:

1. **Holen Sie die Menschen dort ab, wo sie sind**
   Damit meine ich, dass Sie vor einem Publikum, das von Technik keine Ahnung hat, keinen hochtechnischen Vortrag über die neue Fertigbauweise halten sollten. Wenn Sie ganz normalen Familien Fertighäuser anbieten wollen, dann führen Sie die Dinge auf, die für die Familie von Vorteil sind, wie große, helle Räume, kinderfreundliche Einbauten, Stellplatz für Kinderwagen, umweltfreundliche Materialien usw. Niemanden interessiert hier, wie die Häuser gebaut werden, sondern ob sie den Bedürfnissen und Wünschen der potenziellen Käufer entsprechen. Wenn Sie mit Jugendlichen sprechen, dürfen Sie sich ruhig etwas deutlicher und drastischer ausdrücken, als wenn Sie es mit Senioren zu tun haben. Sprechen Sie immer die Gefühle der Menschen an, denn dort erreichen Sie jeden.

2. **Sprechen Sie deutlich in kurzen, klaren Sätzen**
   Sie wissen selbst, wie störend es ist, wenn jeder Satz mit „äh“ oder „m“ begonnen oder mit „nicht wahr“ beendet wird. Solche Unarten sind dem Sprecher meist nicht einmal bewusst, dem Zuhörer aber vergeht jede Lust zuzuhören. Wissen Sie, ob Sie solche oder ähnliche Sprech-Unarten haben? Fragen Sie sicherheitshalber einmal in

Ihrem Bekanntenkreis nach, Ihnen selbst fällt eine solche Gewohnheit gar nicht mehr auf. Auch ständige Wiederholung von bestimmten Worten kann sehr störend für ein Gespräch sein. Manchmal ist der Zuhörer nur noch darauf fixiert, dass der Redner wieder sein Lieblingswort ausspricht. Mit solchen Unarten können Sie die Aufmerksamkeit Ihrer Zuhörer nicht gewinnen.
Kann man Ihre Aussprache gut verstehen, sprechen Sie gutes Deutsch? Je nach Beruf und Position mag ein leichter Dialekt nicht stören, kann sogar manchmal förderlich sein. Mit einem bayerischen Einschlag kann man sicher im Süden unseres Landes einen Wirt eher von den Vorzügen einer Münchner Brauerei überzeugen als mit dem besten Hochdeutsch. Wenn Gespräche aber auf höchster oder sogar internationaler Ebene stattfinden, ist Hochdeutsch angesagt.
Haben Sie eine gute Aussprache? Sie müssen zwar nicht wie ein Schauspieler sprechen, aber dennoch sollten die Endungen jedes Wortes gut zu verstehen sein. Schlampiges Sprechen gibt das Gefühl, dass Sorgfalt und Genauigkeit nicht zu Ihren Stärken gehören. Sprechen Sie auf Kassette. Können Sie jedes Wort gut verstehen, oder schlucken Sie die eine oder andere Silbe einfach runter?

ERFOLGSFAKTOR

Kurze Sätze – besseres Verständnis.

Sätze, die nie enden wollen, ermüden den Zuhörer. Bei Verhandlungen muss deshalb viel öfters rückgefragt werden. Strapazieren Sie Ihre Gesprächspartner nicht übermäßig, sondern lernen Sie, sich in kurzen Sätzen präzise zu äußern. Je knapper die Sätze sind, desto besser prägen sie sich ein. Studieren Sie die Reden bekannter Persönlichkeiten!

Ein ausgesprochen wertvolles Training ist lautes Lesen. Wenn Sie täglich drei Minuten laut lesen, erweitert sich automatisch Ihr Wortschatz, es verbessert sich Ihre Stimme und – was noch wichtiger ist – Ihre Konzentrationsfähigkeit. Lautes Lesen ist eine geradezu militärische Übung für Ihren Geist. Sie disziplinieren sich selbst, den vorgeschriebenen Text originalgetreu zu lesen. Beim leisen Lesen bemerken Sie eine Konzentrationsschwäche nicht. Was könnten Sie lesen, von welchen Texten könnten Sie am meisten profitieren? Beispielsweise die FAZ oder DIE ZEIT, denn dann erhält auch Ihre Sprache einen qualifizierten Ausdruck. Yin und Yang – Sie könnten auch Geschichten aus „Tausendundeiner Nacht" laut lesen. Damit würden Sie Ihre bildhafte Ausdrucksfähigkeit steigern.

Nie zu unterschätzen: der Name

Der Name ist das wichtigste Wort im Leben eines Menschen. Nur ein falscher Buchstabe auf dem Briefkuvert, nur einen Buchstaben bei der Anrede vergessen – das kann Sie Kunden, Mitarbeiter, Aufträge kosten. Lächerlich – mögen Sie vielleicht jetzt sagen. Zum Lachen ist dies gewiss nicht, denn jeder Mensch identifiziert sich mit seinem Namen. Wer hier nicht ganz genau ist, der zeigt Desinteresse, und zwar an seinem Gegenüber. Ich kenne Menschen, die werfen einen Brief ungeöffnet weg, wenn der Name nicht korrekt geschrieben ist.

Wenn Sie einen Namen nicht richtig verstehen, fragen Sie ruhig nach, lassen Sie ihn sich buchstabieren. So kann Ihnen kein Fehler unterlaufen, zudem signalisieren Sie Interesse.

Achten Sie auch darauf, dass auch Ihr Name richtig ankommt, ganz besonders bei Telefonaten. Sprechen Sie ihn langsam und deutlich. Das Paradebeispiel für eine eindrucksvolle Vorstellung ist James Bond. „Mein Name ist Bond (Pause), James Bond." Niemand wird diesen Namen vergessen oder verstümmeln!

Das Gespräch, die Rede – auf die Vorbereitung kommt es an

80 % der Zeit in die Vorbereitung investieren, das ist keine Fehlinvestition – weder bei einer großen Transaktion noch bei einem Gespräch oder einer Rede. Doch was tun die meisten Manager? Sie verlassen sich lieber auf ihre Mitarbeiter, lassen sie die Unterlagen für wichtige Gespräche und Vorträge zusammenstellen. Was passiert? Vieles läuft schief! Stellen Sie sich eine ganz simple Situation vor: Ein Autoverkäufer soll das neue Modell vorführen. Erst kurz vor dem Termin hat er die Betriebsanleitung erhalten, die er schnell durchgeblättert hat. Im

neuen Wagen hat er noch nicht gesessen. Nun soll er dem Publikum das Auto zeigen. Können Sie sich vorstellen, wie überzeugend er ist, wenn er erst in der Bedienungsanleitung nachschauen muss, wo die Motorhaube zu öffnen ist? Das Gleiche passiert bei Gesprächen und Vorträgen. Wenn der Redner verzweifelt in einem Stoß Papier nach dem richtigen Blatt, der Verkaufsleiter in den Unterlagen vergeblich die neueste Statistik sucht, der Manager sich von einer Ausrede in die andere flüchtet, verliert er Kompetenz – und oft auch mehr. Dieses und Schlimmeres passiert, wenn Sie nicht richtig vorbereitet sind. Zur Vorbereitung gehören nicht nur die entsprechenden Papiere, sondern vor allem auch richtig geordnete Gedanken. Das Gespräch darf nicht zufällig irgendwie verlaufen, sondern es muss auf das Ziel ausgerichtet sein, muss „geführt" werden. Wer sein Ziel nicht ins Visier nimmt, sondern einfach rundum schießt, macht kaum einen Treffer, geschweige denn einen Volltreffer.

Durch eine gute und intensive Vorbereitung steigert sich Ihr Reaktionsvermögen und Ihr Können. Sie werden immer von Ihren gut vorbereiteten Konzepten profitieren, denn jede Vorbereitung prägt sich tief in Ihrem Langzeitgedächtnis ein.

Wie also gehen Sie vor? Stellen Sie sich vor, Sie müssen einen Vortrag halten. Wählen Sie aus Ihrer Kartei des Wissens die Informationen aus, die Sie für diesen Vortrag benötigen. Legen Sie die einzelnen Karteikarten vor sich nebeneinander auf den Tisch. Sie brauchen sich nicht wie andere Menschen den Kopf zu zermartern, um Wissen zu sammeln und zu ordnen. Es genügt, wenn Sie Ihre Karteikarten vor sich sehen. Automatisch rufen Sie damit alle Informationen ab, die Sie zu diesem Thema brauchen. Dabei wird auch das kollektive Unterbewusstsein mit einbezogen. Und deshalb werden Sie in solchen Situationen oft feststellen, dass Sie viel mehr Informationen haben, als Sie für die Redezeit überhaupt benötigen. Was glauben Sie, wie gut das für Ihre Selbstsicherheit ist, für Ihr Selbstbewusstsein! Da Sie aber zu viel Informationen haben, suchen Sie aus der Fülle der Karteikarten das Wichtigste heraus. Verlassen Sie sich auch hier auf Ihre Intuition. Verlassen Sie sich darauf, dass Sie automatisch gelenkt werden von Ihrem Unterbewusstsein, um genau das zu wählen, was Sie benötigen und womit Sie ankommen.

Zusammen mit den Regeln der Rhetorik ist Ihnen der Erfolg sicher:

1. Die richtige *Einleitung* öffnet die Herzen und weckt Interesse für das, was Sie zu sagen haben. Sprechen Sie bei einer Einleitung nie über Neuigkeiten, sondern über Dinge, bei denen die Zuhörer spontan mit Zustimmung reagieren können.
2. Sie sprechen nicht in einen luftleeren Raum, sondern zu Menschen. Nach acht Minuten sollten Sie ein *Feedback* erhalten. Eine Anekdote, eine witzige Bemerkung aus Ihrer Kartei des Wissens – passend zum Thema und zur Zuhörerschaft – sichert Ihnen eine positive Reaktion.
3. Unter der Rubrik *Höhepunkte* finden Sie in der Kartei des Wissens das Richtige für Ihre Rede. Jetzt geht es nur noch darum, alles dramaturgisch gut aufzubauen.
4. Mit einem *magischen Satz,* mit einer gezielten Aufforderung zum Handeln, beenden Sie Ihre Rede.

Wenn Sie mit der Kartei des Wissens arbeiten, werden Sie sehen, dass Sie nicht einmal eine Stunde brauchen, um optimal für Ihre Rede vorbereitet zu sein. Sie benötigen nicht - wie andere – tagelange Vorbereitungen, tagelange Sprechproben, tagelange Übungen. Sie haben Ihre Kartei des Wissens, Sie brauchen nur die richtigen Karten zusammenzufügen, und Sie werden einen grandiosen Erfolg haben. An der Reaktion der Zuschauer merken Sie dann, was sie denken: „Das könnte ich nie!"

Sehen Sie sich als einen Zauberer, der ein Kaninchen aus dem Ärmel zieht. Das kann er natürlich nur, wenn er vorher das Kaninchen hineingesteckt hat. Sie können Ihr Wissen hervorzaubern, weil Sie vorher Ihr Wissen aktiviert haben, weil Sie vorher Wissen in sich hineingesteckt haben. So einfach ist das.

In Goethe's Faust lesen wir: „Da steh ich, ach, ich alter Tor, und bin so klug als je zuvor. Das, was ich weiß, das brauch ich nicht, das, was ich brauch, das weiß ich nicht." Ihnen, liebe Leserin, lieber Leser, geht es sicher nicht so; denn Sie haben die Kartei des Wissens angelegt. Egal in welchem Fachgebiet Sie arbeiten, egal an welchem Projekt Sie beteiligt sind, Sie brauchen für alles die besten und die wesentlichen Informationen. Ob Sie an einer Podiumsdiskussion teilnehmen, an einer Talkshow, ob Sie einen Vortrag halten, ein Buch schreiben oder ein Interview geben, immer benötigen Sie die wichtigsten Informationen. Diese haben Sie in Ihrer Kartei des Wissens angelegt; sie sind dort jederzeit abrufbar. Die Folge wird sein, dass man Ihnen gerne zuhört; denn man schätzt Ihr Wissen, man weiß, dass Sie ein Experte und kein Schwätzer sind.

Im Laufe der Zeit und auf Grund der Erfahrungen, die Sie machen, spüren Sie immer mehr, wie Ihre persönliche Überlegenheit kommt. Dann erfolgt der Erfolg scheinbar von selbst. Er lässt sich nicht einmal verhindern, selbst wenn Sie es wollten. Denn Sie haben etwas Grundlegendes getan. Sie haben den inneren Hebel von Misserfolg auf Erfolg umgestellt. Durch diese Veränderung können Sie jetzt gar nicht mehr anders, als immer erfolgreicher zu werden.

ERFOLGSFAKTOR

Erfolgssystem in Gang setzen

Checkliste Redevorbereitung:

- Was wollen Sie erreichen?
- (Kunden überzeugen, Waren verkaufen, Mitarbeiter begeistern, einen Verkaufsplan vorstellen, eine Gehaltserhöhung, einen neuen Job …)
- Wer ist Ihr Gesprächspartner/Zuhörer?
- Was will er von Ihnen?
- Wie können Sie ihn gefühlsmäßig am besten ansprechen?
- Welche sachlichen Argumente haben Sie?
- Welche Sprache sollten Sie sprechen?
  (Expertengespräch, zu höher gestellten Personen …)
- Haben Sie alle Unterlagen in der richtigen Reihenfolge?
  (Akten, Prospekte, Zahlen und Statistiken)
- Brauchen Sie technische Hilfsmittel, sind sie vorhanden und funktionieren sie auch? Brauchen Sie Hilfe zur Bedienung?
- Ist der Raum optimal vorbereitet?

(Licht, Luft, Temperatur, Getränke, Notizblock und Stifte, Blumen ...)
- Wie viel Zeit haben Sie?
- In welcher Situation befinden sich die Gesprächspartner/Zuhörer?
  (Kämpfen die Zuhörer mit Hunger oder Jetlag, stehen sie unter Zeitdruck, oder sind sie noch frisch und fit? Kaffeepause nötig?)
- Findet das Gespräch/die Rede aus einem bestimmten Anlass statt?
  (Vertrag muss geschlossen werden, Jubiläum, Auslandsbesuch)
- Welche Kleidung ist passend?
- Mit welchem Satz beginnen und beenden Sie die Rede?
- Welches sind die drei Schwerpunkte der Rede/des Gesprächs?

Führen durch Sprechen

Wenn Sie möchten, dass andere Ihnen zuhören – und das ist Grundvoraussetzung, um die Nummer eins zu werden –, müssen Sie ihre Aufmerksamkeit fesseln. Wenn Sie Ihre Idee, Ihren Plan, Ihre Vision realisieren wollen, dann brauchen Sie Menschen, die Sie dabei unterstützen. In diesen Menschen muss erst einmal Interesse geweckt werden, dann Begeisterung, um sie schließlich zu Taten zu motivieren – und das kann nur über Worte bzw. die Sprache sowie durch Ihre Persönlichkeit geschehen. Kommunikation ist das A und O des Erfolgs. Kommunikation ist wie ein perfektes Tennisspiel – der Ball fliegt hin und her, wird aufgefangen und zurückgespielt. So ist es bei einer Rede, bei einem Gespräch und auch bei Diskussionen in größerer Runde. Oder besser gesagt: So sollte es idealerweise sein.

Ob im Kleinen oder im Großen – das Prinzip ist immer das Gleiche: Bevor Sie sich auf den Weg machen, müssen Sie wissen, wo Sie ankommen und welchen Weg zum Ziel Sie nehmen wollen.

- Ziel (was will ich?), Zeitplan, Stufenplan
- Was wollen/brauchen die Menschen, die ich anspreche?
- Alle Ideen genau prüfen
- Pro und Kontra bedenken und Antworten vorbereiten

- Rede bzw. Gesprächspunkte aufschreiben (Schreiben prägt sich tiefer ein!)

Egal was Sie vorbereiten – Rede, Gespräch, Diskussion – nach diesem Schema müssen Sie vorgehen, wenn Sie etwas erreichen wollen.

Tipps für die erfolgreiche Rede

Eine Rede ist wie ein schönes Menü, eine Oper oder ein guter Roman. Sie besteht aus einer Einleitung, einem Hauptteil und dem Schluss. Der Hauptteil wiederum sollte nicht mehr als drei Themenschwerpunkte beinhalten.

- **Öffnen der Herzen durch die richtige Einleitung**
  Auf den ersten Satz kommt es an, ob Sie Ihre Zuhörer für sich gewinnen oder nicht. Hier gibt es ein einfaches Prinzip: Sprechen Sie von dem Menschen, der in diesem Augenblick der wichtigste ist: der Zuhörer. Die meisten Redner machen einen gravierenden Fehler, sie sprechen von sich – und das interessiert den Zuhörer in diesem Moment (noch) nicht. Erst wenn der Zuhörer sich angesprochen fühlt, öffnet er sich – Ihnen und Ihren Ideen. Der erste Satz muss die emotionale Seite ansprechen, muss Zustimmung hervorrufen, soll ein Gefühl der Gemeinsamkeit entstehen lassen. Warum nicht in solchen Fällen einmal das Wetter zu Hilfe nehmen?
  Beispiel:
  Sicher freuen Sie sich, dass heute die Sonne scheint, denn mit Sonne im Herzen …
  Heute ist ein besonderer Tag, denn wir machen uns auf, unsere Ziele zu verwirklichen …
  In einer so schönen Gegend wie hier muss man sich wohl fühlen …
  Ohne Menschen wie Sie wäre die Welt ein wenig trauriger …

- **Geheimnis des Erfolgs: drei Punkte**
  Sie können die tollste Erfindung machen, die beste Idee haben – wenn Sie diese nicht rüberbringen können, bleiben Sie darauf sitzen. Der Zuhörer will nicht Ihre Erfindung bis ins letzte Detail erläutert haben, will nicht von jedem Entwicklungsschritt hören. Er

will wissen, was er damit anfangen kann, welche Vorteile es ihm bringt und was er selbst dafür tun kann. Auch wenn Sie nicht über schriftstellerische Fähigkeiten verfügen, bauen Sie Ihre Rede einmal auf wie einen Krimi. Die Spannung muss gesteigert werden. Wie können Sie das am besten erreichen? Natürlich nicht, indem Sie bereits am Anfang den Hauptpunkt – oder den Mörder – preisgeben.
Taktisch ist es geschickt, den ersten Punkt an den Zuhörer zu verschenken, indem Sie beispielsweise ihm Recht geben. Das steigert sein Wohlbefinden und seine Bereitschaft, Ihnen zu folgen, und löst mögliche innere Widerstände auf. Wer anderen Recht geben kann, zeigt Stärke und bekommt Verständnis. Die emotionale Seite, die rechte Gehirnhälfte, ist hoch aktiv und bereits für Sie und Ihre Argumente eingestimmt.
Konzentration auch hier: Drei Punkte, das kann der Zuhörer aufnehmen und behalten. Hören Sie guten Rednern zu, und Sie werden feststellen, dass sie die Hauptpunkte, besonders bei einer längeren Ansprache, mehrfach wiederholen. Ich nenne das Hypnotisieren – oder das Unterbewusstsein der Zuhörer ansprechen. Aus diesem und keinem anderen Grund sehen wir im Fernsehen immer wieder die gleichen Werbespots: am Anfang des Films, zwischendurch und zum Schluss. Und wenn Sie dann ein Aftershave oder ein Parfüm kaufen, greifen Sie fast automatisch zu der Marke, die in Ihrem Unterbewusstsein verankert ist. Wenn Sie wissen, wie es funktioniert, dann ist es einfach, diesen Automatismus zu nutzen.

GRUNDGESETZ DER LEBENSENTFALTUNG

Die ständige Wiederholung einer Idee wird erst zum Glauben, dann zur Überzeugung – auch in negativer Hinsicht.

Überzeugen Sie Ihre Zuhörer, und sie werden Ihnen folgen. Zum Überzeugen gehört auch, dass Sie überzeugend – also mit der richtigen Betonung, der richtigen Sprechgeschwindigkeit und vor allem mit Gefühl – sprechen.

- **Der *Schluss* ist erst der Anfang**
  Sie haben Ihre Zuhörer fasziniert und konnten sie von Ihrer Idee begeistern. Wenn Sie jetzt gehen, ohne konkret zum Handeln aufzufordern, haben Sie Ihre ganze Rede umsonst gehalten, haben verloren, obwohl Sie auf Siegerkurs waren.
  Zeigen Sie ihnen den Weg. Je genauer Sie sich ausdrücken, desto besser ist es. Verwenden Sie magische Sätze, geben Sie posthypnotische Befehle! Menschen brauchen Vorbilder, die ihnen sagen, was zu tun ist. Geben Sie klare Anweisungen, setzen Sie Fristen. Der letzte Satz muss ebenso gut formuliert sein wie der erste.
  Beispiel:
  „Nicht Jammern, sondern Handeln bringt uns weiter. Schaffen Sie 10 % mehr Arbeitsplätze in Ihrer Firma!"
  „Motivieren Sie Ihre Mitarbeiter, schicken Sie jeden Monat einen zu meinem Seminar ‚Der erfolgreiche Weg'."
  „Lesen Sie nicht nur die Bücher, sondern tun Sie etwas: Machen Sie jeden Tag die psychodynamische Atemübung, sprechen Sie jeden Tag Ihre Autosuggestion zweimal laut."

Das Gespräch

Ob Rede oder Gespräch, Interview oder Talkshow – die Investition in die Vorbereitung bleibt die Gleiche. Ich möchte nur noch einmal wiederholen: Setzen Sie sich ein klares Ziel wie Konditionen, Zeitplan, Zahlungsweise etc. Vergessen Sie nie, sich zu fragen: Was will mein Gesprächspartner? Behalten Sie die Führung im Gespräch. Das gelingt Ihnen, wenn Sie sich entsprechend vorbereiten:

- Was will ich?
- Was will mein Gesprächspartner?
- Welche Argumente habe ich?
- Mit welchen Gegenargumenten muss ich rechnen?
- Was habe ich dagegenzusetzen?
- Was strebt mein Gesprächspartner an?
- Wie gehe ich am besten mit ihm um?
- Wie kann ich seine emotionale Ebene ansprechen?

- Welche meiner Stärken kommen mir zugute, auf welche Schwächen muss ich achten?

ERFOLGSFAKTOR

Die Vorbereitung entscheidet über den Erfolg.

Die richtigen Fragen stellen

Wie bei der Rede entscheidet der erste Satz, ob Sie Ihren Gesprächspartner gewinnen oder nicht. Eine positive Äußerung auf persönlicher Ebene, der Ihr Gegenüber zustimmen kann, stimmt ihn ein – auf Sie. Dabei stellt sich die Frage, was wissen Sie von Ihren Gesprächspartnern?

Tipp: Ein roter Faden sollte sich durch das Gespräch ziehen: Beginnen Sie in der Vergangenheit und kommen Sie über die Gegenwart zur Zukunft. Wie war die Situation damals, wie ist sie heute, und was können Sie tun, damit es morgen noch besser wird? Betonen Sie dabei die positiven Argumente und Aspekte.

Vermeiden Sie die Konkurrenz: Je seltener Sie Namen von Konkurrenten erwähnen, desto besser.

Zum Abschluss auch im Gespräch der posthypnotische Befehl.

Beispiel:

- Ich freue mich auf die Zusammenarbeit und erwarte Ihren Auftrag nächste Woche.
- Ich danke Ihnen für das interessante Gespräch und freue mich, dass Sie mir die Unterlagen in den nächsten Tagen zuschicken.
- Wir sehen uns nächsten Montag. Dann bringen Sie die Muster mit.

Wer fragt, der führt! Allerdings muss jede Frage genau überlegt sein. Achten Sie auf die unterschiedlichen Frageformen:

- Am liebsten stellen wir *Suggestivfragen,* weil wir so die Antwort zu beeinflussen versuchen. Achtung: Der andere kann sich aber etwas in die Enge gedrängt fühlen. „Sind Sie nicht auch der Meinung, dass der Liefertermin etwas knapp ist?“

- Mit *Fangfragen* wird versucht, an Informationen zu kommen, ohne direkt das Thema ansprechen zu müssen. „Wie ich gehört habe, hat Ihr Werk Lieferschwierigkeiten. Davon sind doch nicht unsere Bestellungen betroffen?“
- Mit *Rückfragen* kann ein Thema vertieft werden, zudem kann überprüft werden, ob die Information auch richtig angekommen ist – und Sie können Zeit gewinnen. „Können Sie mir sagen, ob meine Annahme richtig ist?“
- Mit *Bestätigungsfragen* können Sie herausfinden, ob Ihr Gesprächspartner noch wirklich im Gespräch ist, zugleich gewinnen Sie Zeit. „Erscheint Ihnen die Qualität auch ausreichend?“

Bauen Sie Ihr Gespräch sorgfältig auf. Kennen Sie Ihren Gesprächspartner gut, dann wissen Sie schon vorher, wie er vermutlich reagieren wird. Sie sind vorbereitet auf seine Argumente, kennen seine Wünsche, wissen, was für ihn möglich ist und was nicht. Auf Dauer ist übrigens nur derjenige erfolgreich, der weiß, was sein Gegenüber möchte. Wer nur seine eigenen Produkte – sei das ein Waschmittel, ein Auto oder seine Rechenfähigkeit an den Mann/die Frau bringen will, mag unter Umständen gute Anfangserfolge erzielen. Früher oder später merkt aber jeder, dass er etwas „gekauft“ hat, was er nicht wirklich braucht oder will. Das kann auch ein neuer Mitarbeiter sein! Eine langfristig erfolgreiche Geschäftsverbindung basiert auf beiderseitigem Nutzen.

Setzen Sie Ihre emotionale Intelligenz ein: Holen Sie Ihren Gesprächspartner da ab, wo er steht. Fragen Sie nach, wie sich die Dinge entwickelt haben, seit Sie sich das letzte Mal gesehen haben. Erkundigen Sie sich nach dem Urlaub, der Familie, ob er mit dem neuen Auto zufrieden ist. Zeigen Sie, dass er Ihnen wichtig ist, dass Sie Anteil an seinem Leben nehmen. Damit wird seine rechte Gehirnhälfte aktiviert. Erfüllen Sie ein Grundbedürfnis und finden Sie etwas Lobenswertes, machen Sie ihm ein Kompliment, freuen Sie sich mit ihm über seinen Erfolg. So öffnen Sie Herzen, so können Sie Ihre Vorstellungen wirklich rüberbringen, so führen Sie „weich“ – nicht mit Argumenten, nicht mit IQ, sondern mit Gefühl, mit EQ. Ehrlich muss das aber schon sein. Ein Kompliment, nur um sich einzuschleichen – das merkt jeder und knallt die (innere) Tür zu.

Die Gesprächsdauer hängt natürlich ab von Thematik, Gesprächsrunde etc. Fahren Sie Ihre Antennen aus und merken Sie, wenn Ihre Partner abgespannt sind. Lieber einen neuen Termin vereinbaren als auf ein Ergebnis drängen, mit dem dann keiner so recht zufrieden ist. Fassen Sie einfach die wichtigsten Punkte zusammen, finden Sie den passenden Schlusssatz. Beispielsweise: Bitte rufen Sie nächste Woche an, damit wir einen neuen Termin vereinbaren können. Ich freue mich darauf.

Achtung: Stolpersteine

Rechthaberei

Kommen Sie der Rechthaberei auf die Schliche! Denn sogar sich selbst gegenüber kann man rechthaberisch sein. Beispiel: Sie müssen einen Vortrag halten, sagen sich aber dauernd, weil das Thema Ihnen nicht liegt: „Ich kann es nicht." Das kommt Ihrem Verstand gerade recht, und er tut alles, damit Sie es dann wirklich nicht können. Schließlich will er ja Recht haben. Sie können sich als Folge nicht richtig konzentrieren, fühlen sich unwohl, versprechen sich, Ihre Stimme wird unkontrolliert … Der Verstand ist mit dem Resultat zufrieden, denn er hat ja Recht behalten. Lieber bestätigen Sie sich das, als dass Sie locker an die Sache herangehen und sich sagen: „Was soll schon passieren; ich habe mich bestens vorbereitet." Schlimm kann es doch nicht werden, oder? Vorausgesetzt ist natürlich, dass Sie sich wirklich vorbereiten. Auf wen wollen Sie bauen: auf sich oder Ihren Verstand, den ewigen Blockierer?

Rechthaberei der anderen Art: Hören Sie einfach einmal auf, über andere zu urteilen, werfen Sie Ihre (falschen) Meinungen über Bord und trennen Sie sich von dem gewohnten Schubladen-Denken. Ziehen Sie das einmal konsequent einen ganzen Tag lang durch: nicht Recht haben zu wollen. Wobei Sie wirklich alle Spiele der Rechthaberei erst einmal erkennen müssen.

Hören Sie die Meinung Ihrer Kollegen, Kunden, Vorgesetzten, ohne gleich zu einem Widerspruch anzusetzen. Suchen Sie bewusst aus den Argumenten die positiven heraus.

Probieren Sie einmal aus, wie es ist, wenn Sie jede Situation aus allen nur möglichen Perspektiven zu beurteilen versuchen. Merken Sie, was jetzt passiert? Vielleicht sind Sie ganz positiv überrascht, was Sie bisher alles übersehen haben. Vielleicht verspüren Sie aber auch einen leichten Ärger. Es könnte ja sein, dass Ihnen diese neue Situation nicht gefällt. In diesem Fall können Sie sicher sein, dass die Stimme Ihres Verstandes sich bemerkbar gemacht hat.

Sie brauchen nicht immer Recht zu haben. Wagen Sie doch einmal das ganz freie Denken. Am Anfang kann Ihnen zwar etwas schwindlig werden, aber das gibt sich.

Beispiele:

- Sie sagen morgens zu Hause nicht: „Ich habe doch gewusst, dass der Kleine wieder zu spät zur Schule kommen wird."
- Ihre Kritik am neuen Prospekt behalten Sie beim nächsten Meeting für sich.
  Notieren Sie alle positiven Argumente der Kollegen und betrachten Sie den Prospekt mit ihren Augen.
- Beharren Sie einmal nicht auf Ihrer Meinung. Hören Sie auf, sich zu rechtfertigen, wenn Ihnen etwas angelastet wird, für das Sie nicht verantwortlich sind.

Versuchen Sie, einen ganzen Tag konsequent durchzuhalten. Ich weiß, das ist anstrengend, aber der Versuch lohnt sich, denn Ihr Horizont erweitert sich enorm. Sie können Ihr Meinungsgefängnis auf diese Weise Schritt für Schritt verlassen.

GRUNDGESETZ DER LEBENSENTFALTUNG

Durch eine gezielte Entscheidung kann die Aufmerksamkeit auf jeden ausgewählten Punkt gelenkt werden.

Die sich selbst erfüllende Prophezeiung

Ein enger Verbündeter der Rechthaberei ist die sich selbst erfüllende Prophezeiung. Der Mensch schafft sich seine Welt durch seine Gedanken. Davon kann jeder ein Lied singen – im Positiven wie im Negativen. Die Einstellung „Ich bekomme den Job sowieso nicht" verhilft Ihnen genau dazu, dass das eintritt, was Sie befürchten. Sie haben keine Motivation, bemühen sich auch nicht richtig und verlieren. Dem

Verstand kann man zu dem Sieg gratulieren, denn er hat wieder einmal bewiesen, dass er Recht hat. Lieber lässt sich der Mensch nämlich bestätigen, dass er Recht hat – also den Job nicht bekommt –, als ganz locker in die Situation zu gehen und einfach abzuwarten, was passieren wird.

Die meisten haben nicht den Mut, Neues zu denken – lieber fahren sie mit Vollgas und alten Denkmustern ins Verderben. Die sich selbst erfüllende Prophezeiung ist im positiven Fall allerdings ebenso wirksam: Sie denken „Ich kriege den Job", dann steigen Ihre Chancen enorm, denn auch hier will der Verstand Recht haben. Sie sehen, alles liegt an Ihnen selbst!

Doch es geht nicht allein um den Verstand, sondern um die innere Programmierung (s. Kapitel 3). Beeinflussen Sie sich mit Ihren Gedanken und mit Autosuggestionen positiv, erweitern Sie Ihr Blickfeld, erkennen Sie die für Sie günstigen Aspekte.

Nicht richtig zuhören

Nicht umsonst hat der Mensch nur einen Mund, aber zwei Ohren. Doch das scheinen viele Zeitgenossen noch nicht richtig zur Kenntnis genommen zu haben. Sie reden und reden. Spricht ein anderer, blättern sie in Unterlagen, schauen gelangweilt in der Gegend umher. Wer so sein Desinteresse zeigt, braucht sich über schlechte Beziehungen nicht zu beklagen. Aufmerksames Zuhören ist nicht nur eine Frage der Höflichkeit, sondern weit mehr. Es zeigt, wie wichtig uns der Gesprächspartner oder der Redner ist. Missachtung trifft direkt ins Herz!

Hören Sie konzentriert zu, zeigen Sie dies, indem Sie mit entsprechenden Fragen nachhaken, nicken Sie zustimmend. Achten Sie auf Ihre Körpersprache!

Nonverbale Kommunikation

Wer führen will, tut das nicht allein mit der Sprache, sondern mit seiner gesamten Persönlichkeit. Dazu gehört die Ausstrahlung, das Auftreten, das Benehmen, die Art und Weise, mit Menschen umzugehen. Die nonverbale Kommunikation ist sehr ausdrucksstark – ganz ohne Worte.

Körpersprache

Auch die Sprache Ihres Körpers verrät Ihre wahre Meinung, Ihre echten Gefühle. Sie können sich noch so sehr bemühen, können die wundervollsten Formulierungen finden: Wenn Sie etwas verkaufen wollen – sei das eine Ware oder eine Meinung –, und Sie stehen nicht dahinter: Ihr Körper zeigt es. Die Mimik, die Gestik, unbewusste Bewegungen, die Körperhaltung – alles drückt Ihr wahres Empfinden aus. Alles läuft unbewusst ab und ist deshalb schwer zu kontrollieren. Sie senden unbewusste Signale aus, die von Ihrem Gegenüber unbewusst empfangen werden. Sicher kennen Sie solche Situationen. Sie erhalten ein interessantes Angebot, gegen das keine logischen Argumente sprechen. Trotzdem haben Sie kein gutes Gefühl. Irgendetwas stimmt nicht, das spüren Sie intuitiv. Das kann eine kleine Geste mit der Hand sein oder das Anheben der Augenbraue bei Ihrer Frage, es kann die Körperhaltung oder der Blick sein. Ihr Gesprächspartner hat Ihnen absichtlich eine wichtige Information vorenthalten. Die Sprache seines Körpers verrät, dass er sich nicht wohl fühlt.

Obwohl festgestellt wurde, dass lediglich 7 % der Eindrücke über das Wort, aber knapp 70 % über die Sprache des Körpers wahrgenommen werden, verlassen wir uns letztendlich dann doch mehr auf die Worte. Und wie oft haben wir uns dabei täuschen lassen! Wenn Sie überzeugt sind, dann strahlen Sie dies aus, weil Ihre Worte, Ihre Stimme und Ihre Aussage übereinstimmen. Diese Harmonie bringt Ihr Körper durch entsprechende Haltung, Gestik und Bewegungen zum Ausdruck. Der Körper kann nämlich nicht lügen. Wenn Sie einen Partner, den Sie nicht mehr lieben, in den Arm nehmen, spürt er sehr genau, wie es um Ihre Gefühle bestellt ist. Darüber können liebevolle Worte nicht hinwegtäuschen. Auch wenn Sie Ihren Mitarbeitern und Geschäftspartnern körperlich nicht so nahe kommen – die Körpersprache drückt das aus, was Sie verschweigen.

ERFOLGSFAKTOR

Körpersprache ist die Sprache der Seele.

Der erste Eindruck entscheidet! Sieben Sekunden reichen aus, um sich ein Bild von einem fremden Menschen zu machen. Sie sehen jemanden zum ersten Mal, und nach wenigen Sekunden ist er bei Ihnen abgespeichert als dynamisch, linkisch oder sympathisch. So schnell werden auch Sie eingeordnet. Deshalb ist die Frage, wie Sie auf andere Menschen wirken, so wichtig (s. auch 1. Kapitel).

- Wie treten Sie auf?
- Verrät Ihre Körperhaltung Selbstbewusstsein und Zielstrebigkeit?
- Gehen Sie mit festem Schritt durchs Leben, oder stolpern und schlürfen Sie dahin?
- Halten Sie den Kopf aufrecht?
- Sind Ihre Schultern locker oder verkrampft nach oben gezogen?
- Atmen Sie tief und ruhig?
- Hängen Ihre Arme herunter, oder haben Sie geballte Fäuste in den Hosentaschen?
- Ist Ihr Schritt dynamisch oder lasch?
- Stehen Sie ruhig da, das Gewicht auf beide Füße verteilt, oder wippen Sie nervös von einem Fuß auf den anderen?
- Blicken Sie auf den Boden, in die Ferne oder ins Gesicht Ihres Gesprächspartners?
- Ist Ihr Gesichtsausdrück mürrisch, angespannt oder freundlich?
- Strahlen Sie Zuversicht, Energie und Erfolgswillen aus?
- Stimmen Ihre Worte mit der Sprache Ihres Körpers überein?

Kennen Sie überhaupt die Sprache Ihres Körpers? Dann schreiben Sie einmal auf, was Sie durch Ihren Körper ausdrücken. Vielleicht haben Sie Gelegenheit, sich mit einem Video aufnehmen zu lassen, oder möglicherweise gibt es schon Videoaufnahmen von Ihnen. Dann können Sie sich selbst besser beurteilen und einschätzen.

Analysieren Sie die Körpersprache von drei Persönlichkeiten, die Sie als besonders erfolgreich ansehen. Achten Sie einmal auf den Gang von Bill Clinton, auf das Auftreten von Julio Iglesias oder die Handbewegungen von Madelaine Albright. Nutzen Sie Spielfilme zu Schulungszwecken, besonders geeignet sind in diesem Fall Krimis oder Thriller. Lesen Sie die Körpersprache und entlarven Sie die Täter so schnell wie möglich!

Zur Menschenführung gehören nicht nur ein sicheres, stimmiges Auftreten, Überzeugungskraft und eine charismatische Persönlichkeit, sondern auch die Fähigkeit, sich in andere Menschen hineinzuversetzen, sie zu verstehen und zu wissen, was in ihnen wirklich vorgeht. Die Körpersprache hilft Ihnen dabei. Wissen muss man allerdings, dass die Körpersprache immer im Zusammenhang mit den anderen Kriterien wie Sprache, Stimme, Aussage zu sehen ist. Körpersprache können Sie nicht wie eine Fremdsprache lernen, indem Sie nur Vokabeln bzw. Gesten erlernen bzw. kennen lernen, sondern Sie müssen immer auch den Gesamteindruck mit berücksichtigen.

Aufrechter Körper = aufrechter Geist

Auf das richtige Maß von Spannung kommt es hier an. Zu viel Spannung ergibt Verspannung, Verkrampfung – zu wenig macht lasch und schlapp. Schauen Sie sich mal im Spiegel an, wie Sie so dastehen. Eine kraftvolle Spannung sollte von den Zehen bis zum Scheitel erkennbar sein, den Kopf sollten Sie hoch tragen – aber bitte nicht zu hoch, nicht überheblich. Die Schultern sollten locker herunterhängen, aber nicht nach vorn, sondern gerade. Ist Ihr Kopf frei beweglich oder haben Sie einen chronisch verspannten Nacken? Dann lösen Sie die (inneren) Verkrampfungen.

Wie sieht es mit Ihrem Oberkörper aus? Ist er aufgerichtet, so dass Sie tief und frei atmen können? Oder sind Sie etwas gebeugt, in sich zusammengefallen? Richtiges Atmen verhilft ganz von selbst zu einer aufrechten Haltung. Vergessen Sie nicht: Atem ist Lebensenergie! Woher wollen Sie die Energie nehmen, um die Nummer eins zu werden, wenn es Ihnen schon an Luft, an Sauerstoff mangelt?

Die Füße zeigen Ihre Standfestigkeit. Manche Menschen scheinen ständig auf der Flucht zu sein, ein Fuß bereits im Startloch, andere sind wie nervöse Rennpferde, wippen ständig mit den Zehenspitzen oder wechseln das Gewicht von einem Bein zum anderen. Ruhe wird dadurch nicht vermittelt.

Der Gang zeigt nicht nur die Lebenseinstellung, sondern ist auch Ausdruck der momentanen Verfassung. Wer gerade eine niederschmetternde Nachricht erhalten hat, der kommt nicht mit dynamischen Schritten daher. Wer von der Beförderung erfahren hat, der ist energiegeladen – entsprechend geht er. Beobachten Sie fremde Menschen und stellen Sie an der Art und Weise fest, wie sie sich bewegen und gehen, ob es ihnen gut geht, ob sie belastet oder beschwingt sind. Überhaupt trainieren Sie Ihre Wahrnehmungsfähigkeit, indem Sie andere genau beobachten – das kann im Job, beim Sport, im Kino oder beim Fernsehen sein. Sie werden sehr viel mehr über andere Menschen erfahren, wenn Sie lernen, kleine Signale zu sehen und zu deuten. Und dann beobachten Sie sich selbst, analysieren Sie Ihre Körpersprache.

Die Hände sind verräterisch. Nicht umsonst wird in vielen Kulturen größter Wert auf die Sprache der Hände gelegt. Offene Hände zeigen weltweit an: Ich bin offen und ehrlich, habe keine Waffen versteckt, führe nichts Böses im Schild. Achtung bei geschlossenen oder versteckten Händen, sie sind ein deutliches Zeichen für Verschlossenheit, ja vielleicht sogar für einen Hinterhalt. Ihr Gesprächspartner sagt Ihnen nicht alles, hält Informationen zurück. Zu Fäusten geballte Hände zeigen Aggression, können aber auch Ausdruck von Angst sein – Vorbereitung für die Abwehr. Wer seine Hände ständig unter der Tischplatte, in der Hosentasche versteckt, der hat etwas zu verstecken. Wer sich krampfhaft an der Stuhllehne festhält, zeigt Angst und Unsicherheit. Die linke Hand kommt vom Herz und verrät die wahren Gefühle! Auch die Finger sind ein starkes Ausdrucksmittel, besonders der Daumen.

Ein Mensch, der sich für den Erfolg entschieden hat, hat einen festen Händedruck – Ausdruck von Kraft und Zuverlässigkeit.

Mit den Augen sehen wir, und in den Augen können wir lesen, ob es jemand ernst meint oder nicht. Ein offener Blick zeigt ein offenes Wesen, unruhige Augen sind Ausdruck von Nervosität, Unsicherheit oder unstetem Willen. Wer dem Blick ausweicht, hat seine Gründe. Lachfältchen um die Augen verraten eine positive Lebenseinstellung und Humor, ebenso nach oben weisende Mundwinkel. Verkniffene Lippen zeigen eine verbissene Lebenshaltung, zu viel Ehrgeiz und Härte.

Wer viel lächelt, gewinnt – nicht nur Lebensfreude, sondern auch Sympathie, Freunde und Zustimmung. Zudem verhilft Lächeln zur

Überlegenheit: „Wer lächelt, statt zu toben, ist immer der Stärkere." Das wusste man schon im alten China.

Achten Sie auf sich selbst, wie Sie sich bewegen, wenn Sie sich so richtig wohl fühlen oder wenn Sie unsicher sind. Was machen Sie dann mit Ihren Händen? Wie ist Ihr Gang in der Früh und am Abend, wenn Sie von der Arbeit kommen? Sie sehen, es ist gar nicht so schwer, die Körpersprache zu entziffern. Hier noch ein paar Signale:

Haltung:	**Botschaft:**
Hände hinter dem Rücken	Ich halte mich raus
Verkreuzte Finger	Ich warte mal ab
Daumen nach oben	Super, toll gemacht!
Geballte Faust mit Daumen außen	Durchsetzungskraft, Energie
Geballte Faust, Daumen versteckt	Ängstlichkeit, Unsicherheit
Ausgestreckter Zeigefinger	Angriff, Tadel oder Belehrung
Unruhiger Blick	Unruhiger Geist, Ziellosigkeit
Blick von unten nach oben	Ich bin nicht sicher, traue nicht
Ein Bein abgewinkelt	Ich bin am Absprung
Ein Bein vor dem anderen	Ich möchte weg
Stehen auf der Fußaußenseite	Keine Bodenhaftung, Komplexe
Überkeuzte Beine, weg vom Gesprächspartner	Reserviertheit, Ablehnung
Oberkörper zugewandt	Offenheit, Interesse
Oberkörper abgewandt	Ablehnung, Desinteresse
Nase reiben	Überlegen, Zeit gewinnen
An die Nase fassen	Lügen
Hand an die Lippen	Ich muss/will schweigen
Sich auf dem Schreibtisch ausbreiten	Macht demonstrieren
Wenig Platz einnehmen	Unsicherheit
Jackett öffnen	Entspannung, Wohlbefinden
Linke Hand unter dem Tisch	Emotionen verbergen

Eines muss ganz deutlich gesagt werden: Ein Signal allein ist in der Regel nicht sehr aussagekräftig. Körpersprache muss immer im Zusammenhang mit den anderen Kriterien gesehen werden. Sicherlich mag das plötzliche Verschränken der Arme vor der Brust eine deutliche Abwehr ausdrücken, vielleicht hat aber nur ein Wort diese Reaktion verursacht. Versuchen Sie immer, das Gesamtbild zu sehen.

Tipp: Bei Liebespaaren ist es ganz offensichtlich: Sympathie äußert sich u. a. darin, dass beide unwillkürlich die gleiche Körperhaltung einnehmen. Das geschieht ganz von selbst. Achten Sie einmal darauf. Sie können dies nutzen, wenn Sie die Körperhaltung Ihres Gesprächspartners einnehmen. Das Unterbewusstsein signalisiert damit: Wir sind auf einer Wellenlänge.

Gute Manieren öffnen Türen

Beim Einsteigen in das Flugzeug, beim Bummel durch die City, im Aufzug – es wird gedrängelt und gestoßen. Fast hat man den Eindruck, sich in einem Trainingscamp für Nahkämpfer zu befinden. Von Höflichkeit, guten Manieren oder Benimmregeln keine Spur mehr. Wer aber glaubt, ohne gute Kinderstube Karriere machen zu können, wird schnell eines Besseren belehrt werden. Auf gutes Benehmen wird größter Wert gelegt. Wer nicht weiß, wen er wem vorstellen, bei wem er aufstehen oder wem er den Vortritt lassen soll, der hat schlechte Karten. Höflichkeit im Job, aber auch beste Tischmanieren sind Vorbedingung für Topleute. So mancher aussichtsreiche Kandidat hat sich den Superjob vermasselt, weil er beim Essen rauchte, zuerst die Herren und dann die Damen begrüßte …

Höflichkeit ist recht und gut, zu viel davon jedoch auch schädlich, denn damit wird Unsicherheit und mangelnde Zielstrebigkeit vermittelt. Schauen Sie sich um, wie sich Ihre Nummer eins benimmt.

Die Investition in einen guten Ratgeber lohnt sich immer, wenn Sie leichte Unsicherheiten verspüren. Wählen Sie ein neues Exemplar, denn das eine oder andere hat sich auch in puncto Benimm gewandelt.

Tipp: Zu Studienzwecken und zur Erprobung der eigenen Fähigkeiten gehen Sie doch ab und zu einmal in ein hervorragendes Lokal, setzen sich ins Foyer eines des besten Hotels, nehmen dort einen Kaffee. So trainieren Sie Selbstsicherheit, können nötigenfalls dazulernen, wie Hummer & Co richtig gegessen werden.

Passt Ihre Kleidung?

Tragen Sie heute schon die Kleidung für die Position von morgen? Wenn nicht, warum nicht? „Wie du kommst gegangen, so wirst du auch empfangen." Das ist mein Motto zu diesem Thema. Sie wissen, auf die ersten sieben Sekunden kommt es an – und dann steht der Eindruck fest, den man von Ihnen hat. Die Kleidung spielt eine wichtige Rolle, denn sie bedeckt den Großteil des Körpers. Laut einer Untersuchung entfallen bei der Beurteilung eines Menschen 55 % auf Kleidung, Körpersprache, Geruch und Statussymbole, 38 % auf die Stimme und nur 7 % auf das gesprochene Wort. Am Äußeren sieht man das Innere, erkennt man Qualität und Professionalität.

Und Kleidung sagt ja auch viel aus über die Persönlichkeit. Ein kreativer Künstler wird kaum im dunklen Anzug erscheinen, ein seriöser Banker nicht in bunten Hemden und karierten Hosen. An der Kleidung sehen Sie, ob Sie es mit jemandem zu tun haben, der witzig oder konservativ, der extrovertiert oder introvertiert ist. Kleidung zeigt die Persönlichkeit: bunt oder einfarbig, lustig oder ernst, gediegen oder ausgefallen.

Auf Ihre Kleidung sollten Sie achten:

- An Ihrer Kleidung sollte Ihr Ziel ersichtlich sein.
  Sie sollten schon heute für die angestrebte Position gekleidet sein. Eine Nummer eins sollte gekleidet sein wie eine Nummer eins! Haben Sie einmal auf die Farbzusammenstellung geachtet? Schwache Farbkontraste, Ton-in-Ton-Kleidung tragen Menschen, die offen und liberal sind. Helles Hemd, dunkler Anzug: Autorität ist angesagt, das kann – je nach Situation – sogar abschreckend wirken. Helle Farben ziehen den Blick an!
- Saubere gepflegte Kleidung ist ein absolutes Muss.
  Gut gebügelte Hemden, gerade Bügelfalte, perfekt sitzende Jacketts sollten selbstverständlich sein. Weniger ist mehr, wenn es um Qualität geht. Lieber exzellente Stoffe, die nicht knittern und glänzen, als eine Vielzahl von preiswerten Anzügen. Bei Problemfiguren lieber Maß nehmen lassen als sich ständig unwohl fühlen.
- Schuhe sollten nicht zu Stiefkindern werden.
  Oft wird bei den Schuhen gespart – sie werden abgetreten, der

Schusterbesuch wird immer wieder hinausgezögert. Ungepflegte, unmoderne Schuhe mit abgetretenen Absätzen machen den besten Eindruck zunichte. Kaufen Sie die besten Schuhe: nicht nur Ihren Füßen zuliebe, sondern auch wegen Ihrer Erscheinung. Socken und Strümpfe sollten farblich passen (eher einen Ton dunkler als die Hose) und keine nackte Haut sehen lassen.

- Schmuck darf schmücken.
  Aber er darf nicht überladen und zu protzig sein. Eine teure Uhr, eine modische Brille, das ist o.k. Aber dann bitte nicht noch Goldkettchen, auffällige Herrenringe oder Brillis bei den Damen.
- Mit Duftwässern aller Art ist Vorsicht geboten. Dafür sollte ein Deo immer griffbereit sein!

Gehen Sie Ihre Garderobe durch, trennen Sie sich von allem, was nicht mehr in Ihr Erfolgskonzept passt. Glauben Sie mir, diese Aktion lohnt sich.

Mit Charisma Menschen gewinnen

Er betritt den Raum – mittelgroße Gestalt, mittleres Alter, unauffällige Kleidung. In kurzer Zeit steht er im Mittelpunkt des Interesses. Äußerlich unterscheidet er sich nicht von den anderen Gästen, und doch hat er etwas, was alle in seinen Bann zieht: Er hat Charisma, das gewisse Etwas, das nicht greifbar erscheint und dennoch ausgesprochen zupackend ist. Eine charismatische Persönlichkeit – das ist ein Mensch, der seine Mitmenschen durch seine Ausstrahlung mitreißt, der sie begeistert und verzaubert.

Überlegen Sie einmal, welche charismatischen Menschen Sie kennen. Charisma hat übrigens nichts mit einer Position zu tun. Charisma kann jeder haben – der Topmanager, der Spitzenpolitiker, der Superstar, aber auch der Bürobote, die Verkäuferin im Supermarkt. Schreiben Sie schnell zehn Persönlichkeiten auf, die Ihrer Meinung nach Charisma besitzen. Wenn Sie diese Frage Ihrem Partner, Ihrer Sekretärin, einem Freund stellen, werden vermutlich andere Namen aufgeführt, die Sie möglicherweise nicht mit dem Begriff Charisma in Verbindung bringen können. Charisma ist nicht ganz einfach zu definieren. Eines der Merkmale ist jedoch das Wohlbefinden in Gegenwart eines charismatischen Menschen. Wo wir uns wohl fühlen, öffnen wir uns schneller und finden Gemeinsamkeiten. So erstaunt es nicht, dass es charismatischen Menschen leicht gelingt, Verbündete und Anhänger zu finden. Ein Chef mit Charisma hat ein hoch motiviertes Team, das ihm zur Seite steht und mit vollem Einsatz aller Kräfte ein gemeinsames Ziel ansteuert. Mit Charisma scheint alles im Leben viel leichter zu gelingen. Kein Wunder, denn einer solchen Ausstrahlung kann sich kaum jemand entziehen. Ist das Herz erst einmal angesprochen, dann fällt es dem Verstand schwer, eine Absage zu erteilen.

Wer kann einem charismatischen Menschen etwas abschlagen? Prüfen Sie selbst einmal: Bei welchen Menschen sagen Sie leichten Herzens zu, wem erteilen Sie schnell Absagen? Liegt das immer nur an den Argumenten, oder spielen da noch andere Faktoren eine Rolle? Charismatische Menschen überzeugen nicht nur mit Worten und Zahlen, sondern vor allem mit ihrer Persönlichkeit, mit ihrer Ausstrahlung: Sie sind begeistert von ihrer Idee. Begeisterung kann nur da entstehen, wo der Mensch einen Sinn erkennt. Charismatische Persönlichkeiten haben sich für eine Lebensaufgabe entschieden, sehen einen Sinn in ihrem Tun, bringen Nutzen – das alles strahlt nach außen. Der Wunsch, erfolgreich zu sein, hat nicht annähernd so viel Energie wie die Begeisterung für eine sinnvolle Lebensaufgabe. Daraus entsteht ganz von selbst der Erfolg, der wirklich befriedigende Erfolg, der einen Menschen durch und durch erfüllt.

ERFOLGSFAKTOR

**Gegen Worte kann man sich wehren,
nicht aber gegen die persönliche Ausstrahlung!**

Nicht jeder Mensch hat Charisma, aber er könnte es haben, würde er seine Fähigkeiten, seine Begabungen entfalten und ausbauen. Wenn Sie mehr zu diesem Thema wissen wollen, empfehle ich Ihnen mein Buch „Charisma“.

Wir wollen uns hier mit der Frage befassen, wie Sie Ihre charismatischen Fähigkeiten entwickeln und verstärken können, um Ihre Mitmenschen für Ihre Ziele zu gewinnen. Ausstrahlen kann man nur das, was im Inneren vorhanden ist. Ein Meister, der von seiner Idee begeistert ist, kann diese Begeisterung auch seinen Mitarbeitern vermitteln. Er spricht mit Begeisterung in der Stimme von dem neuen Projekt, seine Augen strahlen – er ist durchdrungen von seiner innovativen Idee. Die Mitarbeiter können sich dieser Kraft gar nicht entziehen. Es gibt keine Zweifel am Gelingen, denn jeder setzt sich voll und ganz für die Aufgabe ein. Alle wollen das Gleiche: Sie wollen das neue Produkt erfolgreich auf den Markt bringen. Der Erfolg des Einzelnen ist der Erfolg des Teams und umgekehrt.

- Wie steht es mit Ihrem Charisma?
- Haben Sie das gewisse Etwas?
- Wer sagt das?
- Wie äußert sich das bei Ihnen?

ERFOLGSFAKTOR

Entzünden Sie das Feuer der Begeisterung in sich!

Was können Sie tun, um Ihre charismatische Persönlichkeit noch mehr zum Strahlen zu bringen?

Hektik ist der Feind von Charisma. Deshalb sind innere Ruhe und Gelassenheit (Alpha) eine Grundvoraussetzung. Zuversicht, eine positive Lebenseinstellung, zukunfts- und lösungsorientiertes Denken sowie Freude an allem, was Sie tun – das brauchen Sie, damit Sie von innen strahlen können. Aber wie wollen Sie andere Menschen mit Ihrer Idee „infizieren“? Wie wollen Sie ihre Herzen erreichen, ihnen den tiefen Sinn Ihres Anliegens vermitteln?

Dazu müssen Sie Ihre Mitmenschen verstehen können, müssen wissen, was in ihnen vorgeht, welche Wünsche und Bedürfnisse sie haben. Mit Menschen richtig umzugehen, erfordert die Fähigkeit, sich in ihre Situation zu versetzen. Wer weiß, warum das Arbeitsklima so gereizt ist, kann Abhilfe schaffen. Da ist es nicht damit getan, von oben zu befehlen oder anzuordnen. Die Menschen wollen verstanden und angenommen werden mit ihren Sorgen, Ängsten und Befürchtungen. Sie möchten sich engagieren für sinnvolle Aufgaben. Sie suchen eine Herausforderung, um selbst zu entdecken, wer sie sind und was sie können. Wer sich da hineinversetzen kann, auch wenn er weit oben in einer ganz anderen Position sitzt, wer die Sprache sprechen kann, die die Untergebenen verstehen, und wer dann noch ein Ziel, eine Lösung aufzeigen kann, der hat es: Charisma – die Fähigkeit, Aufmerksamkeit anzuziehen und festzuhalten! Und das benötigen Sie auch, wenn Sie Ihr großes Ziel erreichen wollen.

- Sind Sie von Ihrer Idee begeistert?
- Sprechen Sie mit Begeisterung davon, dass Sie in fünf Jahren die Nummer eins sein werden?
- Brennt das Feuer der Begeisterung in Ihnen?
- Träumen Sie manchmal von Ihrem Ziel?
- Worin besteht der Sinn Ihrer Arbeit, Ihres Engagements?
- Können Sie andere Menschen begeistern?
- Von welchen Menschen sprechen Sie mit Begeisterung?
- Was hat Sie zuletzt begeistert?

Schreiben Sie zehn Punkte auf, die Sie mit Begeisterung erfüllen.

Mitarbeiter motivieren und begeistern

Ohne Motivation kein Erfolg. Das gilt für den Sportler wie für den Manager. Dabei spielt die innere Motivation eine größere Rolle als die äußere. Wirkliche Motivation kann nur entstehen, wenn Sie den Sinn in Ihrem Tun sehen, wenn Sie voll und ganz davon überzeugt sind. Eine Gehaltserhöhung mag zwar dazu anregen, mehr zu arbeiten, aber sich für eine Sache hundertprozentig einzubringen, dafür reicht der äußere Anreiz kaum aus. Steht Ihr (Lebens-)Ziel in Harmonie mit Ihrer Berufsvorstellung, dann entwickelt sich von selbst die nötige Energie. Dadurch erhält Ihr Leben – privat wie beruflich – eine andere Qualität. Das Finanzielle steht nicht im Vordergrund, sondern die wirklichen Werte des Lebens – und das ist es, was letztlich zählt, worauf es ankommt und was wirkliche Zufriedenheit auslöst. Bevor Sie versuchen, andere Menschen zu motivieren, sollten Sie feststellen, wie es um die eigene Motivation steht.

Jeder Mensch ist einzigartig – ausgestattet mit einer Vielzahl von Fähigkeiten, Talenten, Stärken und Begabungen. Was der Einzelne damit macht, entscheidet er selbst, vorausgesetzt, er ist sich dieses Potenzials überhaupt bewusst. Der beste Boden bringt nichts, wenn er nicht bearbeitet wird. Auf der reichhaltigsten Erde wächst nur Unkraut, wenn nicht gesät, gepflanzt, gegossen und gepflegt wird. Wer seine inneren „Anlagen" nicht pflegt, braucht sich nicht wundern, wenn er unzufrieden ist und nicht weiterkommt.

Eine wichtige Rolle für das Lebensglück spielt die Wahl des richtigen Lebensziels. Und hier wiederum steht die Wahl des Berufs an erster Stelle, denn schließlich verbringt der Mensch die meiste Zeit seines Lebens im Beruf. Wenn er daran keinen Spaß hat, bleibt er auf der Stelle stehen, und der Frust macht dann nicht am Abend vor der Haustüre Halt. Wer nur einen Job macht, der wird niemals mit Begeisterung seine Arbeit erledigen. Wer aber in seinem Beruf eine Berufung sieht, arbeitet nicht nur mit Engagement und Freude, sondern sieht den Sinn in seiner Aufgabe. Be-rufung beinhaltet das Wort „Ruf". Folgen wir dem inneren Ruf, der inneren Stimme, dann erkennen wir auch unsere Berufung. Überhaupt ist es die innere Stimme, die Stimme des Unterbewusstseins, die uns so viel sagt. Doch diese Stimme ist leise, und wir hören sie oft nicht oder verstehen sie nicht richtig. Lernen Sie sie kennen – in Alpha ist das gut möglich, denn da sind Sie durchlässig, stehen in Verbindung zu Ihrem Unterbewusstsein.

Wie kann sich die innere Stimme noch äußern?

- Immer wiederkehrende Träume
- So genannte „Zufälle"
- Äußere Einflüsse, die uns zu einer Entscheidung bzw. einer Lebensveränderung zwingen
- Körperliche Symptome: Was liegt uns schwer auf dem Rücken, schlägt uns auf den Magen?
- Phantasien, in denen wir immer eine bestimmte Rolle spielen

Viele Menschen hören kaum auf ihre innere Stimme, folgen nicht ihrem inneren Ruf, sondern schließen lieber faule Kompromisse, werden nicht die, die sie sein könnten. Das führt zu Frust und Unzufriedenheit. Wer seinem Ruf folgt, der aktiviert automatisch auch die Erfolgsmechanismen. Sie, liebe Leserin, lieber Leser, lieben Ihre Aufgabe, sehen in der Erreichung Ihres Ziels eine Herausforderung. Sie wollen die Nummer eins werden! Diese Motivation macht Sie stark, denn sie kommt von innen. Das verleiht Ihnen die Kräfte eines Riesen. Dadurch können Sie auch mit Stagnation und Misserfolgen fertig werden, Durststrecken überstehen, ohne Ihr Ziel aufzugeben.

Motivation setzt ein Motiv voraus. In jedem Krimi ist die erste Frage des Inspektors: „Wer hat ein Motiv für die Tat?" Wie heißt Ihr Motiv für Ihren Wunsch, die Nummer eins zu werden? An welcher (Lebens-)Aufgabe arbeiten Sie? In welchem Bereich wollen Sie genial werden? Alles ändert sich, alles fließt. Erkennen Sie die Chance. Jeder kann morgen etwas werden, was er heute noch nicht ist. Wohin also soll Ihr Weg führen, mit welcher Motivation streben Sie Ihr großes Ziel an? Immer mehr Menschen wissen nicht, was sie wollen, und geraten in immer mehr Hektik! Schauen Sie sich nur um, und Sie werden mir zustimmen.

Schreiben Sie in großen Buchstaben Ihr Motiv, Ihre Motivation auf. Dieses Blatt kommt in Ihren Ordner „Mein Leben – meine Zukunft".

In Ihnen brennt das Feuer der Begeisterung – das drücken Sie aus in Ihrer Körperhaltung, in Ihrer Sprache, in Ihren Zielen und in der Art und Weise, wie Sie mit Ihren Mitarbeitern umgehen. Das kommt an. Ihre Begeisterung springt über auf Ihre Mitarbeiter, Sie stecken sie förmlich an – mit einem Erfolgsvirus! Denken Sie an Ihren Lebensbaum. Wächst er nach oben, trägt er schon Früchte? Wie sehen die Früchte Ihres Erfolgs aus? Oder ist Ihr Lebensbaum verkümmert, zu einer Krüppelkiefer geworden? Mein Erfolgssystem steht im Einklang mit den Naturgesetzen. Wenn Sie Ihr Bestes geben, dann werden Sie über sich hinauswachsen, werden Ihre Ziele erreichen, werden die Nummer eins auf Ihrem Gebiet! Und Sie werden Menschen finden, die Sie unterstützen, die gemeinsam mit Ihnen den Weg nach oben einschlagen.

Wie können Sie Ihre Mitarbeiter mitreißen? Nun arbeiten viele Menschen ja nur, um ihre Brötchen zu verdienen. Viel Engagement und Arbeitsfreude kann von solchen Mitarbeitern nicht erwartet werden. Doch das ist die Herausforderung für Sie. Schaffen Sie Perspektiven für diese demotivierten Mitarbeiter, zeigen Sie ihnen Wege auf, die ihnen mehr geben als nur ein monatliches Gehalt. Es ist lebenswichtig für jeden Menschen, einen Sinn in seinem Leben zu finden. Versetzen Sie sich in Ihre Mitarbeiter. Wer nur wegen des Gehalts täglich zur Arbeit geht, ist durch und durch gefrustet. Die Folgen sind mittelmäßige Leistung, Ausfälle wegen Krankheit, keiner übernimmt die Verantwortung, Motivation ist ein Fremdwort. Wie gehen Sie damit um? Was können Sie verändern? Eine Veränderung vollzieht sich unbewusst und nicht über den Verstand. Nutzen Sie die Macht des Unterbewusstseins, haben Sie Mut, sich zu wünschen, die Nummer eins zu werden und dabei viele Menschen mitzuziehen. Haben Sie Mut, herauszutreten aus der Masse. Stellen Sie sich Ihrer Aufgabe und bringen Sie Ihren Mitarbeitern Nutzen, indem Sie sie motivieren, ihnen ein Motiv geben!

Vertreter A möchte die zufriedensten, die glücklichsten Kunden haben. Er kennt jeden Wunsch seiner Stammkundschaft, macht sich jede erdenkliche Mühe, um noch so ausgefallene Ideen zu realisieren. „Will jemand einen rosa Elefanten – ich werde ihn besorgen", sagt er gerne und lacht dabei. Und jeder traut ihm das zu. Herr A arbeitet oft noch am Abend, aber das stört ihn nicht, macht ihn nicht einmal übermäßig müde. Vertreter B hingegen ist ständig müde, sogar schon morgens beim ersten Kundentermin. Jede Anfrage außer der Reihe ist ihm zu viel. Seine Termine legt er so, dass er überpünktlich nach Hause kommt. Sein einziges Ziel ist, die vorgegebenen Verkaufszahlen zu erreichen, was ihm nur mit Mühe und Not gelingt. Herr A schneidet überdurchschnittlich gut ab, aber das ist nicht das Wesentliche für ihn. Für ihn zählt viel mehr, dass er seinen Kunden das Beste am schnellsten liefern kann. Er ist begeistert von seiner Arbeit, seine Kunden sind begeistert von ihm. Seine Motivation kommt von innen. Die Arbeit strengt ihn nicht an, weil er sie mit Freude und Begeisterung ausübt. Herr B ist nicht motiviert, deshalb ist er müde, hat keine Freude – weder an der Arbeit noch am Rest seines Lebens. Dabei könnte er es ganz anders haben, wenn er wollte.

Wie motiviert sind Sie ? Wie A oder wie B? Alles hängt von Ihnen ab. Sind Sie voll und ganz motiviert, ist in Ihnen alles mobilisiert, um Ihr Ziel zu erreichen, dann sind Sie einfach unschlagbar. Und dann können Sie auch Ihre Mitarbeiter motivieren.

ERFOLGSFAKTOR

Motivation verleiht Flügel

Sehen Sie eine Skala bis 100 vor sich: Wie hoch würden Sie Ihre Motivationskraft einschätzen?

Brauchen Sie noch etwas Selbstmotivation? Dann arbeiten Sie mit folgender Autosuggestion:

Ich bin fest entschlossen, die Chancen meines Lebens zu nutzen. Da ich meine Ziele sehr liebe, entzünde ich in mir das Feuer der Begeisterung. Dieses Feuer der Begeisterung schafft in mir die körperlichen und seelischen Voraussetzungen für meinen persönlichen Erfolg. Immer konzentrierter wird mein Verhalten; meine Begeisterung drängt mich zum Handeln. Ich habe ein Recht auf Erfolg, weil ich ihn nutze zum Vorteil der Menschen. Das Feuer der Begeisterung ist der Beweis dafür, dass ich kein Schattendasein führe. Meine Begeisterung hilft mir, größte Ziele zu erreichen.

Schreiben Sie auf, wie Sie Ihre Mitarbeiter motivieren können.
Bedenken Sie dabei die folgenden Fragen:

- Was könnte meine Mitarbeiter herausführen aus ihrer Interesselosigkeit, aus ihrer Passivität?
- Wie kann ich mein großes Ziel richtig verständlich machen?
- Welchen Nutzen haben meine Mitarbeiter, wenn ich sie unterstütze?
- Welche Etappenziele kann ich nennen?
- Auf welche Art und Weise will ich meine Anerkennung zeigen?
- Welche Impulse kann ich geben, um Bestleistung zu erhalten?
- Welche Reserven können mobilisiert werden und wie?
- Was ist für meine Mitarbeiter eine Herausforderung, der sie sich stellen können?
- Welche Anreize kann ich schaffen?
- Wie kann ich meine Mitarbeiter zu aktivem Handeln auffordern?
- Wie sie zu Selbstverantwortlichkeit animieren?
- Wie sie belohnen?
- Was gibt ihnen Befriedigung, was macht sie glücklich, worüber freuen sie sich?

Durch persönliche Ausstrahlung führen

Untersuchungen, Umfragen und Statistiken zeigen ein trauriges Bild: Die Führungsqualitäten der deutschen Manager sind katastrophal. Nur etwa 10 % der Angestellten sind mit ihren Vorgesetzten zufrieden. Die Umfragen haben eindeutig auch ergeben, dass immer mehr Mitarbeiter ein gutes Betriebsklima und eine Aufgabe, die sie fordert, einem höheren Gehalt vorziehen. Das ist ein deutliches Signal. Wie würde wohl die Beurteilung über Sie ausfallen?

„Bevor man die Systeme, die Institutionen und die Methoden erneuern kann, muss man die Erneuerung erst in den Herzen der Menschen vollziehen.“ So sagte Papst Johannes Paul II.

Die meisten Menschen denken, ein Manager braucht in erster Linie gute Nerven und einen hohen IQ. Doch weit gefehlt! Am wichtigsten sind Mut, Optimismus und Durchsetzungsvermögen, um ein Ziel zu erreichen. Haben Sie genügend Mut? Haben Sie Mut, sich wirklich zu wünschen, die Nummer eins zu sein? Wenn ja, dann geht es darum, Ihre Vision zu realisieren, Ihre Mitarbeiter zu mobilisieren und den Weg vorzugeben. Die Zeiten sind endgültig vorbei, in denen von oben angeordnet wird, was zu tun ist. Führen auf Grund einer Position, auf Grund von Macht und Autorität – das funktioniert nicht mehr. Aber dennoch muss trotz Teamarbeit einer sagen, wo es langgeht, muss einer die Richtung vorgeben und dafür sorgen, dass alle an einem Strang ziehen. Dafür brauchen wir heute Persönlichkeiten – Führungspersönlichkeiten, die in der Lage sind, Mitarbeiter zu überzeugen, sie als Menschen anzusprechen und sie dort abzuholen, wo sie stehen. Im Klartext heißt das: in einem Mitarbeiter den Menschen zu sehen, seine persönliche Situation zu verstehen, seine Stärken und Schwächen zu kennen. Führen nicht via Befehl, sondern auf eine menschliche Art und Weise. Der Erfolg ist Ihnen sicher, wenn Sie Ihre Mitarbeiter emotional erreichen, denn Gefühle sind wichtiger als alle Fakten, Anerkennung in Form von Lob ist wertvoller als in Form von Geld. Menschenführung ist eine Kunst, die – wie jede Kunst – eine Menge Technik, Kreativität und Sensibilität erfordert und die ständig trainiert werden muss. So wie selbst der perfekteste Klavierspieler jeden Tag trainiert, um seine Fähigkeiten zu erhalten und weiter zu verfeinern, müssen auch Sie jeden Tag an sich arbeiten, denn:

ERFOLGSFAKTOR

Die Arbeit an sich ist die Arbeit an sich!

Ich möchte Sie ermutigen. Nehmen Sie Ihr Schicksal in Ihre Hände, arbeiten Sie an sich, trainieren Sie Ihre Fähigkeiten. So wie ein Sportler nur durch ständiges Training Spitzenleistung bringen kann, kann auch eine Führungspersönlichkeit nur durch ständiges Training sich weiterentwickeln und Spitzenleistung bringen. Hören Sie auf, nachzudenken und sich zu fragen, warum Sie bisher nicht weitergekommen sind. Sie können noch 10 Jahre darüber nachdenken, und nichts geschieht. Tun Sie etwas – jetzt! Ein gutes Beispiel ist für mich Arnold Schwarzenegger. Er hat seinen Körper so lange trainiert, bis sein Bizeps geradezu einmalig war. Damit hat er sich einen Namen verschafft, ist zur Nummer eins auf diesem Gebiet geworden. Hätte er nur ständig darüber nachgedacht und ab und zu einmal die Hanteln geschwungen, dann würde heute niemand seinen Namen kennen. Trainieren Sie Ihre Fähigkeiten, trainieren Sie beispielsweise das positive Denken. Positives Denken allein hilft nicht. Ja, man kann damit sogar zum Bettler werden. Aber das Training des positiven Denkens hilft.

Wie viel Sie tun können, will ich Ihnen mit den folgenden Zahlen zeigen. Der Mensch nutzt nur 10% seiner Fähigkeiten, 90% liegen brach! Was würden Sie wohl von einem Bauern sagen, der nur 10% seines Ackers nutzt? Das ist ein fauler Hund! So urteilen wir schnell. Ist Ihnen bewusst, dass sich die Menschheit in einem embryonalen Zustand befindet? Viele denken, die Welt ist am Ende – und dabei sind wir erst am Anfang! Wir müssen uns weiterentwickeln, den Auftrag der Schöpfung erfüllen.

Und dazu brauchen wir Impulse. So wie einst Pfarrer Kneipp eine revolutionäre Behandlungsmethode praktizierte: Er steckte seine Patienten in eiskaltes Wasser. Was geschah? Dieser Schock bzw. Reiz setzte einen Selbstheilungsmechanismus in Gang. Es gibt immer zwei Möglichkeiten: Entweder der Patient stirbt, oder er regeneriert sich. Auch in schwersten Krisenzeiten gibt es immer zwei Möglichkeiten: an der Situation zerbrechen oder gestärkt aus ihr herausgehen.

Impulse, Wachstumsreize setzen – das gilt sowohl für die persönliche Entfaltung wie auch für die richtige Menschenführung. Lassen Sie mich hier Mikimoto erwähnen. Er wollte wissen, warum in einigen Muscheln Perlen wuchsen, in anderen nicht. Er fand heraus, dass offenbar durch Zufall in manche Muscheln Fremdkörper geraten. In dem Bemühen, dieses Teil auszustoßen, bildet die Muschel Perlmutt um den Fremdkörper. Mikimoto nutzte diese Reaktion der Muschel, störte sie mit einem kleinen Holzteilchen und regte sie dadurch zur Produktion von Perlen an. Heute ist er der Zuchtperlen-König.

Geben Sie Impulse, geben Sie Ihren Mitarbeitern Wachstumsreize. Beziehen Sie sie mit ein in Ihre Pläne. Vermitteln Sie Ihre Vision auf eine Art und Weise, dass Sie in Ihren Mitstreitern den Wunsch erwecken, dieses Ziel zu erreichen. Sprechen Sie die emotionale Ebene an, wecken Sie den Wunsch nach Erfolg in anderen Menschen, sprechen Sie mit Begeisterung, lassen Sie andere teilhaben an der Entwicklung der Idee. So können Sie das Interesse, die Aufmerksamkeit auf Ihr Ziel lenken und die Kräfte bündeln auf einen Punkt.

Wenn Sie von Mensch zu Mensch miteinander sprechen, öffnen Sie Ihre Mitarbeiter für Ihre Gedanken und Vorstellungen. Sie brauchen dabei keine Sorge zu haben, dass Sie an Autorität oder Ansehen verlieren. Sie sind eine selbstbewusste Persönlichkeit, und nur deshalb können Sie so frei und offen agieren. Ein Vorgesetzter ohne persönliche Ausstrahlung kann sich ein solches Verhalten nicht erlauben, denn damit würde seine Schwäche sichtbar. Sie jedoch behalten immer Ihre natürliche Autorität, weil sie von innen kommt. Sie können ruhig auch Fehler zugeben, das macht Sie nur noch menschlicher: Nobody is perfect. Wer erfährt, dass er etwas falsch gemacht hat, kann es beim nächsten Mal besser machen. Erfolgreiche Menschen unterscheiden sich dadurch von der Masse, dass sie den gleichen Fehler kein zweites Mal machen. Ihre Selbstsicherheit überträgt sich auf ihr Team. Ihre Mitarbeiter können sich in einer solchen Atmosphäre entfalten, können ihre Stärken entdecken und einsetzen, und vor allem können sie Begeisterung entwickeln. Geführt von einer charismatischen Persönlichkeit, ist ein solches Team zu außergewöhnlichen Leistungen fähig. Niemand blickt auf die Uhr, will pünktlich nach Hause oder fühlt sich nicht zuständig, sondern jeder ist direkt besessen von dem

Wunsch weiterzukommen. Jeder ist an dem gemeinsamen Erfolg beteiligt, hat seinen persönlichen Nutzen an dem Fortschritt. Wer denkt, er könne den leichten und schnellen Erfolg erringen, indem er andere Menschen ausnutzt, der wird schnell eines Besseren belehrt. Diese Methode kann höchstens kurzfristig wirken, der Absturz kommt schnell!

Der Mensch ist das einzige Wesen im Universum, das seinen Wert selbst bestimmen kann. Den Wert erhält er durch den Nutzen, den er bringt.

Welchen Wert würden Sie sich auf einer Werteskala von 1 bis 100 geben?

Es wundert Sie sicher nicht, dass Ärzte am meisten geschätzt werden, denn sie bringen den meisten Nutzen. Dieses Ansehen haben sie weltweit, egal ob es sich um einen Medizinmann im afrikanischen Busch, einen Schamanen, einen Wunderheiler oder einen Professor an einer angesehenen Klinik handelt.

- Welche Chancen geben Sie Ihren Mitarbeitern, Nutzen zu bringen und damit ihren Wert festzulegen?
- Welche Impulse setzen Sie, damit Ihre Mitarbeiter sich weiterentwickeln können?
- Welchen Raum lassen Sie zur Entfaltung der Persönlichkeit?
- Stärken Sie die Stärken Ihres Teams?

Optimismus und Durchhaltevermögen braucht der Manager ebenso wie der Sportler oder der Politiker. Der Student mit dem höchsten IQ wird keine steile Karriere machen, wenn er nicht mit Ausdauer seine Ziele verfolgt. Der IQ allein nützt ihm gar nichts. Bei der Olympiade haben wir wieder einmal mit Bewunderung gesehen, zu welchen Leistungen Menschen fähig sind, wenn sie ihr Ziel mit einer positiven Einstellung angehen, wenn sie regelmäßig ihre Fähigkeiten trainieren und so viel „Kraft“ mitbringen, dass sie trotz Misserfolgen weitermachen. Denn zum Gewinnen gehört auch, das Verlieren zu lernen. Wer beim ersten Rennen als Letzter ankommt und deshalb für immer aufgibt, der hat es nicht: das Erfolgsdenken. Hinfallen kann jeder, auf die Beine kommen viele, aber mit Elan weitermachen, die Zähne zusammenbeißen und sich nicht unterkriegen lassen – das tun die wenigsten.

Aber das sind die Siegertypen, das sind die Erfolgreichen, diejenigen, die das Potenzial haben, die Nummer eins zu werden. Solche Menschen haben Mut und Selbstvertrauen, sind die kreativen Gestalter ihrer Zukunft. Alles das müssen Sie in sich haben, müssen es ständig trainieren, damit Sie Ihren Mitarbeitern auf diesem Weg vorangehen können, damit Sie sich die Kompetenz und die natürliche Autorität erwerben, die Sie für Ihre Aufgabe brauchen. Nur der Mensch kann sein Schicksal, seine Zukunft gezielt beeinflussen – durch die Kraft der richtigen Gedanken.

Ein Optimist weiß, dass er sein Leben gestalten kann. Er ist von seinen Stärken und Fähigkeiten überzeugt. Ihm ist bewusst, dass

- er seine Ziele selbst wählt,
- er für sein Schicksal selbst verantwortlich ist,
- er immer die Wahl zwischen verschiedenen Alternativen hat,
- es in jeder Situation positive Aspekte gibt.

ERFOLGSFAKTOR

Optimismus ist Pflicht!

Menschenführung hat immer mit der eigenen Persönlichkeit zu tun. Wissen Sie, was Ihre Sekretärin, Ihr Assistent, Ihr Laborleiter braucht? Warum nicht? Wie wollen Sie Ihre Mitarbeiter führen, wenn Sie nicht einmal wissen, was diese gerade benötigen? Kennen Sie überhaupt Ihre engsten Mitarbeiter? Wissen Sie, ob sie verheiratet, sportlich oder politisch aktiv sind? Wie wollen Sie Menschen ansprechen, wenn Sie nicht einmal wissen, was für sie interessant ist?

Schenken Sie Ihren Mitmenschen überhaupt Beachtung? Beachtung und Anerkennung sind Grundbedürfnisse des menschlichen Wesens. Da spielt es keine Rolle, ob es sich um den Präsidenten einer großen Nation, einen Finanz-Tycoon oder einen kleinen Angestellten handelt. Streicheleinheiten für die Seele sind wichtiger als alles andere. Deshalb möchte ich Ihnen noch einmal diese Frage stellen:

Beachten Sie Ihre Mitarbeiter überhaupt?

Wie äußert sich das? Es nützt nämlich wenig, wenn Sie zwar bemerken, dass Herr Troll braun gebrannt ist, Frau Winkler plötzlich humpelt und Ihre Sekretärin rote Augen hat, wenn Sie sich dazu nicht äußern. Gedanken kann niemand lesen, und auch hellseherische Fähigkeiten sind in unseren Breiten eher ungewöhnlich. Ich denke bei diesem Thema immer an den stattlichen Mann, der zum Arzt kommt. Auf die Frage, was ihm fehlt, antwortet er: „Man übersieht mich immer.“ Darauf der Arzt: „Der Nächste bitte.“

Das negativste Gefühl überhaupt ist, auf der Abschussliste zu stehen – privat oder beruflich. Und schon die Nicht-Beachtung ist tiefenwirksamer als jedes noch so böse Wort. Erinnern Sie sich an Ihre Kindheit: War es nicht schlimmer, wenn die Mutter Sie durch Schweigen, durch Übergehen und Übersehen bestrafte? Ich habe jedenfalls eine Kürzung des Taschengelds vorgezogen, bin lieber mal über das Knie gelegt worden. Das schönste Gefühl, das Sie einem Menschen geben können, ist das Gefühl, gebraucht zu werden. Wem geben Sie dieses Gefühl? Weiß Ihr Partner, dass Sie ihn brauchen? Wie zeigen Sie das? Geben Sie Ihren Mitarbeitern das Gefühl, dass sie – und zwar jeder Einzelne von ihnen – gebraucht werden? Dass Sie Herrn X, Frau Y brauchen, um voranzukommen?

Machen Sie eine Liste von den Personen, mit denen Sie es privat und beruflich zu tun haben, und schreiben Sie hinter jeden Namen, wofür Sie diesen Menschen benötigen, auf welche Art und Weise Sie ihn brauchen und wie Sie ihm dies vermitteln. Fragen Sie sich dabei, ob jeder dies auch richtig versteht. Versetzen Sie sich einen Moment in die Lage der jeweiligen Person.

Wirklich erreichen, das heißt im Herzen ansprechen, können Sie Ihre Mitmenschen nur, wenn Ihnen bewusst ist, in welcher Situation sie sich befinden. Eine todunglückliche Sachbearbeiterin braucht erst einmal etwas Mitgefühl, bevor sie überhaupt für eine gemeinsame Aufgabe zu motivieren ist. Der junge Vater möchte seine Freude über das erste Baby teilen, erst dann kann er sich wieder ganz der Arbeit widmen. Lernen Sie Ihre Mitmenschen kennen, nicht nur die äußere Fassade, sondern blicken Sie dahinter. Fragen Sie auch mal nach, was los ist.

Direktor Mäuser wusste kaum, wie ihm geschah. Er hatte doch bloß mal seinen Abteilungsleiter gefragt, wie der Urlaub war, hatte eine kurze Antwort erwartet, um dann zum Tagesgeschäft zu kommen. Doch was geschah? Der Abteilungsleiter redete wie ein Wasserfall. Ja, der Urlaub, der war ganz schön, hätten sie nicht diese Probleme mit ihrem behinderten Kind … Herr Mäuser war überrascht. Er wusste nicht einmal, dass der Abteilungsleiter ein Kind, geschweige denn ein behindertes, hatte.

Wie sollen Mitarbeiter sich wohl fühlen, wenn ihre menschlichen Belange so gar nicht zählen, nicht beachtet werden? Echtes persönliches Interesse ist notwendig, wenn Sie mit Menschen richtig umgehen möchten. Es ist egal, ob es der oberste Chef ist, der mit dem Lehrling spricht, oder der Prokurist zum Prokuristen – es sprechen immer Menschen mit Menschen. Beachtet zu werden ist ein Grundbedürfnis des Menschen.

ERFOLGSFAKTOR

Sprechen Sie nicht nur von Fakten, sondern sprechen Sie auch von Herz zu Herz.

Sprechen Sie in Bildern. Erzählen Sie Kurzgeschichten und Erfolgsbeispiele, deren Wirkung Sie bereits erprobt haben. Holen Sie Ihre Gesprächpartner dort ab, wo sie sich gerade befinden. Das setzt eine Menge voraus: Menschenkenntnis, Einfühlungsvermögen und Sensibilität. Je mehr Sie von Ihren Mitmenschen wissen, desto leichter finden Sie einen Gesprächseinstieg. Wissen Sie, dass Ihr Assistent ein begeisterter Anhänger der örtlichen Hockeymannschaft ist, können Sie mit einer Frage nach dem Ausgang des letzten Spiels beginnen. (Vorausgesetzt die Lieblingsmannschaft hat nicht gerade verloren!) Machen Sie eine nette Bemerkung über das neue Foto, das der Mitarbeiter in seinem Büro aufgehängt hat, fragen Sie nach den Kindern …

Die emotionale Seite wird angesprochen, die rechte Gehirnhälfte aktiviert; die Bereitschaft, Ihnen nicht nur zuzuhören, sondern Ihnen auch zu folgen, wächst.

Überhaupt ist die Fähigkeit, sich in andere Menschen und Situationen zu versetzen, eine große Hilfe. Sie können viel besser verstehen, können andere Perspektiven erkennen und möglicherweise viel bessere Lösungen erarbeiten. Auch können Sie viel besser auf die Probleme, die Ängste, aber auch die Pläne und Wünsche Ihrer Mitarbeiter eingehen. Ihr Blick erweitert sich, Ihre Gefühle werden sensibilisiert, und Sie können beispielsweise schnell Stimmungs- und Meinungsänderungen wahrnehmen und darauf reagieren. Die emotionale Intelligenz ist das Wichtigste, wenn Sie mit Menschen zu tun haben: Durchsetzen – durch Überzeugung – können Sie sich am erfolgreichsten mit den weichen Führungsfaktoren.

Verantwortung übernehmen

Selbstbewusste Menschen haben keine Schwierigkeiten, Verantwortung zu übernehmen. Wer weiß, was er will und was er kann, der kann leicht die Verantwortung übernehmen, denn dies ist keine Bürde, die ihn zu Boden drückt. Sie können nicht die Nummer eins werden wollen, ohne für diesen Wunsch und die daraus resultierenden Handlungen die Verantwortung zu übernehmen. Sie stehen zu sich, zu Ihrem Ziel und zu dem Weg, den Sie eingeschlagen haben. Keiner kann immer Erfolg haben, niemand bringt jeden Tag Spitzenleistung – auch dafür muss man die Verantwortung übernehmen. Selbstkenntnis hilft uns, das richtige Maß in unserem Tun zu finden. Doch nicht nur für sich selbst haben Sie die Verantwortung. In dem Augenblick, in dem Sie es mit anderen Menschen zu tun haben und ganz besonders, wenn Sie andere führen, tragen Sie auch für diese Menschen die Verantwortung.

Aufgaben delegieren und Verantwortung übertragen

Setzen Sie erreichbare Etappenziele, seien Sie offen und ehrlich, verlieren Sie nicht den Boden unter den Füßen, sondern seien Sie sich immer der großen Verantwortung bewusst. Ihr Erfolg ist zugleich der Erfolg Ihres Teams und umgekehrt. Geben Sie Aufgaben zusammen mit der Verantwortung an Ihre Mitarbeiter ab, delegieren Sie bewusst, fordern Sie den Einzelnen entsprechend seinen Fähigkeiten. Das setzt voraus, dass Sie diese kennen. Glauben Sie nicht, dass nur Sie alles richtig und gut machen können. Lassen Sie anderen eine Chance, konzentrieren Sie sich auf das, was Sie am besten können, werden Sie dort zum Profi, zur Nummer eins. Überlassen Sie Ihren Mitarbeitern ihre eigenen Bereiche, in denen sie sich profilieren können, in denen sie die Möglichkeit haben, sich zu spezialisieren, zur Nummer eins zu werden. Vergessen Sie nicht: Wenn Sie andere erfolgreich machen, machen diese Sie erfolgreich! Auch dies ist eine Verantwortung, der Sie sich bewusst sein sollten, der Sie sich nicht entziehen sollten.

Entscheidungen fällen

Führen bedeutet, Entscheidungen zu treffen. Dabei geht es nicht immer nur um große, sondern auch um eine Vielzahl von kleinen Entscheidungen. Ständig entscheiden wir: Ob wir den Zug um 10 Uhr oder lieber den um 11.30 Uhr nehmen, ob wir ein Haus am Stadtrand oder im Zentrum wählen, ob wir heute Steak oder Pizza essen … Manche Menschen treffen ihre Entscheidungen immer spontan, aus dem Bauch heraus, andere benötigen schon für Unwichtiges eine Bedenkzeit, und manche können sich überhaupt nicht entscheiden.

Ist Ihnen bewusst, dass Sie ständig Entscheidungen treffen? Wenn Sie mit diesem Buch arbeiten, dann haben Sie sich dafür entschieden, denn niemand hat Sie dazu gezwungen. Wenn Sie die Nummer eins werden wollen, ist das Ihre ganz persönliche Entscheidung. Auch wie Sie dieses Ziel angehen, basiert auf einer Reihe von Entscheidungen. Vielleicht haben Sie sich auch dafür entschieden, erfolgreich zu sein, Nutzen zu bringen und an sich zu glauben? Vielleicht haben Sie sich dazu entschieden, Ihr Leben zu verändern? Vielleicht haben Sie sich entschieden, sich anzunehmen und zu akzeptieren, mehr als nur 10 % Ihres Potenzials zu nutzen? Mit den richtigen Entscheidungen verursachen Sie Erfolge, werden Sie die Nummer eins!

ERFOLGSFAKTOR

Erfolge ver-ursachen

Entscheidungen zu fällen und dann auch durchzusetzen, erfordert Sicherheit, Fach- und Menschenkenntnis. Für eine gute, fundierte Argumentation brauchen Sie Fachkenntnisse. Um positives Interesse für Ihre Idee zu finden, müssen Sie Ihre Gesprächspartner richtig ansprechen, und dazu brauchen Sie Sicherheit, Selbstsicherheit. Wie gehen Sie am besten vor?

- Klare *Zielvorgabe*: Legen Sie genau fest, was entschieden werden soll – Konzentration auf das Ziel!
- Setzen Sie *Prioritäten,* wenn es sich um einen Problemkomplex handelt:
  Unterscheiden Sie dabei zwischen wichtigen und dringenden Problemen.
- Gehen Sie *systematisch* und *zielgerichtet* vor: Bauen Sie die Argumentation richtig auf, und sprechen Sie mit Begeisterung. Sorgen Sie für Alpha!

„Das Grundproblem des Lebens besteht darin, die richtige Wahl zu treffen", sagt George Moore. Und damit hat er ganz Recht. Doch wenn Sie das in Ihnen liegende Potenzial nutzen, wenn Sie Ihre Entscheidungen in Alpha treffen, dann fällt Ihnen die Wahl nicht schwer. Sie wissen nämlich dann genau, was richtig ist und was nicht. Je häufiger Sie sich entspannen, sich bewusst in Alpha versetzen, desto sicherer werden Sie. Denn Entscheidungen, die Sie in sich selbst finden, sind richtig. Sie sehen ja nicht nur einen Teilaspekt, sondern können das Ganze erkennen – entsprechend umsichtig können Sie urteilen und eine ganzheitliche Lösung finden. Richtige Entscheidungen bestärken Sie, geben Ihnen Sicherheit und verstärken Ihr Vertrauen zu sich und zu Ihren Fähigkeiten. Beauftragen Sie Ihr Unterbewusstsein, wenn Sie Probleme lösen oder neue Ideen finden müssen. Trainieren Sie Ihre rhetorischen Fähigkeiten, damit Sie Ihre Argumente überzeugend darstellen können. Erfüllen Sie Ihre Worte mit Begeisterung, und holen Sie Ihre Zuhörer dort ab, wo sie sich befinden.

ERFOLGSFAKTOR

Entscheidungsfindung in Alpha

Notieren Sie einmal die Entscheidungen, die Sie in der letzten Woche getroffen haben.

- Wie viel davon waren gut und richtig?
- Wie haben Sie diese Entscheidungen getroffen?
- Haben Sie dabei Ihr Unterbewusstsein mit einbezogen, auf Ihre innere Stimme gehört?
- Was wollen Sie ab heute anders machen in puncto Entscheidungen?

Vorbild sein

Wie bereits erwähnt: Die Klugen lernen auf Kosten von anderen Menschen. Damit ist gemeint, dass es kein besseres und kein preiswerteres Studium geben kann, als von Vorbildern zu lernen. Nun tendieren wir ja immer dazu, das Negative zu beachten, und so höre ich sehr häufig: „So möchte ich nicht sein, wie … hätte ich nicht entschieden …„ Mit solchen destruktiven Beispielen erreichen wir gar nichts. Warum orientieren wir uns nicht an den Menschen, die etwas super gemacht haben, die Spitze sind?! Ich habe Ihnen empfohlen, sich an die Besten der Besten zu halten. Sie haben es geschafft, sie haben Erfolge verursacht, haben Leistung gebracht, sind strahlende Persönlichkeiten, die geschätzt und geachtet werden.

Aber nicht nur Sie lernen von anderen. Auch Ihr Umfeld sollte von Ihnen lernen. Diesen Aspekt sollten Sie bei allem, was Sie tun, berücksichtigen. Verhalten Sie sich so, dass andere von Ihnen lernen können. Kommt jemand „an“, dann wird er gern kopiert. Das sehen wir sehr deutlich an den jungen Menschen. An der Kleidung, am Styling erkennen wir, wem sie nacheifern, wer ihre Vorbilder sind. Aber nicht nur das Äußere spielt eine Rolle. Viel wichtiger sind die inneren Werte, die Ziele und die Art und Weise, wie diese umgesetzt werden. Auch in diesen Bereichen spielt das Vorbild eine wichtige Rolle. Ein Manager, der sich erfolgreich gegen eine feindliche Übernahme zur Wehr setzt, ist sicherlich Vorbild für viele, die ähnliche Situationen befürchten. Ein charismatischer Chef ist Vorbild für viele seiner Mitarbeiter, denn jeder möchte so werden wie er. Jeder möchte so beliebt sein, möchte die Aufmerksamkeit auf sich ziehen und überall im Mittelpunkt stehen.

In welchen Bereichen, glauben Sie, haben Sie heute eine Vorbildfunktion?

- Für wen?
- Wie äußert sich das?
- In welchen Bereichen wären Sie gerne Vorbild?
- Was müssten Sie dafür tun/ändern/verbessern?

Menschen, die aus der Masse ragen, die ihre Persönlichkeit entfaltet haben, die ihre Einzigartigkeit leben, sind anziehend. Ergründen Sie einmal, was die Menschen, die für Sie Vorbilder sind, auszeichnet, was das Besondere an ihnen ist? Sicher wird Ihnen auffallen, dass all diese Menschen ein ausgeprägtes Selbstbewusstsein haben. Sich seiner selbst bewusst zu sein, bedeutet, ja zu sich zu sagen – zu den Stärken und zu den Schwächen. Sich selbst kennen und annehmen, so wie man ist, das macht innerlich frei. Damit schwinden die Ängste und die Hemmungen, und das macht stark und sicher. Nicht die Fähigkeiten bestimmen das Niveau des Lebens, sondern die Hemmungen. Deshalb müssen sie abgebaut werden. Das geschieht nicht dadurch, dass wir sie beachten, sondern dass wir uns auf unsere Stärken konzentrieren, so dass diese sich verstärken. Zweifel, Bedenken und Sorgen haben keine Chance bei selbstbewussten Menschen.

Sie sind auf dem Weg nach oben, Sie sind Vorbild. Das verpflichtet – seien Sie sich dieser Verpflichtung bewusst.

Zielgerichtet planen und handeln

Tragen Sie in den Erfolgskalender Ihre Ziele ein und überprüfen Sie, wie Sie vorankommen. So sehen Sie ganz genau, ob Sie Ihren Plan einhalten, und können notfalls etwas Tempo zulegen, wenn Sie merken, dass Sie in Verzug geraten; Sie können die Richtung korrigieren, wenn Sie sich haben ablenken lassen. Nichts ist vollkommen in diesem Leben. Deshalb müssen Sie mit Störungen aller Art rechnen. Doch das darf Sie nicht davon abhalten, Ihren Weg konsequent weiterzuverfolgen. Stellen Sie sich jeden Monat die Frage: Wo liegt meine

Priorität? Vermeiden Sie, sich zu verzetteln und Ihre Zeit mit Aufgaben zu vergeuden, die nicht wirklich wichtig sind. Delegieren Sie! Geben Sie anderen die Möglichkeit, sich zu beweisen. Trauen Sie anderen zu, gute Arbeit zu leisten. Lassen Sie die Dinge los, die Sie nicht weiterbringen. Zeigen Sie Ihren Mitarbeitern Ziele auf, die für sie erreichbar sind, eröffnen Sie ihnen Perspektiven und lassen Sie auch andere Erfolg haben.

ERFOLGSFAKTOR

Konzentration auf das Wesentliche.

Bei der Durchführung aller Pläne stoßen wir immer auf den Zeitfaktor. Jeder klagt heute über zu wenig Zeit, zu viele Aufgaben – Hektik, Stress, Überarbeitung (s. auch Kapitel 2). Nun sind wir aber nicht das Opfer der Zeit, auch wenn wir uns gerne so sehen. Auch in diesem Bereich bestimmt jeder selbst. Jeder Tag hat 24 Stunden – für den Amerikaner wie den Chinesen, für den Bankangestellten, den Piloten, den Azubi, den Redakteur. Kommt man von einer Reise aus Asien oder Afrika nach Hause, merkt man es sehr deutlich. Dort Ruhe und Gelassenheit – hier Hektik und Eile. Bei uns muss alles schnell gehen. Wir haben uns so sehr an diesen Zustand gewöhnt, dass er uns schon ganz normal erscheint, auch wenn wir oft darüber stöhnen. Wenn wir essen, dann sind unsere Gedanken bereits damit beschäftigt, was wir zum Geschäftsessen anziehen. Beim Geschäftsessen formulieren wir in Gedanken bereits den Vertrag vor, der noch nicht einmal ausgehandelt ist … Anstatt sich auf das zu konzentrieren, was man gerade tut, sind die meisten Menschen mit ihren Gedanken woanders. Nichts wird richtig gemacht, denn die Konzentration ist ja nicht auf das momentane Geschehen gerichtet, sondern verstreut. Nichts gelingt folglich auch ganz. Damit entsteht schon einmal ein Zeitdefizit. Wir benötigen mehr Zeit, weil wir unkonzentriert arbeiten. Das setzt uns zu, setzt uns unter Druck. Irgendwann hetzen wir dann nur noch von einem Termin zum anderen – solange unser Körper das mitmacht. Viele Manager benötigen erst mal eine Zwangspause in Form von Herzinfarkt oder Nervenzusammenbruch, bevor sie erkennen, dass nicht die Termine sie fertig gemacht haben, sondern sie sich selbst. Lassen Sie es nicht so weit kommen!

Zeit ist ein kostbares Gut, das sorgfältig behandelt sein will. Machen Sie sich bewusst, dass Sie die Zeit einteilen, dass Sie bestimmen, wie viel Zeit Sie sich für welche Aufgabe zubilligen. Meistens sind Sie es selbst, der sich unter Druck setzt, weil Sie zu viel auf einmal wollen. Weniger ist mehr – das gilt auch hier. Wählen Sie bewusst aus, was Sie tun, und tun Sie dies dann voll und ganz. Wenn Sie im Beruf stark eingespannt sind, dann suchen Sie sich nicht noch Hobbys, die Ihnen (zeitlich) den Rest geben. Körper und Seele benötigen auch mal eine Auszeit. Machen Sie nicht noch eine anstrengende Studienreise, wenn Sie sowieso das ganze Jahr im Jet unterwegs sind. Gönnen Sie sich schöne Dinge, ohne ein schlechtes Gewissen zu haben. Wenn Sie ins Theater gehen, dann genießen Sie diese Stunden, ohne an berufliche Probleme zu denken. Wenn Sie lesen, dann lesen Sie; wenn Sie fernsehen, dann sehen Sie fern und sonst nichts.

- Schreiben Sie einmal einen Monat lang auf, wie Sie Ihre Zeit verbringen.
- Checken Sie, was nicht wichtig ist, und streichen Sie es.
- Tun Sie alles ganz bewusst und voll konzentriert.

Sie sparen damit viel Zeit und erreichen eine bessere Leistung.

Oft ist der Satz „Ich habe keine Zeit“ eine Ausrede für „Ich habe keine Lust“. Entlarven Sie solche vorgeschobenen Entschuldigungen, damit Sie nicht selbst noch daran glauben. Die Menschen, die immer keine Zeit haben, müssten ja eigentlich schneller vorankommen. Aber das ist ein Irrtum. Sie bleiben eher auf der Strecke oder bleiben auf der Stelle stehen. Menschen, die ständig beschäftigt sind, wissen nicht, was wichtig und was unwichtig ist. Wenn Sie unbedingt einen alten Freund wieder sehen wollen, dann finden Sie dafür Zeit – egal wie viel Sie zu tun haben. Für die wirklich wichtigen Dinge nimmt sich jeder Mensch Zeit. Wer also keine Zeit für Sie hat, für den sind Sie nicht wichtig – und umgekehrt. Eine deutliche nonverbale Aussage! Wenn für Sie die Entfaltung Ihrer Persönlichkeit wichtig ist, dann nehmen Sie sich Zeit dafür, dann arbeiten Sie an sich.

ERFOLGSFAKTOR

Bewusster Umgang mit der Zeit

A-, B-, C-Aufgaben

Zeit gewinnen Sie durch eine perfekte Planung. Anstatt das Geschehen selbst in die Hand zu nehmen, lassen sich die meisten Menschen von den Aufgaben und Pflichten bestimmen. Lichtenberg sagte: „Leute, die niemals Zeit haben, tun am wenigsten." Deshalb haben Topleute Zeit – für die Kunden, die Mitarbeiter, die Kollegen. Menschen, die meist keine Zeit haben, wissen nicht, was sie wollen. Mal ist es dies, dann jenes. Sie vergeuden ihre Zeit, indem sie sinnlos damit umgehen, immer auf der Suche, schnell beeinflussbar von modischen Trends.

Werden Sie zum Herrscher über Ihre Zeit. Teilen Sie Ihre Aufgaben ein, denn nicht alles hat die gleiche Priorität. Wenn Sie sich das einmal mit Papier und Kugelschreiber sichtbar machen, sind Sie schon einen Schritt weiter gekommen. Schreiben Sie alles auf. Gedanken können Sie nicht sehen, aber was Sie sehen, glauben Sie.

Notieren Sie alle Aufgaben, die in der nächsten Woche anstehen. Unterteilen Sie diese Aufgaben nun wie folgt:

- A für die wichtigsten und dringlichsten Aufgaben
- B für wichtige Aufgaben, die bald zu erledigen sind
- C für Aufgaben, die Sie auch eine Woche später erledigen bzw. delegieren können

Auch im Zusammenhang mit der Zeit kommen wir zur Konzentration auf das Wesentliche. Nummer eins zu werden, das ist etwas ganz Besonderes, das ist eine große Lebensaufgabe, der Sie sich stellen wollen – und Sie können das auch. Dazu gehört, dass Sie Ihre Zeit richtig nutzen. Die meiste Zeit verschwenden wir mit den unwichtigen Nebenaufgaben, mit den C-Aufgaben. Hier können Sie viel Zeit einsparen. So ist der Zeitaufwand für eine strikte Planung keine Zeitverschwendung. Nehmen Sie sich jede Woche, jeden Tag die Zeit, Ihre Aufgaben nach A, B oder C einzuteilen, mit dem Ziel: mit weniger Arbeitszeit mehr erreichen. Wenn Sie nur 20 % Ihrer Zeit konzentriert für

Ihr Ziel einsetzen, dann ist das genug, um es zu erreichen. Stellen Sie sich vor, dass dann immer noch 80 % an Zeit für andere Dinge übrig bleiben – also für B und C.

Machen Sie einen Wochenplan und jeden Abend einen Plan für den nächsten Tag.

Was ist das Wichtigste für die Erreichung meines Ziels, für diese Woche, für morgen? Sie sollten nie mehr als zwei A-Aufgaben eintragen, sonst verzetteln Sie sich.

ERFOLGSFAKTOR

Mit 20 % Zeiteinsatz 100 % Erfolg erzielen!

Es kann sein, dass Sie ab und zu Ihren Plan nicht einhalten können. Das ganze Computersystem ist zusammengebrochen, die Fluggesellschaft streikt, der Übersetzer ist erkrankt … Sie müssen umdisponieren. Manche B- und C-Aufgaben erledigen sich so von selbst, manche B-Aufgabe wird zu einer A-Aufgabe. Deshalb ist die tägliche Vorausplanung so wichtig. Die Menschen, die nicht planen, kommen schon durch kleine äußere Störungen in Teufels Küche. Halten Sie sich strikt an Ihre Erfolgszeitplanung!

Wer unterstützt mich?

Kein Spitzensportler wird Weltmeister, indem er allein für seinen Sieg trainiert. Eine ganze Mannschaft an Trainern, Coachs, Masseuren, Managern sind an dem Erfolg beteiligt. So viel anders ist es im Berufsleben auch nicht. Clinton alleine wäre niemals bekannt geworden – ohne seine PR-Leute, seine Pressesprecher, Redenschreiber. Niemand wird alleine etwas.

Schauen Sie sich um in Ihrem Bereich. Wer arbeitet mit Ihnen, wer kann Ihnen helfen, wer wird Sie unterstützen und warum wird er das tun?

Machen Sie sich Gedanken um all die Menschen, die in Ihren Erfolg eingebunden sind. Das sind nicht nur Kollegen und Mitarbeiter, das sind auch Partner, Familie, Freunde …

Schreiben Sie die Namen der Menschen auf, die Sie unterstützen (könnten), und den Bereich, in dem sie hilfreich sein könnten.

Beispiel:

Fred Meier	Tennispartner	Gesundheit, bessere Kondition
Heidi Schneider	Nachbarin	Kontakte zu.…
Kurt Huber	Exportleiter	…

Achtung: Stolpersteine

- **Kleidung**
  Immer noch weit verbreitet bei den Herren der Schöpfung: Münzen oder Schlüsselbund in den Hosentaschen. Optisch und akustisch erzielen Sie damit keine Pluspunkte.
  Zu auffallende Kleidung – under- oder overdressed – macht einen schlechten Eindruck. Jede Branche, jede Firma hat ihren eigenen Kleiderkodex; fallen Sie nicht aus dem Rahmen.
- **Feuchte Hände**
  Sie wissen, dass Sie leicht feuchte Hände bekommen, wenn Sie aufgeregt sind.
  Arbeiten Sie mit Autosuggestionen an sich, stellen Sie sich vor, wie Sie ruhig in die Krisensituation gehen. Sehen Sie vor sich, wie Sie die Hände schütteln. Fühlen Sie, wie Ihre Hände kühl und trocken sind. Denken Sie konstruktiv, und beginnen Sie rechtzeitig mit den Autosuggestionen.
  Kurzformel: Meine Hände sind kühl und trocken, ich fühle mich sicher und wohl.
- **Blicke**
  Blicke sind verräterisch! Ihr Chef murmelt und blickt nur in die Akten, schaut Ihnen nicht ins Gesicht. Vorsicht: Hier stimmt etwas nicht. Gefällt ihm Ihr Vorschlag doch nicht so gut, wie er mit vielen Worten beteuert? Schaut Ihr Gesprächspartner ständig im Raum umher, dann scheinen Ihre Argumente ihn nicht gerade zu fesseln. Sie erreichen ihn nicht richtig! Achtung: Schauen Sie Ihrem Konkurrenten nicht in die Augen – er „versteht“ Sie recht gut!

- **Kein Dank**
  Als kleine Kinder haben wir gelernt, uns zu bedanken. Doch viele Erwachsene scheinen dieses kleine, aber doch so wichtige Wort „Danke" vergessen zu haben. Natürlich wird jeder dafür bezahlt, dass er seine Arbeit gut erledigt. Aber Bezahlung ersetzt keinen Dank. Sich für gute und beste Leistung zu bedanken, sollte eine Selbstverständlichkeit sein. Loben Sie, wenn es einen kleinen Anlass für Lob gibt. Anerkennung, Lob und Dank sind enorme Motivationsfaktoren. Und seien wir ehrlich: auch wir freuen uns über Anerkennung.
- **Zu spät kommen**
  Die Pünktlichkeit ist die Höflichkeit der Könige. Störungen während des Gesprächs unterbrechen nicht nur die Gedanken, sondern signalisieren, dass Ihr Gesprächspartner Ihnen offenbar nicht sonderlich wichtig ist. Sie verletzten die emotionale Ebene, der Verstand schaltet sich ein, Ihr Gegenüber macht zu.
  Einen notorisch zu spät kommenden Mitarbeiter können Sie erziehen, wenn Sie das Gespräch oder die Rede unterbrechen, ihn begrüßen und dann warten, bis er seinen Platz eingenommen und seine Unterlagen ausgepackt hat. Bringen Sie ihn nicht auf den Stand der Dinge, sondern fahren Sie einfach mit Ihrer Rede fort.
- **Räumlichkeiten**
  Ein nicht vorbereiteter Gesprächsraum (volle Aschenbecher, benutztes Geschirr etc.) zeigt nicht nur schlechte Organisation, sondern auch wenig Interesse an Ihrem Gast. Reaktion siehe oben.
- **Handy**
  Es ist eine grobe Unsitte, das Handy nicht auszuschalten. Wenn Sie aus beruflich wichtigen Gründen erreichbar bleiben müssen (Arzt in Bereitschaft), dann schalten Sie das Handy auf Klopfen. Oder Sie erklären bereits vor Beginn des Gesprächs Ihre Situation. Sollte ein Anruf kommen, fassen Sie sich kurz oder verlassen den Raum, sofern das möglich ist.

Wer wagt, gewinnt!

Wenn Sie mir bis hier zu diesem Punkt gefolgt sind, liebe Leserin, lieber Leser, dann sind Sie auf dem richtigen Kurs. Der Mensch ist zu vielen Dingen fähig, von denen er nichts ahnt und die er nicht einmal glaubt – bis er sie selbst erlebt hat. Ich bin sicher, Ihnen wird es auf Ihrem Weg zur Spitze, zur Nummer eins, auch manchmal so ergehen. Ich möchte Ihnen vermitteln, dass Sie ein großartiger Mensch mit einzigartigen Fähigkeiten sind und dass Sie viele große Dinge bewirken können.

Haben Sie Mut, denn Sie können alles erreichen – alles ist in Ihnen, liebe Leserin, lieber Leser. Streben Sie das Äußerste an, und Sie werden das Mögliche erreichen. Sie haben alles, um die Nummer eins in Ihrem Bereich zu werden.

Trainieren Sie wie ein Sportler, sehen Sie Ihr großes Ziel vor sich, und gehen Sie Schritt für Schritt voran!

Haben Sie den Mut, sich den Erfolg selbst zu wünschen. Wenn Sie Ihr Bestes geben, wachsen Sie über sich hinaus, und Sie werden erstaunt sein, was Sie alles können! Befreien Sie sich von selbst gesetzten Grenzen, lassen Sie das Helfersyndrom los. Helfen Sie sich selbst, werden Sie der, der Sie wirklich sind; damit helfen Sie allen anderen. Denn alles, was Sie für sich selbst tun, hilft Ihren Mitmenschen. Ihre Weiterentwicklung hat eine positive Auswirkung auf Ihre Mitarbeiter, Ihre Familie, Ihre Firma.

Ich möchte Sie ermutigen und Ihnen viel Erfolg wünschen:

Sie sind ein Sieger!
Sie gewinnen, wenn Sie es wagen!

Hier noch eine Erfolgsstory für Ihre Motivation:

Tu endlich etwas, du fauler Hund!

In Nordrhein-Westfalen erkrankte ein 10-jähriger Schüler an Kinderlähmung. Seitdem war er an den Rollstuhl gefesselt, und das veränderte sein Leben sehr. Er wurde zu einer introvertierten Persönlichkeit, zu einem Bücherwurm, zu einem Stubenhocker. Denn er konnte nicht mehr – wie die anderen Kinder – Räuber und Gendarm, Völkerball und andere Spiele spielen.

Die Klasse des Jungen war organisiert im CVJM. Zwei Jahre später verließ der Schriftführer des CVJM die Stadt. Da der Posten vakant war, fragte man den jetzt 12-jährigen im Rollstuhl sitzenden Schüler: „Möchtest du diesen Posten übernehmen?“ Am liebsten hätte er vor Freude Ja gesagt, aber er traute sich nicht. Da man für diese Aufgabe auch keinen anderen Schüler gewinnen konnte, fragte man ihn immer wieder. Nach vier Wochen war er dazu bereit. Es war für ihn ein schöner Tag, denn nun war er wieder mit dabei, wenn geplant und organisiert wurde. Er war nicht länger ein Außenseiter.

Oft haben Kranke ein wesentlich intensiveres Mitgefühl als gesunde Menschen. So machte der Junge eines Tages bei einer Sitzung des CVJM den Vorschlag: „Wir sollten Geld sammeln für ein Lepra-Krankenhaus in Indien.“ Nicht die kleinste Reaktion in der Versammlung war die Folge. Aus Trotz und verletztem Stolz kündigte er an: „Dann mache ich es alleine.“ „Das wirst du schon schaffen“, sagten die anderen, aber er spürte, sie sagten es, um ihn nicht zu kränken oder zu verletzen.

Er meditierte und überlegte, er überlegte und meditierte. Doch nichts geschah. Eines Tages kam seine gesunde Schwester aus der Stadt, sie hatte ihm aus einer Buchhandlung ein großes Poster mitgebracht. Sie kennen solche Poster mit Aufschriften wie dieser: „Vor dem Denken das Gehirn einschalten.“ Auf dem Poster standen die Worte: „Tu‘ endlich etwas, du fauler Hund!“

Er meditierte nicht mehr, er überlegte nicht mehr, er handelte. Er telefonierte, schrieb Briefe, und schon nach 14 Tagen hatte der Junge die ersten 2.500 DM beisammen. Mit diesem Geld ging er zur nächsten Sitzung des CVJM. Plötzlich waren alle Kameraden für diese Idee aufgeschlossen und bereit, sich zu engagieren. Das Krankenhaus wurde gebaut – nur auf Ggrund der Initiative eines 12-jährigen Jungen im Rollstuhl!

Anhang

Zukunft planen wir heute

Die Kunst, ein Sieger zu sein - Der Ratgeber für alle,
die ihre Lebensziele selbst setzen wollen
Jedes Jahr wird Ihr persönliches Erfolgsjahr,
wenn Sie es entsprechend planen

IHRE LEBENS-BEREICHE	PLANUNGSHILFEN
1. Grundsätzliche Lebensveränderungen	Welche Situation in meinem Leben will ich ändern? Was kann ich? Was muss ich dafür tun? Welche Probleme können auftauchen?
	Wichtigstes Ziel für das 1. Jahr:
2. Fähigkeiten und Neigungen	Was mache ich besonders gern? Wie könnte ich diese Fähigkeiten verstärken? Was mache ich besonders ungern? Wie könnte ich diese Aufgabe oder meine Einstellung dazu verändern?
	Wichtigstes Ziel für das 1. Jahr:
3. Gesundheit	Jetziger Status? Welche Ursachen haben welche Wirkung? Was kann/möchte ich allein ändern und wie?
	Wichtigstes Ziel für das 1. Jahr:
4. Partnerschaft/Familie	Verstärkung welcher gemeinsamen Aktivitäten? Abbau welcher Reibungspunkte?
	Wichtigstes Ziel für das 1. Jahr:
5. Erholung/Freizeit	Was will ich für meine Entspannung tun? Wo und wie will ich Kraft sammeln? Was tue ich besonders gern?
	Wichtigstes Ziel für das 1. Jahr:
6. Finanzen/Geld	Geplante Anschaffungen: Wie viel will/kann ich sparen? Welche finanziellen Ziele habe ich?
	Wichtigstes Ziel für das 1. Jahr:
7. Persönliche Weiterbildung	Wo will ich mich weiterbilden? Was will ich lernen?
	Wichtigstes Ziel für das 1. Jahr:
8. Beruf/Aufgabe	Welche berufl. Ziele habe ich für das 1. Jahr? Was will und kann ich persönlich verbessern? • Arbeitsstil • Tagesplanung • Zeitplanung • Gesprächsvorbereitung • Was noch? Welche Probleme muss ich mit Hilfe anderer lösen? Wer kann mir dabei helfen? Was will ich unternehmen, damit das Team, in dem ich arbeite noch erfolgreicher ist? Mit wem werde ich noch besser zusammenarbeiten? Welche Projekte will ich realisieren? Was nehme ich mir noch vor?
	Wichtigstes Ziel für das 1. Jahr:

Mein persönliches Erfolgskonzept für das erste Jahr

Was ist in diesem Jahr das wichtigste Ziel für mich?

Was ist noch in diesem Monat das Wichtigste, um diesem Ziel näher zu kommen?

Wann will ich damit beginnen? - Was tue ich heute dazu?

Was ist morgen die wichtigste Aufgabe?

Was ist in der nächsten Woche?

Wie geht es weiter?

Welche Pläne habe ich in den folgenden Monaten?

Januar

Februar

März

April

Mai

Juni

Juli

August

September

Oktober

November

Dezember

Enkelmann Königstein • Postfach 1180 • D-61451 Königstein/Ts. •Tel 0 61 74/39 80 u. 93 03 83 • Fax 0 61 74/2 43 79 • Internet: www.Enkelmann.de

Meine persönliche Erfolgskontrolle für das erste Jahr

(Bitte herauskopieren und sichtbar aufhängen)

1. Was habe ich in diesem Monat getan, um meinen wichtigsten Zielen näher zu kommen?
2. Was habe ich getan, um eine/mehrere persönliche Stärke(n) auszubauen?
3. Was habe ich getan, um eine/mehrere persönliche Schwäche(n) abzubauen?

JANUAR	FEBRUAR	MÄRZ
1 ______ 2 ______ 3 ______	1 ______ 2 ______ 3 ______	1 ______ 2 ______ 3 ______
APRIL	**MAI**	**JUNI**
1 ______ 2 ______ 3 ______	1 ______ 2 ______ 3 ______	1 ______ 2 ______ 3 ______
JULI	**AUGUST**	**SEPTEMBER**
1 ______ 2 ______ 3 ______	1 ______ 2 ______ 3 ______	1 ______ 2 ______ 3 ______
OKTOBER	**NOVEMBER**	**DEZEMBER**
1 ______ 2 ______ 3 ______	1 ______ 2 ______ 3 ______	1 ______ 2 ______ 3 ______

Mein persönliches Erfolgskonzept für das ____ Jahr

Was ist in diesem Jahr das wichtigste Ziel für mich?

Was ist noch in diesem Monat das Wichtigste, um diesem Ziel näher zu kommen?

Wann will ich damit beginnen? - Was tue ich heute dazu?

Was ist morgen die wichtigste Aufgabe?

Was ist in der nächsten Woche?

Wie geht es weiter?

Welche Pläne habe ich in den folgenden Monaten?

Januar

Februar

März

April

Mai

Juni

Juli

August

September

Oktober

November

Dezember

Enkelmann Königstein • Postfach 1180 • D-61451 Königstein/Ts. •Tel 0 61 74/39 80 u. 93 03 83 • Fax 0 61 74/2 43 79 • Internet: www.Enkelmann.de

Meine persönliche Erfolgskontrolle für das ____ Jahr

(Bitte herauskopieren und sichtbar aufhängen)

1. Was habe ich in diesem Monat getan, um meinen wichtigsten Zielen näher zu kommen?
2. Was habe ich getan, um eine/mehrere persönliche Stärke(n) auszubauen?
3. Was habe ich getan, um eine/mehrere persönliche Schwäche(n) abzubauen?

JANUAR	FEBRUAR	MÄRZ
1 ____ 2 ____ 3 ____	1 ____ 2 ____ 3 ____	1 ____ 2 ____ 3 ____
APRIL	**MAI**	**JUNI**
1 ____ 2 ____ 3 ____	1 ____ 2 ____ 3 ____	1 ____ 2 ____ 3 ____
JULI	**AUGUST**	**SEPTEMBER**
1 ____ 2 ____ 3 ____	1 ____ 2 ____ 3 ____	1 ____ 2 ____ 3 ____
OKTOBER	**NOVEMBER**	**DEZEMBER**
1 ____ 2 ____ 3 ____	1 ____ 2 ____ 3 ____	1 ____ 2 ____ 3 ____

Literaturverzeichnis

Bokun, Branko Dr.: *Die Kunst, den Tiger zu reiten,* München 1991

Bono, Edward de: *Taktiken und Strategien erfolgreicher Menschen,* München 1995

Bürkle, Hans: *Aktive Karriere Strategie,* Frankfurt 1986

Cohen, Herb: *Sie können alles erreichen,* München 1982

Enkelmann, Claudia: *Mit Liebe, Lust und Leidenschaft,* Regensburg 1999

Enkelmann, Nikolaus B.: *Charisma,* Landsberg/Lech 1999

Enkelmann, Nikolaus B.: *Die Macht der Motivation,* Landsberg/Lech 1995

Enkelmann, Nikolaus B.: *Mit Freude erfolgreich sein,* Landsberg 1996

Enkelmann, Nikolaus B.: *Mit Freude leben,* Landsberg 1997

Enkelmann, Nikolaus B.: *Die Sprache des Erfolgs,* Wiesbaden 1996

Enkelmann, Nikolaus B.: *Rhetorik Klassik,* Offenbach 1999

Franck, Roland: *Winning,* Landsberg, 1993

Großmann, Alexander: *Erfolg hat Methode!,* Offenbach 1995

Hause, Eduard: *Selbstentwicklung,* Zürich, 1982

Krieger, Paul; Hantschel, Hans-Jürgen: *Handbuch der Rhetorik,* Niedernhausen 1998

Malik, Fredmund: *Führen, Leisten, Leben;* München 2000

Ringer, Robert J.: *Werde Nr. 1,* München 1979

Rupprecht-Stoell, Birgit: *Job und Familie kinderleicht,* Niedernhausen 2000

Rupprecht-Stroell, Birgit: *Mobbing nicht mit mir,* München 2000

Rupprecht-Stroell, Birgit, Kaminski, Marion: *Fleißige Frauen arbeiten – kluge machen Karriere.* München 1998

Schuller, Robert H.: *Aufwärts zum Erfolg,* Landsberg 1992

Schuller, Robert H.: *Erfolg kennt keine Grenzen,* Landsberg 1993

Seiwert, Lothar J.: *Life-Leadership,* Frankfurt 2001

Seiwert, Lothar J.: *Selbstmanagement,* Offenbach 1995

Seligmann, Martin: *Pessimisten küsst man nicht,* München 1991

Staples, Walter Doyle: *Think like a Winner,* Paderborn 1993

Tracy, Brian: *Die ewigen Gesetze des Erfolgs,* Landsberg 2000

Tracy, Brian: *Erfolg ist eine Reise,* Wiesbaden 2000

Young, Arthur: *Das Manager-Handbuch,* Düsseldorf 1988

Stichwortverzeichnis